U0529303

浙江改革开放四十年研究系列

# 协调发展
## 浙江的探索与实践

黄 勇 潘毅刚 等 ◎ 著

中国社会科学出版社

# 图书在版编目（CIP）数据

协调发展：浙江的探索与实践 / 黄勇等著 . —北京：中国社会科学出版社，2018.10

（浙江改革开放四十年研究系列）

ISBN 978-7-5203-3390-0

Ⅰ.①协⋯　Ⅱ.①黄⋯　Ⅲ.①区域经济发展—协调发展—研究—浙江　Ⅳ.①F127.55

中国版本图书馆 CIP 数据核字（2018）第 237547 号

| | | |
|---|---|---|
| 出 版 人 | 赵剑英 | |
| 责任编辑 | 陈肖静 | |
| 责任校对 | 朱妍洁 | |
| 责任印制 | 王　超 | |
| 出　　版 | 中国社会科学出版社 | |
| 社　　址 | 北京鼓楼西大街甲 158 号 | |
| 邮　　编 | 100720 | |
| 网　　址 | http://www.csspw.cn | |
| 发 行 部 | 010-84083685 | |
| 门 市 部 | 010-84029450 | |
| 经　　销 | 新华书店及其他书店 | |
| 印刷装订 | 北京君升印刷有限公司 | |
| 版　　次 | 2018 年 10 月第 1 版 | |
| 印　　次 | 2018 年 10 月第 1 次印刷 | |
| 开　　本 | 710×1000　1/16 | |
| 印　　张 | 18.5 | |
| 字　　数 | 275 千字 | |
| 定　　价 | 79.00 元 | |

凡购买中国社会科学出版社图书，如有质量问题请与本社营销中心联系调换
电话：010-84083683
**版权所有　侵权必究**

# 浙江省文化研究工程指导委员会

**主　　任**：车　俊

**副主任**：葛慧君　郑栅洁　陈金彪　周江勇
　　　　　成岳冲　陈伟俊　邹晓东

**成　　员**：胡庆国　吴伟平　蔡晓春　来颖杰
　　　　　徐明华　焦旭祥　郭华巍　徐宇宁
　　　　　鲁　俊　褚子育　寿剑刚　盛世豪
　　　　　蒋承勇　张伟斌　鲍洪俊　许　江
　　　　　蔡袁强　蒋国俊　马晓晖　张　兵
　　　　　马卫光　陈　龙　徐文光　俞东来
　　　　　陈奕君　胡海峰

# 浙江文化研究工程成果文库总序

有人将文化比作一条来自老祖宗而又流向未来的河,这是说文化的传统,通过纵向传承和横向传递,生生不息地影响和引领着人们的生存与发展;有人说文化是人类的思想、智慧、信仰、情感和生活的载体、方式和方法,这是将文化作为人们代代相传的生活方式的整体。我们说,文化为群体生活提供规范、方式与环境,文化通过传承为社会进步发挥基础作用,文化会促进或制约经济乃至整个社会的发展。文化的力量,已经深深熔铸在民族的生命力、创造力和凝聚力之中。

在人类文化演化的进程中,各种文化都在其内部生成众多的元素、层次与类型,由此决定了文化的多样性与复杂性。

中国文化的博大精深,来源于其内部生成的多姿多彩;中国文化的历久弥新,取决于其变迁过程中各种元素、层次、类型在内容和结构上通过碰撞、解构、融合而产生的革故鼎新的强大动力。

中国土地广袤、疆域辽阔,不同区域间因自然环境、经济环境、社会环境等诸多方面的差异,建构了不同的区域文化。区域文化如同百川归海,共同汇聚成中国文化的大传统,这种大传统如同春风化雨,渗透于各种区域文化之中。在这个过程中,区域文化如同清溪山泉潺潺不息,在中国文化的共同价值取向下,以自己的独特个性支撑着、引领着本地经济社会的发展。

从区域文化入手,对一地文化的历史与现状展开全面、系统、扎实、有序的研究,一方面可以藉此梳理和弘扬当地的历史传统和文化资源，繁荣和丰富当代的先进文化建设活动，规划和指导未来的文化发展蓝图，增强文化软实力，为全面建设小康社会、加快推进社会主义现代化提供思想保证、精神动力、智力支持和舆论力量；另一方面，这也是深入了解中国文化、研究中国文化、发展中国文化、创新中国文化的重要途径之一。如今，区域文化研究日益受到各地重视，成为我国文化研究走向深入的一个重要标志。我们今天实施浙江文化研究工程，其目的和意义也在于此。

千百年来，浙江人民积淀和传承了一个底蕴深厚的文化传统。这种文化传统的独特性，正在于它令人惊叹的富于创造力的智慧和力量。

浙江文化中富于创造力的基因，早早地出现在其历史的源头。在浙江新石器时代最为著名的跨湖桥、河姆渡、马家浜和良渚的考古文化中，浙江先民们都以不同凡响的作为，在中华民族的文明之源留下了创造和进步的印记。

浙江人民在与时俱进的历史轨迹上一路走来，秉承富于创造力的文化传统，这深深地融汇在一代代浙江人民的血液中，体现在浙江人民的行为上，也在浙江历史上众多杰出人物身上得到充分展示。从大禹的因势利导、敬业治水，到勾践的卧薪尝胆、励精图治；从钱氏的保境安民、纳土归宋，到胡则的为官一任、造福一方；从岳飞、于谦的精忠报国、清白一生，到方孝孺、张苍水的刚正不阿、以身殉国；从沈括的博学多识、精研深究，到竺可桢的科学救国、求是一生；无论是陈亮、叶适的经世致用，还是黄宗羲的工商皆本；无论是王充、王阳明的批判、自觉，还是龚自珍、蔡元培的开明、开放，等等，都展示了浙江深厚的文化底蕴，凝聚了浙江人民求真务实的创造精神。

代代相传的文化创造的作为和精神，从观念、态度、行为方式和价值取向上，孕育、形成和发展了渊源有自的浙江地域文化传统和与时俱进的浙江文化精神，她滋育着浙江的生命力、催生着浙江的凝聚力、激发着浙江的创造力、培植着浙江的竞争力，激励着浙江人民永不自满、永不停息，在各个不同的历史时期不断地超越自我、创业奋进。

悠久深厚、意韵丰富的浙江文化传统，是历史赐予我们的宝贵财富，也是我们开拓未来的丰富资源和不竭动力。党的十六大以来推进浙江新发展的实践，使我们越来越深刻地认识到，与国家实施改革开放大政方针相伴随的浙江经济社会持续快速健康发展的深层原因，就在于浙江深厚的文化底蕴和文化传统与当今时代精神的有机结合，就在于发展先进生产力与发展先进文化的有机结合。今后一个时期浙江能否在全面建设小康社会、加快社会主义现代化建设进程中继续走在前列，很大程度上取决于我们对文化力量的深刻认识、对发展先进文化的高度自觉和对加快建设文化大省的工作力度。我们应该看到，文化的力量最终可以转化为物质的力量，文化的软实力最终可以转化为经济的硬实力。文化要素是综合竞争力的核心要素，文化资源是经济社会发展的重要资源，文化素质是领导者和劳动者的首要素质。因此，研究浙江文化的历史与现状，增强文化软实力，为浙江的现代化建设服务，是浙江人民的共同事业，也是浙江各级党委、政府的重要使命和责任。

2005年7月召开的中共浙江省委十一届八次全会，作出《关于加快建设文化大省的决定》，提出要从增强先进文化凝聚力、解放和发展生产力、增强社会公共服务能力入手，大力实施文明素质工程、文化精品工程、文化研究工程、文化保护工程、文化产业促进工程、文化阵地工程、文化传播工程、文化人才工程等"八项工程"，实施科教兴国和人才强国战略，加快建设教育、科技、卫生、体育等"四个强省"。作为文化建设"八项工程"之一的文化研究工程，其任务就是系统研究浙江文化的历史成就和当代发展，深入挖掘浙江文化底蕴、研究浙江现象、总结浙江经验、指导浙江未来的发展。

浙江文化研究工程将重点研究"今、古、人、文"四个方面，即围绕浙江当代发展问题研究、浙江历史文化专题研究、浙江名人研究、浙江历史文献整理四大板块，开展系统研究，出版系列丛书。在研究内容上，深入挖掘浙江文化底蕴，系统梳理和分析浙江历史文化的内部结构、变化规律和地域特色，坚持和发展浙江精神；研究浙江文化与其他地域文化的异同，厘清浙江文化在中国文化中的地位和相互影响的关系；围绕浙江生动的当代实践，深入解读浙江现象，总结浙江经验，指导浙江发展。在研究力量上，通过课题组织、出版资助、重点研究基地建设、加强省内外大院名校合作、整合各地各部门力量等途径，形成上下联动、学界互动的整体合力。在成果运用上，注重研究成果的学术价值和应用价值，充分发挥其认识世界、传承文明、创新理论、咨政育人、服务社会的重要作用。

我们希望通过实施浙江文化研究工程，努力用浙江历史教育浙江人民、用浙江文化熏陶浙江人民、用浙江精神鼓舞浙江人民、用浙江经验引领浙江人民，进一步激发浙江人民的无穷智慧和伟大创造能力，推动浙江实现又快又好发展。

今天，我们踏着来自历史的河流，受着一方百姓的期许，理应负起使命，至诚奉献，让我们的文化绵延不绝，让我们的创造生生不息。

2006 年 5 月 30 日于杭州

# 浙江文化研究工程(第二期)序

*车俊*

  文化是一个国家、一个民族的灵魂。文化兴国运兴,文化强民族强。没有高度的文化自信,没有文化的繁荣昌盛,就没有中华民族伟大复兴。文化研究肩负着继承文化传统、推动文化创新、激发文化自觉、增强文化自信的历史重任和时代担当。

  浙江是中华文明的重要发祥地,文源深、文脉广、文气足。悠久深厚、意蕴丰富的浙江文化传统,是浙江改革发展最充沛的养分、最深沉的力量。2003年,时任浙江省委书记的习近平同志作出了"八八战略"重大决策部署,明确提出要"进一步发挥浙江的人文优势,积极推进科教兴省、人才强省,加快建设文化大省"。2005年,作为落实"八八战略"的重要举措,习近平同志亲自谋划实施浙江文化研究工程,并亲自担任指导委员会主任,提出要通过实施这一工程,用浙江历史教育浙江人民、用浙江文化熏陶浙江人民、用浙江精神鼓舞浙江人民、用浙江经验引领浙江人民。

  12年来,历届省委坚持一张蓝图绘到底,一年接着一年干,持续深入推进浙江文化研究工程的实施。全省哲学社会科学工作者积极响应、踊跃参与,将毕生所学倾注于一功,为工程的顺利实施提供了强大智力支持。经过这些年的艰苦努力和不断积淀,第一期"浙江文化研究工程"圆满完成了规划任务。通过实施第一期"浙江文化研究工程",一大批优秀学术研究成果涌现出来,一大批优秀哲学社会科学人才成长起来,我省哲学社会科学研究水平站上了新高度,这不仅为优秀传统文化创造性转化、创新性发展作出了浙江探索,也为加快构建中国特色哲学社会科学提供了浙江素材。可以说，浙江文化研究工程，已经成为浙江文化大省、文化强省建设的有力抓手，成为浙江社会主义文化建设的一块"金字招牌"。

新时代，历史变化如此深刻，社会进步如此巨大，精神世界如此活跃，文化建设正当其时，文化研究正当其势。党的十九大深刻阐明了新时代中国特色社会主义文化发展的一系列重大问题，并对坚定文化自信、推动社会主义文化繁荣兴盛作出了全面部署。浙江省第十四次党代会也明确提出"在提升文化软实力上更进一步、更快一步，努力建设文化浙江"。在承接第一期成果的基础上，实施新一期浙江文化研究工程，是坚定不移沿着"八八战略"指引的路子走下去的具体行动，是推动新时代中国特色社会主义文化繁荣兴盛的重大举措，也是建设文化浙江的必然要求。新一期浙江文化研究工程将延续"今、古、人、文"的主题框架，通过突出当代发展研究、历史文化研究、"浙学"文化阐述三方面内容，努力把浙江历史讲得更动听、把浙江文化讲得更精彩、把浙江精神讲得更深刻、把浙江经验讲得更透彻。

新一期工程将进一步传承优秀文化，弘扬时代价值，提炼浙江文化的优秀基因和核心价值，推动优秀传统文化基因和思想融入经济社会发展之中，推动文化软实力转化为发展硬实力。

新一期工程将进一步整理文献典籍，发掘学术思想，继续对浙江文献典籍和学术思想进行系统梳理，对濒临失传的珍贵文献和经典著述进行抢救性发掘和系统整理，对历代有突出影响的文化名家进行深入研究，帮助人们加深对中华思想文化宝库的认识。

新一期工程将进一步注重成果运用，突出咨政功能，深入阐释红船精神、浙江精神，积极提炼浙江文化中的治理智慧和思想，为浙江改革发展提供学理支持。

新一期工程将进一步淬炼"浙学"品牌，完善学科体系，不断推出富有主体性、原创性的研究成果，切实提高浙江学术的影响力和话语权。

文化河流奔腾不息，文化研究逐浪前行。我们相信，浙江文化研究工程的深入实施，必将进一步满足浙江人民的精神文化需求，滋养浙江人民的精神家园，夯实浙江人民文化自信和文化自觉的根基，激励浙江人民坚定不移沿着习近平总书记指引的路子走下去，为高水平全面建成小康社会、高水平推进社会主义现代化建设凝聚起强大精神力量。

# 目　　录

第一章　总论 …………………………………………………（1）
　　第一节　推进协调发展的主要成效 ……………………（1）
　　第二节　推进协调发展的阶段性特征 …………………（11）
　　第三节　推进协调发展的基本经验 ……………………（22）

第二章　民营经济：协调发展的内生基础 …………………（28）
　　第一节　市场化浪潮下民营经济由点及面"墨汁式"
　　　　　　扩散 ………………………………………………（28）
　　第二节　块状经济是浙江民营经济发展最具特色的
　　　　　　组织创新 …………………………………………（39）
　　第三节　经验与启示 ……………………………………（49）

第三章　新型城市化：引领城乡一体化的主引擎 …………（52）
　　第一节　抓城市带农村 …………………………………（52）
　　第二节　转移农民　富裕农民 …………………………（61）
　　第三节　深化农村改革激发发展活力 …………………（68）
　　第四节　新农村建设的实践探索 ………………………（80）
　　第五节　经验与启示 ……………………………………（85）

第四章　空间组织：从"县域经济"到"都市区经济" ………（92）
　　第一节　"县域经济"对城乡区域均衡发展作出了
　　　　　　历史性贡献 ………………………………………（92）

第二节 "县域经济"向"都市区经济"转型的背景和
　　　　 意义 …………………………………………………（98）
第三节 推进都市区建设的主要举措和成效 ……………（102）
第四节 在山区和海岛等偏远地区推进空间集聚的
　　　　 实践探索 ……………………………………………（114）
第五节 经验与启示 ………………………………………（124）

## 第五章　山海协作：发达与欠发达地区的双赢工程 ……（128）
第一节 "山海协作"工程的提出及深化 …………………（128）
第二节 开展"山海协作"的主要方式 ……………………（132）
第三节 "山海协作"取得的主要成效 ……………………（139）
第四节 加强对欠发达地区的政策扶持 …………………（142）
第五节 经验与启示 ………………………………………（146）

## 第六章　省际合作：接轨大上海　融入长三角 …………（149）
第一节 以接轨上海为重点的长三角区域合作机制的
　　　　 建立和完善 …………………………………………（149）
第二节 建立嘉兴全面接轨上海示范区 …………………（156）
第三节 经验与启示 ………………………………………（159）

## 第七章　基本公共服务：力推城乡均等化 ………………（162）
第一节 城乡义务教育"重投入、补短板" ………………（163）
第二节 医疗卫生服务"双下沉、两提升" ………………（167）
第三节 社会保障服务"五级联动、三位一体" …………（172）
第四节 经验与启示 ………………………………………（175）

## 第八章　交通建设：优化区域开放开发的先导 …………（179）
第一节 构建多层次快速交通圈 …………………………（179）
第二节 谋划义甬舟开放开发大通道建设 ………………（185）
第三节 经验与启示 ………………………………………（190）

## 第九章 空间规划：探索区域协调发展的"顶层设计" (195)

第一节 从"两片四区"到"三区三带" (195)

第二节 主体功能区的划分和实施 (204)

第三节 "多规合一"的探索实践 (221)

第四节 经验与启示 (240)

## 第十章 展望 (245)

第一节 深刻认识新时代推进协调发展的新背景 (245)

第二节 准确把握新时代推进协调发展的新思维 (256)

第三节 认真谋划新时代推进协调发展的新举措 (260)

## 参考文献 (270)

## 后　记 (277)

# 第一章 总 论

浙江改革开放近40年的发展历史，就是在原有经济基础比较薄弱、人均资源占有量相当贫乏的现实条件下，通过创造民营经济大省、专业市场大省、块状经济大省和县域经济大省等一系列经济奇迹，在全国率先实现城乡区域多维度协调发展的历史。近40年来，浙江推进协调发展的根本经验在于充分释放浙江人民善于创业、勇于创新、敢为人先的发展活力，走出一条立足民力、依靠民资、发展民营、注重民富、实现民享的民本型、内源型市场化发展之路。

## 第一节 推进协调发展的主要成效

改革开放前的浙江是个落后的农业省，工业与农业、城市与农村、沿海与山区三大二元结构造成的发展不均衡不充分矛盾十分突出。从经济总量看，由于浙江地处海防前线，1953年至1978年间中央对浙江的投资总计77亿元，人均410元，相当于全国平均水平的一半。相对偏低的投资水平，造成浙江自1953年到1978年的工农业总产值年均增速为7.2%，比全国平均水平低1个百分点。到1978年，浙江的地区生产总值为124亿元，位居全国第12位，人均国内生产总值331元，位居全国第16位，是一个典型的中游省份。从经济结构看，由于城镇发展不充分，大量人口集中在农村，1978年农业在浙江地区生产总值中占比为38.1%，较全国平均水平高出10.4个百分点，农业就业人员占比为82.48%，较全国高出12个百分点，城镇化率为11.44%（按全体居民中非农就业人口计算），较全国平均水平低6.5个百分点，表现出明显的农业大、工业小、城镇弱的特征。全省67个县中有31个为山区县，占比接近一半，受到交通不便、信息不灵、人才奇缺等因素制约，这些地区自然经济色彩浓厚，人民生活普遍贫困[①]。

从总体水平偏低、结构性矛盾严重的发展起点上出发，经过近40年的不懈努力，到2017年，浙江的经济总量连续23年稳居全国第4位，目前与经济总量全球排名第17位和第18位的荷兰、土耳其大体相当。2017年浙江省常住人口人均国内生产总值达到13634美元[②]（按年平均汇率折算），根据世界银行最新的收入分组标准，已经迈入高收入经济体门槛。特别是，浙江的城乡居民可支配收入已经分别连续16年和32年居全国各省区之首。按照国家统计局制定的《全面建成小康社会统计监测指标体系》测算，当前浙江的全面小康社会实现程度居全国各省市区第一，城乡和区域均衡水平也位居全国各省区首位。为展示这种从后发到领先、从分化到协调的时代巨变，我们从纵向和横向两个维度入手，回顾和比较分析浙江在协调发展方面取得的主要成效。

## 一 纵向回顾

协调发展的内涵十分丰富，衡量协调发展的指标也很多。根据党的十九大报告提出的以人民为中心的价值取向，协调发展的根本在于全体人民实现美好生活，达到这一目标的物质基础是居民收入。从研究协调发展问题的大量已有资料看，居民收入也是得到广泛采用的衡量协调发展的指标之一。鉴此，我们围绕1978年、1980年、1985年、1990年、1995年、2000年、2005年、2010年和2017年9个时间节点，用城乡居民收入和城乡居民收入倍差、区域居民收入倍差等指标，对改革开放近40年来浙江的城乡协调和区域协调发展进程做总体勾勒。

（一）城乡协调发展进程

如图1-1给出了1978年以来浙江城乡居民可支配收入和收入倍

---

① 张仁寿：《浙江贫困地区经济的开发》，《开发研究》1986年第6期。
② 按新口径计算，将可形成固定资产的研发投入计入GDP。

差，可见，浙江的协调发展呈现出跌宕起伏、螺旋上升的特征——先是民营经济带动一部分人先富，同时民营经济创造出大量非农就业岗位，带动一大批人后富，到目前，正大步走向共同富裕。

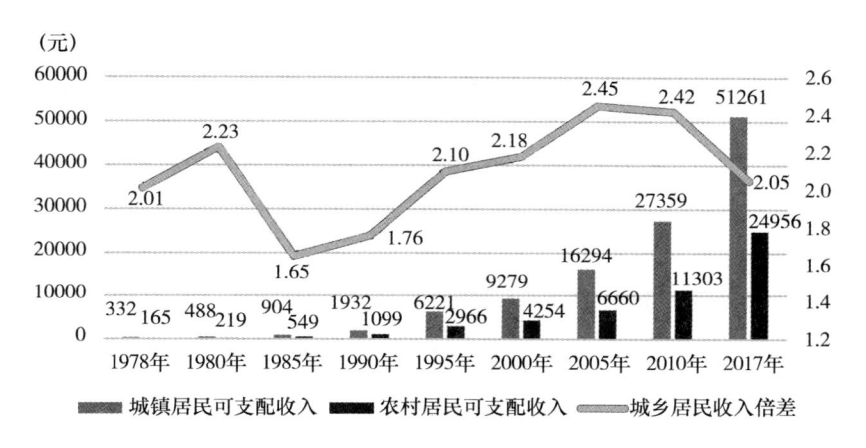

图 1-1　1978 年以来浙江城乡居民可支配收入和收入倍差变化

在改革开放前，浙江城镇居民的收入来源以工资为主，退休金等转移性收入占比很小，经营性收入和财产性收入几乎没有。在农村，由于农民被牢牢束缚在土地上，加之社保等公共服务长期缺失，农村居民的收入几乎全部来自农业生产经营，工资性收入、转移性收入和财产性收入寥寥无几。社会生产力水平低下和收入渠道单一，导致 1978 年浙江省城镇居民可支配收入和农村居民纯收入分别为 332 元和 165 元，其中城镇居民可支配收入尚不及 1978 年全国平均水平 343.4 元。在当时，虽然浙江的城乡收入倍差①控制在 2.0 左右，但这是贫困意义上的低水平均衡，既不能让广大群众满意，也无法长期维持。到 1980 年，浙江的城乡收入倍差很快扩大到 2.23。

从 1980 年开始，随着家庭联产承包责任制在浙江全面推行开来，原先被强行束缚在土地上的农村居民有机会从事计划外生产，

---

① 即城镇常住居民和农村常住居民的人均可支配收入之比。

拓展了农业经营性收入，农村居民纯收入开始进入高速增长阶段。从1980年到1985年，年均增速达到20.2%，带动城乡收入倍差下降到1.65，成为改革开放以来浙江省城乡收入差距最小的一个时期。

到1985年以后，受"七山一水二分田"的自然条件限制，农业生产率提高导致浙江农村出现大量剩余劳动力。在这一时期，浙江率先突破思想禁区，出台了一系列扶植和支持非公有制经济发展的政策，允许民营经济跳出农村发展自身，这在客观上带来城乡收入倍差进入持续扩大阶段。从1990年到2005年，浙江城镇居民可支配收入和农村居民纯收入年均增速分别为15.3%和12.8%，城乡收入比从1990年的1.76扩大到1995年的2.10和2005年的2.45。这15年里，浙江城乡居民收入差距的拉大，是存量变化（城镇居民收入渠道拓展）和增量注入（农村居民转化为市民）共同作用的结果。在存量变化方面，大量城镇居民开始从事个体经营活动，在工资收入之外开拓出经营净收入和财产性收入两大渠道。例如，根据现有数据，从2000年到2008年，在浙江的城镇居民可支配收入中，经营净收入和财产性收入合计占比从6.9%上升到19.1%。在增量注入方面，当时浙江大量从事个体经营活动的农村居民有更强的市民化动力和能力，在20世纪90年代中后期每年有近200万农村居民转化为市民。

浙江民营经济在拉大城乡收入差距的同时，也为各类经济主体尤其是农村居民创造出大量非农就业岗位，为他们在农业经营收入之外开拓出以工资性收入为主的增收新渠道。以2005年为例，当年浙江民营经济吸纳的城镇就业人数占到全省城镇新增就业人数的90%左右，在浙江规模以上工业产值中占比达到87%。到2005年以后，随着全国劳动年龄人口增速下降并在2012年进入净减少阶段，劳动力工资快速上升，带动农村居民可支配收入中工资性收入占比稳步提高。数据显示，1993年浙江农村居民可支配收入中工资性收入占比为35%，到2008年这一占比首次超过一半，达到51%，构成浙江农村居民收入结构的第一支柱。到2016年，浙江农村居民可支配收入中工资性收入占比进一步提高到62.1%，较城镇居民高出近6个百分点。工资性收入占比的快速趋同，是浙江城乡居民走向共同富裕、消除职业身份差别的重大标志。按新的统计口径计算，2017年浙江省城乡居民收入倍差为2.05，差不多回到1978年改革开放之初的城乡协调水平（2.01），但这是一次高水平的回归，按扣除价格因素实际增长计算，是在城镇居民收入增加18.8倍，农村居民收入增加21.9倍基础上的回归。40年间，浙江走出了一条典型的先富带动后富，最终走向共同富裕的路子。以放手发展民营经济为主要特征的发展战略，使浙江成功实现高水平、高均衡度的后发追赶。

（二）区域协调发展进程

区域收入倍差是衡量区域协调发展水平的常用指标，是指一个区域内人均可支配收入最高和最低的两个地区的人均可支配收入之比。对浙江而言，自改革开放以来，人均收入最高的地区一直是杭州，最低的地区一直是丽水，我们可以用这两个地区的人均可支配收入之比，作为过去40年浙江区域协调发展水平的衡量指标。考虑到长期以来统计部门对城镇居民和农村居民的可支配收入分别进行统计，由于统计口径不统一，无法通过这两类收入计算出一个地区常住居民的可支配收入，所以我们也分别计算出杭州和丽水的城镇居民人均可支配收入之比和农村居民人均可支配收入之比，从城镇居民和农村居民两个角度入手，考察浙江的区域协调发展变化轨迹。

如图1-2所示，自1978年以来，浙江的区域协调发展也经历了先扩大、后缩小的历程。从城镇居民的区域协调发展水平看，在2005年左右浙江的区域差距达到最大，在当时浙江的11个设区市中，城镇居民收入倍差达到2.14，自那时起，这种区域差距快速缩小，到2017年已经降低到1.68。从农村看，浙江一直保持了相对较高的区域协调发展水平，在差距最高的2015年，浙江的11个设区市中农村居民收入倍差也仅仅是1.47，自2015年以来，农村地区的区域协调发展水平得到进一步提高。

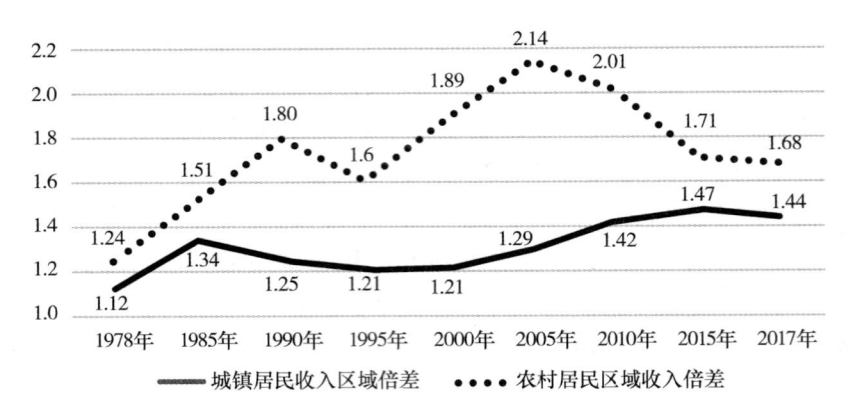

图 1-2　1978 年以来浙江城乡居民收入的区域倍差变化

## 二　横向比较

在更大背景、更广视角下考察浙江从先富带动后富最终走向共同富裕，可以更加全面地理解和阐发浙江协调发展的成效。我们继续以居民收入为指标，选择 2016 年人均 GDP 超过 1 万美元的 9 个省市区[①]为比较对象，横向考察浙江居民收入的总量特征、城乡分布特征、区域分布特征和人群阶层分布特征，以先进省市区为参照系，对浙江的协调发展成效做一个全景式扫描[②]。

（一）居民收入总体领先其他省区 7 年以上

目前浙江省居民人均可支配收入仅次于北京和上海，居全国各省区之首，农村居民人均可支配收入超过北京，居民经营净收入超过北京和上海，形成明显的领先优势。

从居民可支配收入绝对值看（见表 1-1），2016 年浙江省居民人均可支配收入排名全国第三，比第四名天津市和第五名江苏省分别高出 4455 元和 6459 元，即使未来上述两地人均可支配收入增速高于浙

---

① 按照人均 GDP 排序，这 9 个省市区分别是天津（17406 美元）、北京（17271 美元）、上海（17120 美元）、江苏（14361 美元）、浙江（12635 美元）、福建（11184 美元）、内蒙古（11171 美元）、广东（11034 美元）、山东（10245 美元）。必要时我们还在 9 个省市区中 GDP 接近或超过 1 万亿元的 8 个城市之间进行比较，这些城市为广州、深圳、杭州、宁波、南京、苏州、无锡和青岛。

② 黄勇、潘毅刚、郎金焕：《三个维度看浙江》，《政策瞭望》2018 年第 4 期。

江省 2 个百分点，也分别需要七年和十年左右的时间才能追上浙江省，其他省区与浙江省的差距则更大一些。

表 1-1　　2016 年九省市区居民人均可支配收入情况　　（单位：元）

| | 上海 | 北京 | 浙江 | 天津 | 江苏 | 广东 | 福建 | 山东 | 内蒙古 |
|---|---|---|---|---|---|---|---|---|---|
| 人均可支配收入 | 54305 | 52530 | 38529 | 34074 | 32070 | 30296 | 27608 | 24685 | 24127 |
| 与浙江比较 | 15776 | 14001 | — | -4455 | -6459 | -8233 | -10921 | -13844 | -14402 |

分解居民可支配收入为工资性收入、经营净收入、财产性收入和转移净收入四大组成来看（见表 1-2），浙江省居民经营净收入已经是全国第一，不过工资性收入、财产净收入和转移净收入都还低于上海和北京。与其他 6 个省市区相比，浙江省的居民不仅人均可支配收入高，四大组成也普遍较高，仅在转移净收入方面与天津和江苏分别存在约 1400 元和 400 元的差距。

表 1-2　　2016 年九省市区居民人均可支配收入组成　　（单位：元）

| | 上海 | 北京 | 浙江 | 天津 | 江苏 | 广东 | 福建 | 山东 | 内蒙古 |
|---|---|---|---|---|---|---|---|---|---|
| 工资性收入 | 32718 | 33114 | 22207 | 20967 | 18664 | 19878 | 16042 | 14259 | 12969 |
| 经营净收入 | 1399 | 1396 | 6589 | 3165 | 4724 | 3748 | 5280 | 5470 | 5818 |
| 财产净收入 | 7684 | 8230 | 4337 | 3188 | 2880 | 2683 | 2622 | 1633 | 1369 |
| 转移净收入 | 12504 | 9790 | 5396 | 6752 | 5802 | 1549 | 3664 | 3323 | 3971 |

（二）城乡居民收入实现高水平基础上的相对均衡

浙江省居民收入的城乡结构也较均衡（见表 1-3），农村收入领先是突出亮点。9 个省市区中浙江省城镇居民人均可支配收入排名第三，较北京和上海低 10000 元左右，但农村居民人均可支配收入已超过北京，与排在第一的上海差距不到 3000 元，达到了其 87% 的水平。

8　协调发展：浙江的探索与实践

表 1-3　　　　2016 年九省市区城乡居民收入情况　　　　（单位：元）

|  | 上海 | 北京 | 浙江 | 天津 | 江苏 | 广东 | 福建 | 山东 | 内蒙古 |
| --- | --- | --- | --- | --- | --- | --- | --- | --- | --- |
| 城镇居民 | 57692 | 57275 | 47237 | 34101 | 40152 | 37684 | 36014 | 34012 | 32975 |
| 农村居民 | 25520 | 22310 | 22866 | 18482 | 17606 | 14512 | 14999 | 13954 | 11609 |

如图 1-3 所示，2016 年浙江城乡居民收入倍差为 2.07，比天津的 1.85 略大，其他省市区均在 2.2 以上。需要说明的是，天津的城乡收入倍差较小，主因在于该市城镇居民人均可支配收入偏低。相较而言，浙江在较高收入水平上实现了较好的城乡均衡，含金量更高。

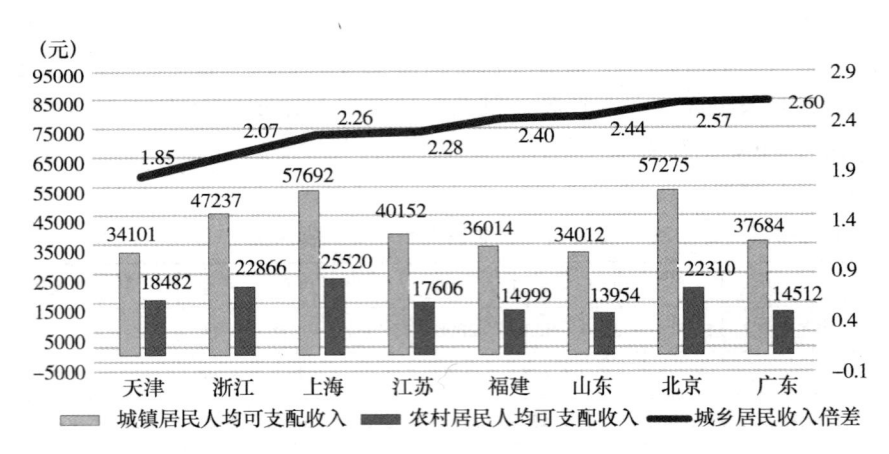

图 1-3　2016 年九省市区城乡居民收入倍差

从 9 个省市区中 GDP 总量接近或超过 1 万亿元的城市看①（见图 1-4），目前宁波的城乡居民收入倍差最小（1.8），杭州也在 1.9 以内。杭州和宁波实现高水平城乡均衡的主因是农村居民人均可支配收入较高，如杭州的农村居民人均可支配收入比北京和上海分别高出约 5600 元和 2400 元，宁波分别高出约 6200 元和 3000 元。

---

①　深圳没有农村户籍，不存在农村居民人均可支配收入，情况特殊不做讨论。

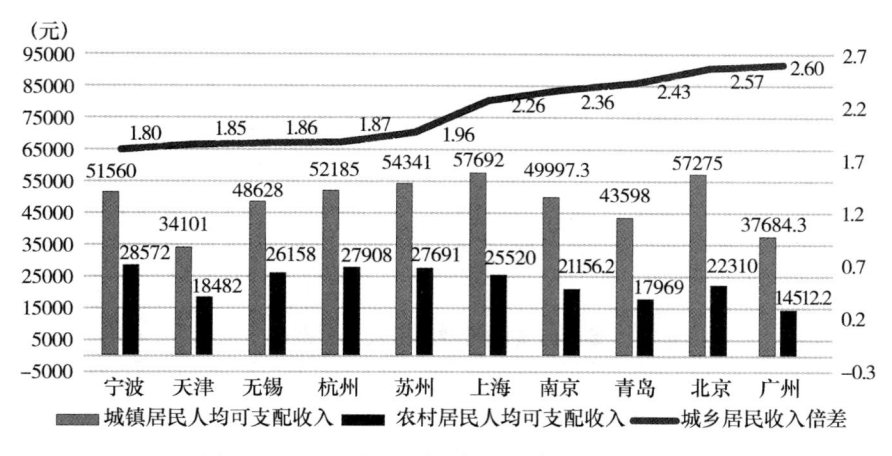

**图 1-4　2016 年主要城市的城乡居民收入倍差**

### (三) 浙江的区域协调水平高于其他省区

从区域居民收入的绝对倍差看 (见表 1-4)[1], 浙江省是唯一一个保持在 2 以下的省份。浙江省区域居民收入倍差较小的主要原因在于: 人均可支配收入最低的两个地区 (衢州和丽水), 其人均可支配收入远高于其他省份人均可支配收入最低的地区[2]。

**表 1-4　2016 年七省市区区域居民收入的绝对倍差**

|  | 浙江 | 福建 | 山东 | 内蒙古 | 江苏 | 北京 | 广东 |
| --- | --- | --- | --- | --- | --- | --- | --- |
| 收入绝对倍差 | 1.72 | 2.06 | 2.28 | 2.42 | 2.45 | 2.46 | 3.03 |

由于区域居民收入的绝对倍差是区域居民收入的极大值和极小值之比, 仅依据两个地区的收入情况断定整个区域的收入差距, 容易引起结论失真。为此, 我们选择江苏、浙江、广东和福建四个数据比较

---

[1] 由于上海和天津不披露各区的人均可支配收入, 我们在剩下的 7 个省市区之间进行比较。

[2] 2016 年浙江衢州和丽水的人均可支配收入分别为 2.67 万元和 2.68 万元, 江苏宿迁、广东河源、福建宁德、内蒙古兴安盟和山东菏泽的人均可支配收入分别为 1.90 万元、1.60 万元、2.10 万元、1.55 万元和 1.57 万元。

完备的省份,计算了区域居民收入差距的泰尔指数①,以此衡量区域居民收入的相对倍差。该指数有两个好处,一是它衡量了不同地区相对于区域居民平均收入的差距,避免了个别地区居民收入极高或极低出现收入差距失真的情况;二是它用人口占比对收入进行加权,避免了个别人口数量偏少的地区对区域收入差距产生不成比例的影响。经计算,目前浙江泰尔指数在浙苏粤闽四省中仍然最小(见表1-5)。

表1-5　近年苏浙粤闽四省的区域居民收入差距泰尔指数

| 年份 | 浙江 | 福建 | 江苏 | 广东 |
| --- | --- | --- | --- | --- |
| 2015年 | -0.0124 | 0.0077 | 0.0191 | 0.0449 |
| 2016年 | -0.0243 | 0.0083 | 0.0178 | 0.0342 |

(四)浙江的社会阶层协调状况也保持了较高水平

目前国际上通常用基尼系数衡量一个地区的贫富差距,但是由于在我国很难精确获得各收入水平居民在总体居民中所占比例,所以用这个系数衡量阶层分化,其操作性和可靠性存疑。鉴于此,我们使用城镇和农村两类居民中人均可支配收入前20%与后20%的两类人群的收入倍数②,以其作为对社会阶层协调水平的衡量指标。计算表明,在表1-6中列出的七省市区中,浙江的城镇居民收入差距为4.66,低于广东、福建、江苏和内蒙古③。

表1-6　七省市区两类人群的贫富差距

|  | 上海 | 北京 | 浙江 | 广东 | 福建 | 江苏 | 内蒙古 |
| --- | --- | --- | --- | --- | --- | --- | --- |
| 城镇常住居民 | 4.05 | 4.43 | 4.66 | 4.75 | 4.86 | 5.57 | 5.81 |
| 农村常住居民 | 3.32 | 4.3 | 6.04 | 5.1 | 5.4 | 6.29 | 8.2 |

---

①　泰尔指数(Theil index)的计算公式为 $T = \sum_{i=1}^{N} \frac{P_i}{P} \log \frac{\bar{y}}{y_i}$,其中,$P_i$ 为区域 $i$ 的人口总数,$P$ 为总人口,$y_i$ 为区域 $i$ 的人均收入,$\bar{y}$ 是总体人口的平均收入。根据定义,$T$ 值越大,则地区间收入差距越大。

②　目前部分省市区尚未公布2016年分组收入数据,这里采用2015年数据进行讨论。

③　天津和山东不披露居民收入分组数据,所以我们在剩下的七省市区中进行比较。

通过四个角度把浙江和处在相近发展阶段的 8 个省市区进行比较可以发现，总体上，浙江发展的协调性处在全国领先水平，特别在农村居民可支配收入、城乡均衡和区域均衡等方面是最大亮点。在 9 个省市区中 GDP 总量接近或超过 1 万亿元的 8 个主要城市里，杭州和宁波的农村居民可支配收入、城乡均衡和区域均衡水平也达到最高。

## 第二节 推进协调发展的阶段性特征

在改革开放初期，由于工业与农业、城市与农村、沿海与山区三对二元结构的存在，浙江的发展极不平衡。在当时，国家严格实施以户籍制度为核心的一系列城乡二元体制，城市与农村这对二元结构的突破困难很大。同一时间，国家选择最先从农村改革开始推动改革开放，家庭联产承包责任制使农民成为独立的商品生产者，促成了浙江从农村工业化开始，首先突破工业与农业这对二元结构，走上以工促农的协调发展之路，形成著名的温州经验，为浙江的协调发展培育出物质基础和社会基础。到 1998 年左右，浙江的城市化水平已经明显滞后于工业化水平，城市与农村、沿海与山区两大二元结构成为全省发展不平衡不充分的主要矛盾。此时，浙江省委提出以城市化战略为抓手整体推进经济社会协调发展的战略思路。到 2003 年以后，以"八八战略"为总纲，浙江的协调发展进入整体谋划、协同推进、城乡区域相互赋能的阶段。近期，以浙江省第十四次党代会为标志，浙江的协调发展进入以全域统筹全面消除城乡区域差别的新阶段。

### 一 1978 年至 1998 年：以工促农

站在今天的认识高度看，1978 年十一届三中全会推动的家庭联产承包责任制，帮助占浙江人口 88%，但产出仅占 38% 的农业人口摆脱了生产经营的"大一统"和收入分配的"大锅饭"，历史性地赋予了农民发展商品生产的经营自主权和财产权。在"七山一水二分田"的自然条件下，浙江的农民急切希望摆脱土地、走出农业。在当时，全国各地对日用品需求巨大，而国有和集体企业主要以计划内生产任务为主，难以满足社会需求，为浙江的农业人口从事轻工业生产提供了广阔的市场空间。但是，在那一时期，农民要想顺利实现生产和需求的对接，还需要摆脱一个巨大的"左"倾思想桎梏，那就是人们对个体私营经济姓"资"还是姓"社"认识不一，普遍持观望和等待的态度。以温州为例，在党的十一届三中全会召开后，温州市乐清县涌现出以温州"八大王"①为代表的一批敢闯敢干的个体户。当时，温州的一些干部认为这种做法是"资本主义复辟的典型"，不符合社会主义发展方向。在1982年4月中共中央国务院公布《关于打击经济领域中严重犯罪活动的决定》后，乐清县对"八大王"实施了抓捕，农民兴办工业的积极性大受影响，当年温州全市工业总产值同比增长仅为2.5%，陷入发展停滞局面。

1983年年底，《人民日报》整版刊发针对温州的调查报告《农村商品生产发展的新动向》。到1984年春，温州市委破除重重阻力，公开宣布给"八大王"平反，为个体私营经济戴"红帽子"，允许它们注册为集体经济、联营经济，在当时个体私营经济还没有获得正式法律地位的情况下，用"土办法"创造性地为个体私营经济发展"保驾护航"。同一时期，金华市义乌县委县政府也尊重群众发展小商品贸易的强烈要求，做出允许农民经商、允许从事长途贩运、允许开放城乡市场、允许多渠道竞争（"四个允许"）的决定，并出资搭建了市场设施。至此，浙江的个体私营经济开始如星星之火呈燎原之势，1984年仅温州一地便有33万人从事家庭工业，工业产值占到温州全市工农业总产值的1/6。到1986年，总人口600余万的温州共有120万人从传统农业转入工商业，形成470多个专业市场，10万农民购销员将全国的市场信息带回温州，组织生产。到1990年，金华市义乌县的小商品市场成交额跃居全国各大专业市场之首，发展成为全国性的小商品流通中心。

时至今日，回顾这段历史仍让人感到心潮澎湃，在既有制度框架下找到狭缝合情合理地释放全体人民的创业激情，极大地推动了浙江的工业化进程，并从四个方面为浙江的协调发展奠定了物质基础和先发优势，推动浙江初步实现了民富和省强。

---

① 即当时在温州乐清县的八个轻工业行业中出现的个体经营龙头户。

**一是培育出促进协调发展的市场主体**。受自然资源和发展环境的限制，浙江民众具有很强的吃苦耐劳、艰苦创业精神，以至于被人总结为"一有阳光就灿烂，一遇雨露就发芽"。发展手工业和轻工业等家庭作坊，打通了浙江民众从农民→兼业者→家庭分工型兼业者→家庭作坊主→家庭工厂主→家族企业主→股份合作公司经理→大型企业家的蝶变之路，培育出丰富的民营企业家资源。作为对个人权利和公共秩序最为敏感的群体，浙江的民营企业家创造就业岗位激发人的潜能，通过市场化交易构建和遵循理性秩序，以价值实现为导向实事求是解放生产力，推动形成遍及全社会的创业意识和创业活动，为浙江的协调发展植下了根和魂。

**二是培育出促进协调发展的产业体系**。在改革开放初期集体双层经营和家庭经营基础上，浙江农村出现的雇工经营、合伙经营和股份合作经营等多种经营形式，率先突破了以粮为纲的单一农业经济格局，形成浙江农村一、二、三产业综合发展的新格局，极大促进了产业结构调整和农民增收。到1998年年底，浙江省农业与非农产业的结构从1978年的62∶38调整为21∶79，农业与非农业劳动力比重从89∶11调整为52∶48，农村居民人均纯收入从1978年的165元增加到1998年的3800元，扣除价格因素年均增长9.1%。从1985年开始，浙江农村居民的人均纯收入就居于全国各省市区之首。

**三是培育出促进协调发展的市场体系和城镇空间**。从20世纪80年代开始的农产品统派购制度改革和农产品多渠道流通格局的形成，拉开了浙江作为市场大省的建设序幕。以块状经济为依托，各类专业市场在浙江的小城镇蓬勃发展，促成浙江大规模的市场建设和市场机制发育，涌现出义乌小商品市场、绍兴轻纺市场、海宁皮革城、乐清低压电器等全国著名的专业商品市场和产业集群。到1998年左右，浙江的农村市场已经达到3322个，年成交额达到2798亿元。专业市场体系的形成，带动了生产资料、资金、劳动力、科技、信息等生产要素向农村集聚，形成浙江特有的工业资本形成机制和专业化分工机制，极大地缩小了城市和农村在资源要素配置上的体制落差和能级落差。伴随新的市场体系的形成，浙江的大量务工经商农民开始进城，推动形成人口和生产要素向城镇集聚。在以户籍为核心的城乡二元结构体制背景下，小城镇崛起成为浙江城镇化发展的主要力量，也是浙江人民在实践中为突破城乡二元结构找到的一种深具创造性的替代方案。到1998年年底，浙江全省拥有993个建制镇，比1978年增加6倍，涌现出乐清柳市、诸暨大唐等一批基本具备小城市功能的经济强镇，小城镇成为浙江农村的政治、经济和文化中心，成为在不突破城乡二元体制的条件下，协调城乡二元结构的重要载体。

**四是培育出促进协调发展的公共服务体系**。农民收入的提高，加快了浙江从温饱型生活消费向小康型生活消费的转变。到1998年年底，浙江60%以上的县达到省定小康县标准，农民的食物消费占生活消费总支出比重下降到48.5%，农民人均住房面积达到37.3平方米。尤其是在一些经济发达地区，农民特别是务工经商进入小城镇居住的农民的生活方式已日益趋向"市民化"。在全省农村经济快速发展和生产力水平不断提高的同时，文化、教育、科技、卫生、社会保障的落后状况都有明显改善。例如，九年制义务教育普及率居全国前列，青壮年文盲率下降到1.5%，有20个县达到全国体育先进县水平，80%左右的农村人口享有了初级卫生保健。

总体来看，从1978年到1998年的20年间，浙江协调发展的基本特征是自下而上、效率导向，在农与工、城与乡严重分割的制度背景之下，浙江省委省政府充分尊重人民群众脱贫致富的创业热情和勇于探索的创新激情，依托民营经济转化农业人口，依托小城镇承载农业人口的市民化诉求和对美好生活的追求，走出了一条独具浙江特色的城乡区域协调发展之路。

## 二 1999年至2013年：以城带乡

在1998年，按当时美元价格计算，浙江的人均GDP已经达到1350美元，总体上进入工业化中期阶段，但城市化水平只有35%，不仅低于45%的世界平均水平，也低于一般发展中国家40%的水平。城市化明显滞后于工业化和经济发展水平，成为浙江城乡区域发展不够协调的矛盾焦点。一方面，人的城市化水平不足，导致以工促农阶段已经从事非农产业的劳动大军滞留在农村不能取得市民的身份和权利，不仅束缚了这批人收入水平的进一步提高和生活质量的进一步改善，也导致整个社会的内需市场不足,制约了投资—生产—消费大循环的构建,对以轻工业为主的浙江经济影响尤其巨大。另一方面,过去服务于农村工业化的小城镇和块状经济的弊端开始显露,这些处于发育初期的城市,产权环境、信用环境和法治环境远未完善,由于布局分散、体量偏小,它们已经无法为走向国际市场、开始向产业链高价值环节升级的浙江民营企业提供更高级、更复杂的要素配置服务。而且,农村工业化呈现出"村村点火、户户冒烟"的空间格局,低层次平面扩张还引起"地荒""电荒""水荒"以及大面积环境污染等问题。到这时,浙江以农村工业化单条腿走路推动协调发展的弊端开始逐渐显露。

面对工业化和城市化严重分割的局面,在1998年夏季中共浙江省第十次党代会报告起草过程中,针对是否要把城市化作为一项重大的经济社会发展战略提出,全省上下又经历了一次思想解放,和20世纪80年代初浙江在曲折中松绑民营经济如出一辙。在第十次党代会报告起草小组内部讨论时,有同志率先发言指出,城市化的实质是优化要素布局,建设现代文明社会,浙江人多地少,只有走城市化道路,才能既节约耕地,又促进全省经济社会快速健康发展。起草小组许多同志表示赞同,纷纷发言呼吁报告中写入城市化内容。时任省委主要领导听取大家发言时表示,"按这个说法,倒是可以实施城市化战略的"[1]。这为起草组定下基调,在随后提交的党代会报告初稿中,也出现了加快推进"城市化"内容。但是,就在第十次党代会召开1个多月前,在下发各部门征求意见的党代会报告中,"城市化"这个词消失了,原因是有的领导同志担心倡导城市化会过多占用耕地资源,影响农业生产,此事引发新到任的省委主要领导的高度关注。省委主要领导上任伊始,通过近1个月的调查研究,其心里已有结论,于是在一份省计经委报送的内部研究报告[2]上批示:"推进城市化进程,既是我国经济、社会发展的必然,也是促进经济和社会发展的突破口。"后又提笔写道:"另,我想重点抓一下城市化问题。此事重

---

[1] 卓勇良:《浙江城市化:风起九里松》,《浙江日报》2013年1月28日。
[2] 刘亭、金新仁:《城市化:我国跨世纪发展的战略选择》,《浙江经济》1998年第11期。

大，请认真对待。"这个批示为浙江实施城市化战略最后定了调。在1998年12月召开的中共浙江省第十次党代会报告中提出"不失时机地加快城市化进程……把城市化作为浙江经济社会新一轮发展的新载体"。随后，省委省政府组织力量制定颁发了《浙江省城市化发展纲要》。至此，以城市化为抓手，以城带乡整体推进经济社会协调发展的战略导向正式形成。到2003年，浙江的城市化水平快速提高至48%左右，在1998年至2003年5年间年均提高2.6个百分点，平均每年推动大约110万农业人口转化为市民。

到2003年7月，在浙江省委十一届四次全体（扩大）会议上，时任浙江省委书记的习近平同志提出发挥"八个优势"、推进"八项举措"的战略决策和部署（简称为"八八战略"）。在这八项举措中，有四项与浙江的协调发展工作息息相关，分别是：（1）"进一步发挥浙江的区位优势，主动接轨上海、积极参与长江三角洲地区交流与合作"；（2）"发挥城乡协调发展优势、加快推进城乡一体化"；（3）"发挥山海资源优势，发展海洋经济，推动欠发达地区跨越式发展"；（4）"发挥生态优势，创建生态省，打造'绿色浙江'"。至此，以"八八战略"为总纲，浙江的协调发展迈入新的境界，主要表现在三个方面：一是协调发展的整体性更强。由城乡协调、区域协调和阶层协调构成的省域层面协调发展工作体系基本形成，每项工作都由省委亲自抓，摆脱了过去条块分割、单兵突破的局面。二是协调发展的节奏感更强。在总体战略谋定后，浙江省委省政府以五年规划和三年行动计划为载体，形成一套有序递进、不断深化的政策体系和工作举措。三是协调发展的立意更深。例如，把浙江放在全国一盘棋格局中谋求协调发展，提出接轨上海；把生态环境视作能够推动城乡区域协调发展的关键资源，提出"两山"理论。这些超越时代的认识，为浙江的协调发展注入了不竭动力。从具体进程看，自2003年"八八战略"提出后，浙江的协调发展工作又可以分为三大部分。

（一）城乡协调：开启新型城市化和新农村建设互促共进的协调发展之路

城与乡是人类生产生活的两大空间载体，面对浙江省城乡分割的二元经济社会结构，在提出"八八战略"后，习近平同志在2004年主持制定了《浙江省统筹城乡发展推进城乡一体化纲要》，从主要目标、主要任务和战略举措三方面入手，对城乡发展一体化的内涵和目标任务作了系统阐述，提出以新型城市化和新农村建设双轮驱动推进城乡一体化的战略路径，做出以新型城市化战略加快推进城市化进程和以"千村示范、万村整治"工程推动社会主义新农村建设的创新性决策部署。

**新型城市化**。浙江省在1998年年底开启大规模城市化进程时没有先例可循，既可以从狭义的角度将城市化理解为农业人口不断转变为非农业人口的过程，也可以将城市化理解为更加广泛的社会经济变化过程，既包含了农业人口非农业化，还包含资金、土地在城与乡之间的双向流动，以及在城市化过程中对更合理的社会治理手段和更先进的技术工具的运用。到2003年上半年，时任省政府分管领导在台州调研城市化问题后提出八个尚需解决的问题和具体对策（见表1-7），标志着浙江从更广阔的社会经济变化入手理解城市化，对这八个问题的探索和解决，定义出浙江新型城市化"新"在着眼全局和城乡统筹。在具体的做法上，浙江先从义乌市入手，将其作为全省第四轮强县扩权改革的唯一试点城市，走出一条先试点再推广、边发展边完善的新型城市化之路。

表1-7　2003年浙江推动城乡协调发展需要解决的八方面问题

| 问题内容 | 具体对策 |
| --- | --- |
| 户籍管理制度 | 适时在全省范围内取消农业与非农业户口划分，建立城乡统一的户籍登记制度，加快推进与统一户籍制度相关的配套改革 |
| 就业与社会保障体制 | 在全省范围内建立征地农民社会保障制度，推动征地农民融入城市社会步伐。完善城乡低保制度、搞好农村孤寡老人和城市"三无"人员集中供养试点、建立农村新型合作医疗制度等，加快建立城乡统一的社会救助体系 |
| 土地制度 | 对原村级集体土地（包括资产）的社区股份合作制改造，实行折股量化、股随人转，割断农村户口与村级集体土地（包括资产）权益分配的联系。探索农村非农建设用地（包括农村宅基地）流转，探索农民住宅用地城乡置换 |
| 投融资体制 | 放开民资进入城市基础设施和公用事业领域的各类限制。除特定行业外，实行民资进入"零门槛"。推进市政公用行业改革，加快公司制改造步伐，广泛引入竞争机制，加快实现投资多元化、运作市场化 |

续表

| 问题内容 | 具体对策 |
| --- | --- |
| "城中村"改造 | 重点解决好村级集体资产处置、集体土地统一征用、农民居住方式改造等方面问题。使"城中村"成为城乡融合的示范窗口 |
| 城镇行政管理体制 | 在有条件的城市推行城市管理综合执法。研究完善培育强县、强镇的政策措施，促进中小城市发展，充分发挥其带动农村经济发展中的辐射作用。根据需要，适时开展撤镇设街和乡镇撤扩并 |
| 城镇规划体制 | 学习借鉴国外大都市区管理体制方面的经验，运用市场机制方式，积极探索建立符合区域一体化进程的规划协调机制，适当提高规划管理和协调的层次 |
| 城市社区管理体制 | 适应城市管理"立足基层、重心下移"的改革趋势，明确政府部门、街道、社区的职责，理顺关系，划清事权，改变政社不分现象。重视研究在城市规模扩张过程中因区划调整、建制变更带来的由乡转城过渡型城市社区建设问题 |

2003 年，浙江义乌率先制定和实施了全国第一个城乡一体化行动纲要，把全市 800 多个行政村统筹规划为 290 个社区，加快了农村向社区、农民向市民、农业向企业的转变，其在全国百强县的排名从 2002 年的第 23 位上升到 2005 年的第 12 位。但是义乌作为县级市，受行政管理体制的影响，不少城市功能和机构设置都与城市发展不适应。以金融服务为例，2005 年义乌金融机构存款余额达到 586.2 亿元，但企业贷款却非常困难，因为按规定，各大国有银行在义乌只能设县级支行，只有几百万元的授信权限。鉴于此，在时任浙江省委书记习近平同志的推动下[①]，浙江省委省政府启动了全省第四轮强县扩权改革，下发《关于开展扩大义乌市经济社会管理权限改革试点工作的若干意见》，除规划管理、重要资源配置、重大社会事务管理等经济社会管理事项外，赋予义乌市与设区市同等的经济社会管理权限，大大提高了城市的要素集聚和辐射带动功能，缩小了城乡要素配置落差。

义乌推行的城乡一体化试点遇到的第二个问题是如何突破社会领域长期存在的城乡二元体制。为此，习近平同志在2005年就明确提

---

① 2006 年 2 月，时任浙江省委书记习近平在陆立军教授撰写的调研报告《"义乌商圈"：形成机理、发展趋势与政策选择》上做出重要批示："陆立军教授对义乌经验进行了长期研究，所提建议很有参考价值"，引发以义乌为起点的浙江第四轮强县扩权改革。

出以城乡综合配套改革来推进城乡一体化的新思路，浙江渐次开展了"新户改""新金改""新社改"等城乡综合配套的新改革，为城乡一体化发展探索出一条新路。

**社会主义新农村建设**。在21世纪初，浙江的农村环境脏乱差问题突出，根据有关部门摸查，全省有3万多个村庄环境比较差，当时统筹城乡发展，群众最迫切的呼声是改变农村环境。为此，由习近平同志亲自部署，自2003年6月开始在全省范围内实施"千村示范、万村整治"工程，目标是从全省选择1万个左右的行政村进行全面整治，把其中1000个左右的中心村建成全面小康示范村。经过近3年的整治提升，到2006年8月，为浙江农村带来六方面的深刻变化[①]。2008年，浙江安吉县按照习近平同志提出的"两山"理论，探索"千村示范、万村整治"工程升级版，率先提出推进美丽乡村建设，把生态文明建设与新农村建设紧密结合起来。到目前为止，经过10多年的努力，浙江的农村面貌焕然一新，农村生态环境重新恢复了江南山清水秀的好风光，通过大力发展农村电商和乡村旅游，浙江农村探索出大量将绿水青山转化为金山银山的绿色通道。

（二）区域协调：开启接轨上海和山海协作双管齐下的协调发展之路

山与海是浙江最直观的地理风貌。进入21世纪后，浙江虽然是中国经济发展的排头兵，但区域发展不平衡现象仍然比较突出，丽水市、衢州市和舟山市的地域面积占全省的27%，人口占全省的13%，但是经济总量只相当于全省的10%，城乡居民可支配收入仅为沿海发达地区的50%左右。在当时，浙江全省有26个欠发达县和300多个欠发达乡镇。以"八八战略"为引领，浙江先后打出"接轨上海"和"山海协作"组合拳，开启了"发达地区加快发展、欠发达地区跨越式发展"这一区域协调发展历程。

**接轨上海**。2002年的浙江，在全国看已是经济发展排头兵，但

---

[①] 即村容村貌与农村生态环境、农民生活质量与生活方式、农村生产条件与生产方式、农村精神风貌与农民文明素质、干部作风与干群关系、政府职能转变与城乡关系的深刻变化。

是从长三角看，当年浙江的人均 GDP 为 16978 元，尚不及上海的一半（35329 元）。因此，谈区域协调，如果仅仅着眼于本省内部的区域发展不均衡，很容易忽视浙江作为一个陆域小省所面临的发展局限。没有更高水平的总量和人均，区域差距缩小的含金量并不高。为此，2003 年浙江提出"接轨上海，全面融入长三角"的战略谋划，拉开了长三角两省一市[①]"峰会"的序幕。从 2003 年到 2006 年年底，浙江在上海投资的注册资金在 50 万元以上的企业达到 3.5 万家；仅杭州市就从上海引进项目 1042 个，协议总金额 325 亿元。通过接轨上海，浙江和上海在相互成就对方中缩小了发展差距，到 2007 年，浙江的人均 GDP 达到 36676 元，已经是当年上海人均 GDP 的 60%左右。

**山海协作**。有研究指出[②]，从地图上看，浙江也有一条"胡焕庸线"，即从临安市清凉峰镇到苍南县大渔镇连成的一条直线（简称"清大线"）。"清大线"西南侧拥有浙江全省 40%的面积和 20%的人口，但仅创造出 10%的 GDP，经济社会发展差距比较大。为跨越"清大线"，推动资金、项目从发达地区向相对落后地区流动，2002 年 4 月，浙江省委省政府开始启动实施"山海协作"工程，将省内部分发达县与所有欠发达县结对捆绑开展帮扶。浙江推动的"山海协作"，并不是一般意义上的扶贫，而是对全省生产力和人口的空间布局优化。在城市布局上，强调杭甬温三大中心城市及其他区域中心城市的集聚效应和辐射功能[③]；在产业布局上，强调环杭州湾产业带和温台沿海产业带的要素集聚，优化金衢丽地区生产力布局，同时强调向浙西南山区重点发展生态工业、农业和旅游业，向舟山等海岛地区重点发展海洋经济。根据浙江省经协办统计，从 2002 年到 2010 年，全省累计实施"山海协作"产业合作项目 6100 多个，到位资金超过 1300 亿元，"山海协作"工程不仅成为推进浙江省欠发达地区加快发

---

① 当时长三角地区主要指上海、江苏和浙江，后来加入了安徽省。
② 见浙江省社会科学院智库报告 2017 年第 7 期《在区域协调发展方面走在前列的主要思路》。
③ 在"十二五"时期，浙江省将杭甬温三大中心城市调整为杭甬温和金华—义乌四大中心城市。

展的重要载体,而且有力地推动了发达地区企业的跨区域扩张。以"清大线"两侧的丽水、衢州和杭州、宁波为例,在2003年至2010年之间,浙江的区域差距得到明显缩小(见表1-8所示)。

表1-8　　2003年至2008年间"清大线"两侧区域差距变化　　(单位:%)

| 人均GDP之比 | 2003年 | 2008年 |
| --- | --- | --- |
| 丽水与杭州相比 | 27.02 | 40.58 |
| 丽水与宁波相比 | 27.66 | 40.72 |
| 衢州与杭州相比 | 29.20 | 43.93 |
| 衢州与宁波相比 | 29.90 | 44.08 |

(三)阶层协调:开启欠发达乡镇和低收入农户奔小康工作

"小康不小康,关键看老乡"。在2002年年底,浙江就将扶贫攻坚作为高水平全面小康的试金石。在当时,浙江的扶贫工作已经进入攻坚阶段,容易脱贫的都已脱贫,剩下的全是硬骨头。针对这种扶贫形势,浙江以县为单位划定欠发达地区,确定了26个欠发达县,锁定目标,分类实施,先后推出"欠发达乡镇奔小康""低收入农户奔小康"等扶贫举措。根据浙江省政府咨询委的研究[①],这些扶贫攻坚实践可以概括为"破穷障、改穷业、挪穷窝、挖穷根、兜穷底"五管齐下综合施策的脱贫举措。

### 三　2014年至今:全域统筹

到2014年,浙江的城乡收入倍差已经进入2.1以内,居民可支配收入最高和最低的两个地区的收入倍差进入1.8以内,在全国均走在前列。对浙江而言,将城乡区域收入差距控制在2以内已经纳入"十三五"时期发展目标,协调发展的中长期目标必然是将城乡区域差距控制在1.5以内甚至更低。换言之,2014年以后的浙江,正朝着农民与市民、山区和海岛等偏远地区与沿海地区基本无差别的方向深化协调发展。目前来看,这一发展已经进入破题阶段,总的抓手是

---

① 顾益康:《把欠发达地区打造成新的经济增长点》,浙江省政府咨询委内部报告。

推进全省大统筹，让市场在城乡区域要素配置中起决定性作用。

**通过改革试点探索消除城乡差别**。2014年浙江省政府批复同意启动了《德清县城乡体制改革试点方案》，通过剥离附加在农村户籍制度上的利益机制，让农民自愿选择是否转化为市民，通过保障农民对承包地的占有、使用、收益、流转及承包经营权抵押、担保权能，农户宅基地用益物权，以及农民对集体资产股份占有、收益、有偿退出及抵押、担保、继承权，德清实现了农民和市民在医疗、教育、住房等方面的同城待遇，农民和市民的差别已经不存在。在此之后，嘉兴全市、温州平阳、宁波慈溪等11个户改试点县（市、区）也陆续成功试点取消城乡户籍差别。以嘉兴和湖州两地为例，2016年城乡居民人均可支配收入倍差已经分别缩小到1.69和1.73。

**通过大湾区大花园大通道大都市区建设探索消除区域差别**。2017年10月召开的中共浙江省委十四届二次全会，在充分考量全省主体功能区布局、对标国际谋求浙江现代化发展的基础上，提出了以大湾区大花园大通道大都市区建设为重点促进区域协调发展的战略构想。这个战略构想为浙江形成兼顾各地特色，促进优势转化绘出一幅新的生产力布局蓝图。

**通过低收入百姓增收攻坚战探索消除社会阶层差别**。在中共浙江省委十四届二次全会上，还提出了经济增长与居民收入同步增长、劳动生产率与劳动报酬同步提高的"百姓增收攻坚战"，包括低收入农户收入倍增计划和低收入产业工人收入倍增计划，力图通过精准帮扶，整合帮扶资源，创新帮扶方式，拓宽居民劳动收入和财产性收入渠道，增强低收入百姓自我发展能力。

## 第三节 推进协调发展的基本经验

协调发展是习近平总书记坚持以人民为中心发展思想的重要内容和五大发展理念之一，浙江是这一思想的重要萌发地。近40年来，通过以工促农和以城带乡缩小城乡区域差距，通过全域统筹探索消除城乡区域差别，浙江的协调发展始终走在全国前列。这段沧海巨变的历史带给浙江的最根本经验就是：在坚持社会主义基本制度的前提下，立足基本省情，遵循市场经济的一般规律，切实回应人民群众求温饱求发展的热切愿望，不断对经济基础和上层建筑进行调整和完善，不断创造性地探索社会主义和市场经济相结合的有效方式。在这一过程中，浙江首先在认识和方法上进行突破，然后将认识和方法转化为一个较为系统的工作部署，持之以恒抓落实。

**一　对协调发展的基本认识**

在相当长的一段时间里，我们对协调发展的认识是模糊的、片面的，有时甚至将协调发展视为一样化、等同化，造成城不像城、村不像村，削山填海、钢筋水泥的局面。早在2000年左右，浙江就较早认识到城乡、区域之间在空间形态、功能定位、管理治理以及发展阶段上存在的客观差别，采取了差异化发展之路。为了上下统一标准，浙江较早摆脱了用人均GDP衡量协调发展的误区，认识到放眼世界，城乡、区域之间的发展差距特别是以人均GDP衡量的发展差距是长期存在的。在一定发展阶段，随着经济社会发展主要矛盾的变化，这种差距还会有不断扩大的趋势。但是，以人均收入衡量的发展差距则必须不断缩小。过于强调GDP，过于强调缩小区域和城乡间人均GDP的差距，实际上忽视了地区之间和城乡之间在资源禀赋、要素配置等方面存在的差别。资源要素的有限性和差异性，决定了协调发展不是无差别的GDP增长和平均用力的发展策略，而是通过全域统筹联动，以人民群众都过上富裕安康幸福生活、享受到基本同等的公共服务为根本目的。

以人均收入而不是人均GDP为标准的协调发展观，是改革开放以来浙江发展史上的一次重大认识突破。在这个认识下，不同资源禀赋的地区做不同的事情，承担不同的主体功能，为生产力和人口的全域优化布局解除了思想桎梏。例如，对于丽水、衢州等限制开发区和禁止开发区较多地区，不以GDP为纲，使这些地区能够不计一时一地之得失比较从容地开展内聚外迁、发展生态经济，在省财政对相应地区进行一定程度转移支付和生态奖补的基础上，这些原本就不适合大规模开发的地区得以顺利卸下通过工业发展快速提高GDP的包袱，同时仍然实现居民收入水平的提高和生活质量的改善。此外，以人均收入而不是人均 GDP 为标准的协调发展观,还在一定程度上解除了不同地区之间的政绩竞争关系,党政干部们推动山海协作和跨行政区合作的思想顾虑少了。

在方法层面,既勇于跨越禁地、敢为人先,又先易后难、先行先试。浙江的协调发展水平能够取得今天的成就,离不开两个关键决策:一是 20 世纪 80 年代初期主动放手保护和发展民营经济;二是 90 年代后期突破思想禁锢,率先走城市化发展道路,以新型城市化引领城乡一体化。在当时,这两个决策虽然正确及时地回应了群众追求生存、追求发展、追求美好生活的期盼,但都在一定程度上迈入了思想的禁区、挑战了传统的发展模式。面对这种可能将至的风险,浙江的领导干部敢想敢试,敢做敢当,决不听凭观念和行动落后于实际,在正确认识世情国情省情,切身了解人民群众诉求的基础上,以相当的政治智慧和勇气,迈出自我划定的禁区,下出协调发展的先手棋,这是改革开放以来浙江协调发展水平始终走在全国前列的关键所在。在具体的工作策略上,浙江则选择了先易后难、先行先试的办法。例如,在改革开放初期避开难以攻克的城乡二元结构,选择以农村工业化为起点,率先突破工业与农业这对二元结构。在 20 世纪 90 年代初期设置若干小城镇综合改革试点,在不改变城乡二元基本结构的前提下,围绕人口较多的城镇先走一步推行城市化。通过这种工作策略,浙江把解决本地实际问题和攻克面上共性难题结合起来,由点及面、先易后难,层层推进协调发展,把冲破禁区的风险降到最低,当大家都看到这种改革产生的巨大正面效应后,面上体制松动带来模式的复制推广,使成功经验得以迅速普及。

## 二 推进协调发展的基本经验

在正确认识和得当方法的指引下,近 40 年来,浙江在协调发展方面探索出以下八个方面的基本经验:

### (一)放手发展民营经济,夯实了浙江协调发展的内生基础

改革开放以来,浙江放手发展民营经济,引领中国的市场化风气之先,高效调动了各类经济主体的发展活力,不断推动劳动力、资金、土地等要素按照市场信号,从回报率偏低的产业和区域流出,流

向回报率较高的产业和区域，从内生机制上夯实了浙江协调发展的坚实基础。

（二）率先推动新型城市化，铸就了城乡一体化发展格局

推动城乡区域协调发展，需要从根本上打破城乡分割的二元结构，促进农业向非农产业、农村向城市、农民向市民的转变。改革开放以来，浙江始终用联系的、动态变化的观点看待城与乡，明确了城乡一体化发展的龙头是城市，解决"三农"问题要着眼于"反弹琵琶"。实践证明，从一村一品特色农业到乡镇块状经济，从加快农业人口转化推动高效农业发展，从千万工程新农村建设到美丽乡村振兴战略，无不是从城乡联动关系出发，较好地结合城乡发展需求和城乡各方的优势条件，推动了城乡一体化发展。

（三）从"县域经济"到"都市区经济"空间组织战略的适时调整，使区域竞争始终保持活力和优势

在改革开放初期，在城乡二元分割的大背景下，浙江探索出根植民营经济和块状经济的"县域经济"，为处于市场化和城市化发展初期的工业经济、农村经济和城市经济相互促进、相互赋能找到了结合点，成为浙江协调发展走在全国前列的重要空间组织形态。随着民营企业走向国际市场，随着发展阶段从要素驱动走向创新驱动，"县域经济"受制于自身资源禀赋条件局限，导致产业和企业起点偏低，大院名校等创新要素供给不足，县域之间的过度竞争也导致产业同质化。为此，浙江适时调整空间组织战略，理解、承认和主动做大都市区的要素配置功能，用中心城市带动周边县域一体化发展，围绕都市区构建区域性产业组织网络、促进区域分工、获取协同效应和规模效应，在生产领域的创新和制造、生活领域的居住和休憩构建系统循环，为打破行政区划边界，在更大空间尺度实现要素资源优化配置提供了抓手。

（四）发达地区帮扶欠发达地区的"山海协作工程"，按市场规律办事取得"双赢"成果并得以持续深化

山区和海岛等偏远地区往往存在产业发展薄弱、城镇集聚能力不强等问题，往往成为协调发展面临的重大难题。浙江突破了传统上发达地区向山区和海岛等偏远地区单向输血救济扶贫的做法，走出以互

补促协作，以协作促双赢的欠发达地区开发模式，发达地区着眼于获取空间和生态要素，促进产业链走出去，欠发达地区着眼于提供空间和生态要素，把配套产业引进来，在授之以鱼的同时授之以渔，为山区和海岛发展赋予内生的、本地化的能力。

（五）"跳出浙江，发展浙江"的思想理念使浙江在主动接轨上海、参与长三角一体化建设中走在前列

通过主动接轨上海，打造长三角一体化市场，浙江站在中国参与全球竞合的层面谋求协调发展。在长三角城市群内部，浙江率先发起探索协调机制谋求打破行政壁垒和体制障碍，积极探索、构建有利于推动资本、技术、产权等生产要素自由流动和优化配置的制度安排，形成金融市场、技术市场、人才市场、旅游市场乃至口岸、生态环保、公共服务一体化的政策环境。

（六）把城乡基本公共服务均等化作为推动协调发展的一项重要任务来抓

通过经济适度发展和加大财政转移支付力度，浙江较早使不同区域的居民都享受到基本统一的医疗卫生条件、社会保障待遇和基础教育条件，基本做到了不同区域人民生活的综合质量与水平逐步趋于均等化，这不仅直接提高了协调发展水平，还为形成统一大市场，推动人才、资本等生产要素按照市场经济规律自由流动提供了保障。同时，浙江始终坚持基本公共服务均等化水平应与经济发展水平相适应，省级财力向市县和基层下沉，不断增加基层稳定收入来源和可用财力，并且用基本公共服务的均等化实现度，来激励和规范地方的财政支出，用更加透明、刚性和可预期的公共服务投入体制，提高了城乡基本公共服务均等化的实现效率，真正让基层部门把财力用在了刀刃上。

（七）城乡区域的协调发展离不开交通先导

浙江始终把交通建设作为促进协调发展的"先行官"。在城乡协调发展方面，高水平建好"四好农村路"，加快建成和完善"外通内联、通村畅乡"的交通运输网络，发展出"交通+特色产业""交通+旅游休闲""交通+电商快递"等模式。在促进区域协调发展方面，浙江依托机场、港口、高速公路和高速铁路的布局，形成以四大

都市区为枢纽节点的海陆空一体化集疏运体系,推动形成了功能协调的多中心城市群体,通过交通将城市与农村、沿海和山区海岛连接成为一个紧密的发展共同体。

(八) 空间规划合理与否关系到协调发展的顶层设计

推动城乡区域协调发展是目的,认识、理解和优化人口分布、经济布局与资源环境承载能力则是前提和手段,是制定出台区域协调发展战略的基础,其核心就是空间规划。改革开放40年来,浙江通过空间规划这一顶层设计,优化组织保护与开发的全域总体格局,部署各等级城市的发展重点,培育了沿海战略性资源的成长,激发了绿色生态地区的潜在战略优势,还通过适当集中省内资源支持重点地区的发展,安排一些关系长远发展的重大项目,有效地支撑了浙江海洋强省、生态大省、创新强省等重大战略部署,真正实现了将空间规划作为区域协调管理与战略决策的重要工具的作用。

本书从第二章开始到第九章,围绕上述八个方面展开更加具体的研究分析,第十章则是对未来浙江协调发展作出前瞻性的谋划构思。

# 第二章 民营经济：协调发展的内生基础

民营经济是浙江的优势和活力所在，可以说，改革开放后的浙江发展史，就是浙江人民的创业创新史，也是浙江民营经济的发展壮大史。40年来，在历届浙江省委省政府的关心和支持下，浙江民营经济从无到有、从小到大、从弱到强，成为浙江由资源小省发展为经济大省的主力军，也为浙江城乡区域协调发展走在全国前列奠定了坚实的基础。

## 第一节 市场化浪潮下民营经济由点及面"墨汁式"扩散

改革开放以来，浙江坚持走中国特色社会主义道路，率先开展市场化改革探索，从温台沿海地区起步，逐渐扩散到全省，走出了一条主要依靠市场化改革、发展民营经济的内生增长道路。习近平同志在浙江工作时就曾指出，"民营经济作为社会主义市场经济的重要组成部分，对增强经济活力、调动人民群众和社会各方面的积极性，加快生产力的发展，具有极为重要的意义"。目前，民营经济在浙江经济中的作用大体可以概括为"6789"，即缴纳了60%左右的税收，创造了70%左右的GDP，贡献了80%左右的外贸出口，提供了90%左右的就业机会，是浙江经济发展最显著的特征。民营经济扎根于浙江大地，汲取各地特色优势，发展出各具特色的区域经济，成为支撑浙江城乡区域协调发展的经济基础。根据有关研究①，1978—2014年，浙江69个设区市和县（市）人均GDP名义增长率离散系数只有0.08，就区域差距而言，是一个相对均衡的水平。

**一 浙江民营经济的起源**

关于民营经济，一种较被认可的定义是指除了国有及国有控股、集体经济、外商和港澳台商独资及其控股外的经济组织。它的主要成分是私营企业、个体工商户和农民专业合作社，其中私营企业和个体工商户在民营经济中又占据了绝大部分。

从经济史的视角看，民营经济是与官营经济同时产生的。历史上，封建政府为了满足封建统治的需要，建立起一整套的官府手工业；封建政府网罗不尽的部分手工业就自然形成了民营手工业，这是中国民营经济的最早形态。到明朝中叶以后，民营手工业在很多行业后来居上超过了官营手工业，在江南地区开始出现资本主义性质的生产关系。到近代，浙江民营手工业经济就已经比较发达，在全国经济中占有很重要的地位。

中华人民共和国成立后，浙江民营经济发展经历过一个短暂的春天。由于地处中国东南沿海，浙江成为当时大陆对台斗争的前哨阵地，国家投资很少，基本上没有国家重大项目布局。"一五"时期，在苏联援助下国家重点建设的156个大型骨干项目，没有一个落户在浙江。浙江自然资源也相对匮乏，人均只有半亩耕地，只及全国平均水平的1/3；在矿产资源上，除了"十块石头三块土"等非金属矿②，可以说是要啥没啥，少煤缺铁，更无石油、天然气。1978年，浙江省地区生产总值为123.72亿元，位列全国省市区第12位，占全国比重为3.4%；人均国民生产总值水平为331元，约为全国平均水平的85%。可以说，改革开放前的浙江既是一个资源小省，也是一个经济小省。

正是由于缺乏发展传统农业和基础工业的资源优势，又较少国家

---

① 吴可人：《全面开创协调发展新格局》，《浙江日报》2016年1月6日第15版。
② "十块石头三块土"，即萤石、明矾石、石灰岩、花岗石、大理石、叶蜡石、硅灰石、沸石、珍珠岩、伊利石和硅藻土、膨润土、高岭土。

计划投资，为求生活出路，早在20世纪六七十年代，温州、台州、义乌等地区的农村个体私营经济就在悄悄发展，为改革开放后民营经济的大发展撒下了种子。譬如在20世纪60年代末70年代初，台州民间兴起了以"打硬股"的方式从事制造业，所谓"打硬股"，就是几个人为一笔生意合资合劳，盈亏共负，生意完结就散伙的一种经济行为。台州"打硬股"的出现与渔民捕鱼有关，出海时临时合伙，捕鱼归来分配完产品即散伙。1967年玉环芦浦的林某等6人以"打硬股"形式组建了"红卫仪表厂"，1968年玉环干江的下放知青叶某自筹资金办"干江农机厂"，1971年黄岩卷桥张某与24位农民集资合股办"卷桥卫生香厂"，等等。在"文化大革命"期间，这些企业被戴上社队企业的"红帽子"。

这些个私企业的出现与发展，既有浙江处于中国计划经济边缘地位的因素，也源于浙江民间自古以来具有的工商业传统。古代浙江许多著名思想家具有倡导功利、注重工商的思想，譬如，王阳明主张士、农、工、商"四民平等"，黄宗羲率先提出"工商皆本"的思想，这在以农为本的传统价值观念独尊天下的农业社会里独树一帜。受这些商业文化传统的长期熏陶，浙江人有着精明的商业头脑与务实的群体性格。在计划经济时期，民间工商业普遍受到抑制，但浙江尤其是温台地区的民间工商业凭借其深厚的历史传统仍顽强地寻找生存空间，等待阳光雨露而发芽生长。

## 二 改革开放后浙江民营经济发展进程及区域演进格局

改革开放后浙江民营经济的发展是一个与时俱进的过程，它源于浙江传统工商业文化与中国市场化改革浪潮结合，从扎根浙江农村大地起步到枝繁叶茂"三分天下有其二"，再到当前的大转型大提升，浙江民营经济的发展历程大体可分为三个阶段。[①]

第一阶段：摸索前进（1978年至1992年）

十一届三中全会后，浙江省委省政府认真贯彻中共中央关于把党

---

[①] 中共浙江省委党史研究室编著：《浙江民营经济发展回眸》，中共党史出版社2014年版。

和国家的工作重点转移到社会主义现代化建设上来的战略决策，秉承改革、开放、搞活的工作方针，着力为经济发展创造宽松的政策环境。这一阶段，重点是解决普遍"一穷二白"的局面，积极培育个私经济，为协调发展打下基础。

改革开放之初，为迅速打开局面，省委省政府决定把发展有一定基础的社队企业作为振兴经济的重要途径，鼓励群众放开手脚办企业。在发展社队企业的同时，浙江个私经济也突破体制机制束缚，开始在夹缝中发展。1981年浙江省政府规定，凡从事个体经济经营的劳动者，经过审查批准发给营业执照即可营业，这极大地促进了浙江个私经济的发展。在农村，一部分农民开始自己经商、办厂、跑运输、搞建筑；在城市，为解决就业，出台政策允许个体经营，倡导一部分回城知青、待业青年自谋职业，从事小商小贩、修理、餐饮之类的个体经营。至1982年，浙江个体工商户从1979年的8091户发展到7.9万户，3年增长近10倍。1984年中共十二届三中全会第一次系统阐述了党对发展个私经济的基本方针，浙江进一步加快了发展个私经济的步伐。1985年，省委肯定了以个体、私营经济为主要特征的"温州模式"，全省各地掀起了一轮发展个私经济的高潮。党的十三大后，浙江更是密集出台鼓励发展政策，提出对个私经济实行"允许存在，适当发展，兴利除弊，加强引导和管理"的原则，扶持并规范个私经济发展。当其他地方还在忙姓"社"姓"资"争论时，浙江省委省政府就已把发展放到了第一要务，从促进生产力发展的角度积极培育个私经济。浙江省是最早允许农民务工经商、允许农民长途贩运、允许对农民开放城乡市场的地方。至1992年年底，浙江省个体工商户发展到100.3万户、从业人员155.9万人，分别比1982年增长11.6倍和16.7倍，私营企业从无到有，发展到1.1万户、16.9万人。

浙江民营经济首先是在温州、台州、义乌等传统农业资源相对贫乏的农村地区发展起来。譬如温州，当时人多地少，1978年人均耕地面积0.53亩，矿产资源几乎没有；国家投资少，国营经济和集体经济十分薄弱，到1978年累计投资仅有5.59亿元，全地区人均仅88元，而同期全省人均有240元；1978年温州全地区大约有110万过剩农村劳动力，失业青年达4.5万人，生存十分不易。在这样的现实条件下，历来比较崇商重利、较少计划经济桎梏的温州人认识到要尽快摆脱贫困，改变落后面貌，必须在党的改革开放路线的指引下，率先开展市场化改革。1978年，温州市政府颁布了全国第一个私营企业地方性法规《温州市私营企业管理暂行条例》，支持个私经济的发展，1980年章华妹从温州市工商局领到了第一份个体工商企业营业执照。温州民办工商业的发展，引起了所有制结构的变化，出现了全民、集体、个私等多种经济形式共同发展的局面，使得温州由原来经济基础比较薄弱的农业地区发展成为充满活力的工商业城市。而在省内传统农业生产条件较好的杭嘉湖地区，当地群众生存压力相对较小，发展个私经济的动力也相对较小，民营经济发展进程相对滞后。

第二阶段：快速发展（1993年至2002年）

1992年邓小平南方谈话发表和党的十四大后，民营经济的发展得到了认同，浙江民营经济进入快速全面发展时期。

这一阶段，浙江推动民营经济发展最具代表性的实践是以产权制度改革为核心的乡镇企业改制。到21世纪初，全省乡镇、村集体企业基本完成改制，一大批过去长期戴"红帽子"的"假集体企业"纷纷"摘帽"。经过改制，理顺了产权关系，基本形成了投资主体多元的企业制度，企业呈现出演化升级的态势，促进了乡镇企业在经济发展的总量和质量上的大发展大提高。与此同时，国有企业、城镇集体企业的产权制度改革也在进行，一大批国有企业和城镇集体企业从竞争性领域退出，转为民营企业。企业产权制度改革焕发出民营经济发展的巨大潜能。2002年，浙江省个私经济总产值、销售总额、社会消费品零售额、出口创汇额、全国民营企业500强企业户数五项指标连续5年居全国第一，浙江成为全国个私经济发展最快、影响最大的省份之一。

同一时期，浙江民营经济快速发展也出现了一些问题，尤其突出的是各类农村工业遍地开花，整体经营粗放，导致环境污染严重，资源消耗过度，影响到经济社会的可持续发展。在20世纪90年代中期，浙江在农村工业化道路的基础上，通过城镇化组织农村工业化，突出小城镇尤其是中心镇的优先发展地位，以开发区和工业园区尤其是特色园区为载体，积极推进工业化与城镇化互动发展，进而逐步打破城乡分割的体制，促进农村资源和生产要素向城镇集中集聚，城乡经济发展更趋协调，民营经济发展也进入更大更高的发展空间。

这一阶段，民营经济发展迅速从温台沿海地区逐步扩散到全省各地，民营经济逐渐在各地经济发展中成为主导性力量。到20世纪90年代后期，随着温台沿海地区生产要素供应趋紧和成本上升，温台沿海地区民营经济走上跨地区发展道路，首先选择战略区位条件好、临近上海的杭州、嘉兴、湖州等地市建市场和办企业，推动自力更生、艰苦创业精神开枝散叶，极大地带动了这些地方民营经济发展走上快车道。譬如1996年温州人在杭州三墩镇建设"温州村"，一个温州村的建设，就意味着一个新兴市场，不仅能吸引温商去创业，还能吸引外籍客商来经商。广大农村地区民营经济发展高潮的兴起，推动了小城镇和工业园区建设，促进了城乡协调发展。

第三阶段：发展提升（2003年至今）

经过第二阶段的持续发展，到21世纪初，浙江民营经济有了较好的积累。同时，随着发展环境和发展阶段的变化，民营经济的结构性、素质性矛盾不断突出，资源和环境制约因素也日益显现，民营经济进一步发展面临严峻挑战。时任浙江省委书记习近平同志审时度势，提出以"腾笼换鸟"的思路和"凤凰涅槃""浴火重生"的精神，推动浙江民营经济"上规模、上水平、上档次"。这一阶段，浙江民营经济占浙江生产总值的比重总体稳定，但产业竞争力有非常明显的提升，全省民营经济发展更为均衡。

"凤凰涅槃""浴火重生"的提出大大推动了民营经济的转型升级。一些民营企业向科技创新要效益，加大技术改造和自主研发投入，成长为高科技企业集团；一些民营企业以民资引内资外资，跨区域跨国界并购和股权转让，走上合资合作发展道路；一些民营企业参与国有企业改革，积极推进混合所有制改革，促进国有企业与民营企业相得益彰共同发展。在国际金融危机后，适应经济新常态，更是鼓励推动民营经济创新发展，在新技术、新产业、新模式等方面涌现出一批优秀民营企业集团。尤为突出的是一批民营企业逆势而上，在发达国家发起一系列涉及高技术、知名品牌的并购案，譬如浙江吉利收购国际高端汽车品牌沃尔沃，万丰奥特并购世界前三强的通用飞机制造商钻石飞机工业公司等，显示出转型发展中的浙江民营经济正在迈进全球价值链的中高端。

"腾笼换鸟"进一步推动浙江沿海发达地区的传统产业开始大规模向相对欠发达的浙西南地区的丽水、衢州等地转移，民营经济大规模进入这些相对欠发达地区，推动这些地区经济发展，使全省经济布局更趋均衡。譬如丽水市的经济发展就得益于温州民间资本跨区域流动的促进作用。丽水市是浙江省经济发展相对滞后的一个地级市，属发达省份的欠发达地区，农村人口占80%，"九山半水半分田"是其自然条件的真实写照。2002年，丽水市规模以上民营工业产值占全部规模以上工业产值的比重为60%左右，大大落后于同期温州、台州80%的水平。2003年，温州企业家抱团到丽水经济开发区水阁园区发展；到2010年，园区内80%的企业来自温州，以汽摩配、阀门制造及合成革等为主导产业，所创造的产值占园区总产值的80%以上。2004年，温州不锈钢企业大规模进入丽水松阳县工业园区，截至2016年，全县不锈钢管生产企业40多家，规模以上工业产值57.23亿元，完成出口额6.7亿元，解决就业岗位8000多个，是浙江省最大规模不锈钢管生产基地，也是全国最大的不锈钢无缝管生产园区。截至2015年年底，丽水规模以上工业企业中，温州民营企业占65%；丽水百强纳税大户中，温州民营企业占45%；为丽水安排就业职工12万多人。正是得益于温州等沿海发达地区民营资本的跨地区投资，丽水经济得到快速发展，到2016年，规模以上民营工业产值占全部规模以上工业产值的比重提高到90%以上，规模以上工业产值在2002年至2016年间年均名义增速在22%以上，位列浙江全省11地市同期工业增速第一位。

浙江民间资本跨区域流动，不仅在省内，更是拓展到省外。时任浙江省委书记习近平同志高度肯定了浙江民营企业跨区域经营对浙江经济和全国经济所做的巨大贡献，指出"资本跨区域流动其实是一种能够实现双赢的举动。广大浙商在'跳出浙江、发展浙江'中，不仅为国家统筹区域发展以及所在地经济作出了贡献，而且延伸了浙江的产业链，推动了浙江产业的梯度转移，促进了资源要素的合理流动和优化配置"。

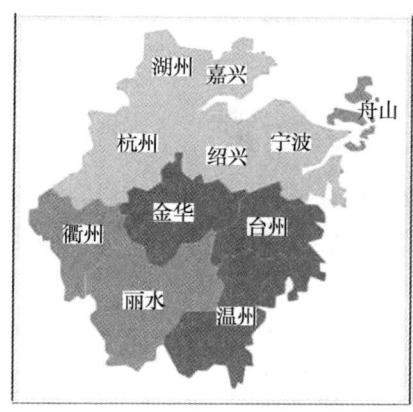

1988年浙江工业领域民营经济比重　　2002年浙江工业领域民营经济比重

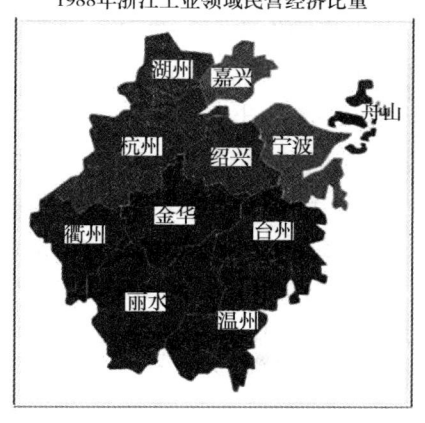

2016年浙江工业领域民营经济比重

说明：
1. 本图采用颜色深浅表示民营经济比重情况，颜色越深，比重越高；
2. 因各地对民营经济分类不一致，故本图只在一定程度上显示差异。

图2-1　浙江民营经济区域演进示意（以工业为例）

### 三　鼓励和支持民营经济发展的主要做法

一是把握经济发展趋势，率先推进以市场为导向的改革。改革开放以来，浙江各级政府立足省情实际，创造性地贯彻执行中央的方针政策，充分把握历史性机遇，率先推进市场化改革。改革开放前，我国实行计划经济体制，浙江各级政府作为"国家机器"中的一环，对城乡经济社会进行全面控制。以1978年十一届三中全会和1984年十二届三中全会通过《中共中央关于经济体制改革的决定》为标志，浙江的市场化改革开始起步。早在其他地方限制甚至禁止兴办私营企业之时，浙江许多地方就已降低准入门槛，城乡居民均可申请创办企业。党的十四大确立社会主义市场经济体制改革目标后，浙江各级政府更是主动担当起制度创新"第一行动集团"的角色，出台支持民营经济发展的"四个不限"以及"四个有"政策，加快专业市场建设，开展市场秩序整顿，积极为完善市场体系提供各种有效的政策激励和制度环境。进入 21 世纪后，浙江率先开展自身改革，加快向服务型政府转型，进一步向市场放权，为企业松绑，用政府权力的"减法"换取市场活力的"加法"。这些政策举措主动顺应了中国市场化改革的大趋势，适度超前，赢得了改革的先机。

二是尊重人民首创精神，不断优化民营经济发展环境。人民群众是历史的创造者，是实践的主体。十一届三中全会后，浙江一些地方的农民在填饱肚子的现实驱动下出现了个体户、雇工经营、合伙合作等不同民间"首创"，但在改革开放之初，受"计划经济"与"公有制经济"的意识形态束缚，人们对个体老板和雇工现象有许多看法。在这样的政治环境下，浙江各级党委、政府充分尊重群众的首创精神，从实际出发，秉持允许闯、允许试的原则，正确对待群众创造新生事物，坚持做到不争论、不张扬、不阻止，看准的要大胆地支持，一时看不准的要允许试，允许看，较少"明令禁止"，努力营造让一切力量源泉充分涌流、让一切创造潜能充分释放、让一切聪明智慧竞相迸发的社会环境。进入 21 世纪后，浙江对互联网等新经济发展的呵护，也体现了浙江各级政府对群众创造精神的尊重。正是由于放手发展民营经济，焕发出浙江民众空前的创业激情，无论是在城市还是乡村，无论是在海岛还是山区，浙江人创造财富的脚步不曾停滞，推动了全省各地经济的蓬勃发展。

三是坚持从实际出发，走有自身特色的经济发展道路。在浙江大地上，尽管不同地方资源禀赋千差万别，但各地政府不唯上，不唯书，只唯实，都能够根据地方实际和生产力发展水平，选择适合自身条件的发展道路，推进地方民营经济的发展，并在长期实践中形成具有鲜明地方特色的区域经济发展模式。譬如以义乌专业市场为代表的专业市场引领模式、以绍兴纺织为代表的地方特色产业驱动模式、以安吉竹资源开发为代表的优势资源综合开发模式、以青田华侨为代表的"走出去"创业发展模式等。虽然各地具体的发展道路不同,但各地都能充分依托好、利用好地方特色资源优势,把特色优势资源效能发挥到极致,殊途同归,实现了地方经济的繁荣发展。

四是加强规范和引导,推动民营经济科学发展。在发挥市场机制作用的同时,浙江各级政府不是一放了之,而是根据形势发展的要求,不断完善政府管理和服务,推动民营经济更好更快发展。在20世纪90年代中期,浙江民营经济在发展过程中出现了一些问题,政府开始更多地考虑"有为",如出台法规和政策打击假冒伪劣产品、制定规划引导民营企业合理布局等。进入21世纪后,面对加入世界贸易组织后的国际竞争加剧、要素成本上升等挑战,2004年浙江召开全省首次民营经济工作会议,出台了《关于推动民营经济新飞跃的若干意见》,提出要加快推进民营企业制度、科技、管理和文化创新,引导民营经济走科技化、规模化、集约化和国际化发展道路,不断提升民营经济国际竞争力。党的十八大以来,省委省政府认真贯彻中央精神,出台了一系列促进民营经济发展的政策措施,在行政审批制度、商事登记制度、地方金融体制以及要素市场化配置等方面推出了许多重大改革举措。可以说,浙江民营经济发展之所以有今天这样的大好局面,同这些与时俱进的引导和扶持政策措施是密不可分的。

## 四 在民营经济"墨汁式"扩散同时,国有经济也得到不断强化

改革开放以来,浙江放手发展民营经济,对全省经济持续快速发展起到了关键作用。但民营经济的发展不仅没有陷国有经济于绝境,反而为国有经济的改革与发展创造了优越的外部条件,形成了国有经济与民营经济比翼齐飞、共同发展的局面。早在2003年7月10日,时任浙江省委书记习近平同志在省委十一届四次全会上就曾阐述道,"正因为多种所有制经济在市场竞争中相互促进,共同发展,才形成了浙江的体制机制优势"。从当年民营企业升华集团收购浙江轻纺供销有限公司51%的国有股权,开创浙江直属大型国有企业股权转让先河,到近几年世界500强浙江物产集团以混合所有制整体上市、打响新一轮省属国企改革"第一枪",浙江国有经济成长实践一步一步印证了习近平总书记当年的论断。

一是国有企业整体实力显著增强。这 15 年来，浙江省国有企业积极应对复杂多变的市场环境，资源配置能力明显提高，整体营运绩效大幅提升，主要经济指标屡创历史新高。2016 年，浙江省国有控股工业企业虽然资产规模仅居全国省市区第 18 位，但实现利润却名列前茅、位于第 6 位，以占全国国有控股工业企业 2.8% 的资产规模贡献了全国 6.3% 的利润。许多企业已发展成为行业内的排头兵、领头雁，到 2016 年年底，有物产中大集团、能源集团、交通集团、海港集团、国资运营公司 5 家 "千亿级"企业，有 8 家企业入选中国企业 500 强，其中物产中大集团连续 5 年入选世界 500 强。[①] 浙江省属企业资产质量和收益能力连续多年名列全国前茅。

二是国有经济布局结构明显优化。浙江国有企业坚持以结构调整为主线，突出主业发展，培育优势产业，鼓励做强做大，压缩管理层级，促进了国有资本向重要行业、重点企业和主营业务的"三个集聚"，构筑了符合国有企业实际的现代化产业体系。尤其是省级国有资本在关键领域和优势产业的集聚度进一步提高，2016 年分布在能源、交通、商贸物流等基础和优势行业的资产总额、营业收入、利润总额均占省属企业总量的 85% 以上。为推动浙江经济转型升级，制定了《省属国有资本布局结构调整优化实施方案》，鼓励国有经济加快向战略性新兴产业拓展，加快退出不具竞争优势的产业。

三是服务全省经济发展能力不断提升。对国有经济来说，除了参与市场竞争，还有承担社会责任的使命。国有企业是我省电力、高速公路、机场、化工等重大基础设施和重大产业建设的主力军，为完善全省能源保障网、综合交通网发挥了重要作用，充分发挥国有经济对全省经济社会发展的支撑作用。能源集团发电业务占全省统调机组 50% 左右，发挥我省能源安全供应主力军作用。交通集团建设高速公路营运里程占全省总里程的 66%，营运铁路里程超 2500 公里。萧山机场客流量已稳居全国十大机场之列。

---

① 《五年来浙江国企国资改革发展回顾：坚定不移做强做优做大国有企业》，浙江在线（http://zjnews.zjol.com.cn/zjnews/201710/t20171013_5341272.shtml），2017 年 10 月 13 日。

一个国有经济和民营经济相互融合、相得益彰的局面在浙江已然形成，浙江国有、民营经济都不断跃上新台阶。在民营经济在浙江大地"墨汁式"扩散的同时，国有经济也得到不断强化。2017年，浙江国有及国有控股企业数量虽仅占全部规模以上工业企业的1.9%，却创造了18.5%的增加值、15.0%的主营业务收入和18.9%的利润总额，在重要行业和关键领域占据主导，形成了强劲的带动力和有效的控制力，在推动城乡区域协调发展中发挥了不可或缺的作用。

## 第二节　块状经济是浙江民营经济发展最具特色的组织创新

改革开放之初，新成长出来的浙江民营企业普遍存在发展规模小、市场竞争力不足、抗风险能力弱等问题。企业集聚发展则很好地解决了这些问题，它兼具大型企业规模经济和中小企业灵活性的优势，在很大程度上克服了"大企业病"和中小企业制约自身发展的诸多弊端。这种企业集群式发展被形象地称为"块状经济"，生产要素功能化、专业化集聚提升区域竞争力，为浙江加快推动工业化、城镇化进程，促进农村进步和统筹城乡发展打下了坚实的基础。

### 一　块状经济的发展机理

"块状经济"这一概念最早是费孝通教授在20世纪80年代中期对当时浙江一些崭露头角的专业村（镇）经济形态的形象概括，并伴随着这种经济形态快速茁壮的成长而广受关注。"块状经济"的定义很多，认同度比较高的定义是：块状经济是指在一定区域内形成的具有明显地方特色、民营经济集聚、产品高度关联、地域相对集中、专业化生产与分工协作相结合的企业群体，并由其带动当地经济和社会发展的一种区域经济组织形式。其中生产专业化的中小企业群、发达的专业市场、独特的人文环境是"块状经济"发展的核心要素，形成独特的核心竞争力。

从"企业—产业—市场"角度看，浙江块状经济发展生动演绎了分工与专业化促进区域发展的经济规律。

斯密认为分工和专业化程度与市场容量密切相关，在市场容量达到一定规模后，加工各环节与前期供料、后期销售自然形成专业化分工的协作体系，产业链不断分解、拉长，产品越做越精，企业越做越大，产业越做越强，市场自然越做越大。这时，新的技术装备、产品工艺和质量以及技术技能都能被及时发现并准确定价，特定产品、特定产业和特定市场又不断孕育出只有在这一特定空间里才具备的特定生产要素，这些特定生产要素的存在如同空气一样，弥漫在一个特定的空间里，"块状经济"便由此而生。

科斯交易费用理论认为企业的存在是由于其内部组织制度能够代替市场价格以降低资源配置中的交易费用，相反，如果信息流通快、竞争充分、资产通用程度高，利用市场配置资源的交易费用甚至低于企业内部的组织管理成本。在块状经济内部，众多同类或相关企业依托发达的专业市场组织开展生产，从而形成以外部交易为特征的企业块状集聚和市场的点状集聚格局，形成显著的成本竞争优势。譬如浙江桐庐县分水制笔块状经济，在分水镇内有制笔企业和配套企业近千家，内部分工大到模具开发和整支笔的装配，小到笔尖、弹簧、塑料粒子等零部件的生产，各企业之间关联度高、专业分工细，形成了低成本竞争优势。目前分水圆珠笔占浙江省市场的70%、全国市场的40%。

迈克尔·波特从国际竞争研究出发，将这种在某个特定领域内相互联系的、在地理位置上集中的公司和机构的集合概括为产业集群，提出"钻石模型"，从生产要素、需求条件、相关和支持产业、企业战略与竞争的时空背景四个关键因素和机会、政府两个附加因素的相互作用阐述产业集群竞争力的生成，指出产业集群具有规模经济、专业化分工协作、交易成本低、信息充分、国际营销网络及知名度等优势，特别是可以依靠自我创新优势化解不利因素而实现长期发展。浙江块状经济展现的形态与产业集群极为相似，一些学者认为浙江块状经济是国际上公认的产业集群的早期形式，甚至把块状经济等同于产业集群。总之，浙江块状经济发展顺应了当今世界产业竞争的普遍形态，有极强的生命力。

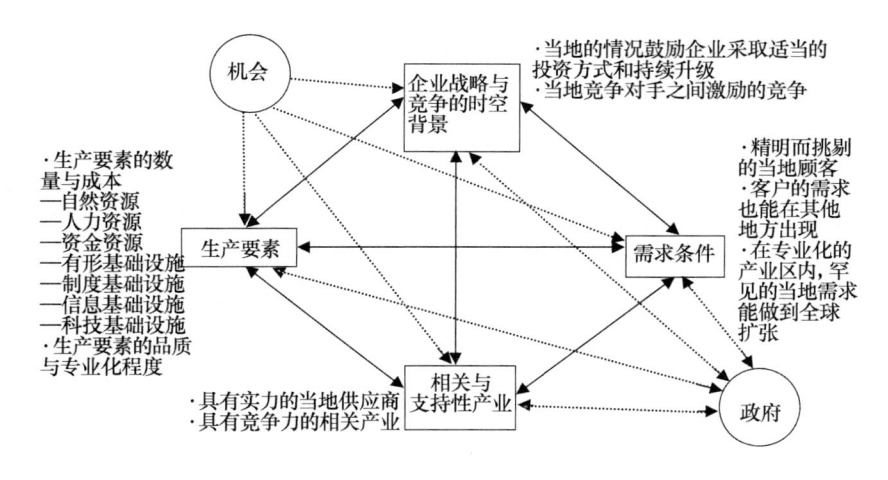

图 2-2 钻石模型

　　从实践看，块状经济为中小民营企业参与市场竞争提供了有效途径。改革开放后，依靠民间资金建立起来的企业又带有明显的小型化、分散化的特点，由此形成了以中小企业为主的企业组织结构。虽然区块内单个企业的规模不大，但一般都有几十家、几百家甚至上千家同类企业在组织生产，通过区域聚合则形成较大的总量规模。同类企业高度集聚，形成明显的群体规模优势。一般来说，块状经济由于内部市场发达，企业间高度依赖，没有任何一个企业愿意"小而全""大而全"，一切通过交易获得专业化生存，使中小企业形成小而专、小而联的发展格局，导致块状经济内部分工高度精细化，提高了产业整体生产效率，使众多小企业享有"规模经济"效应，构建起异乎寻常的竞争力。

　　从"社会—历史—文化"角度看，浙江块状经济根植于地区独特的历史文化、民风民俗和传统技艺之中。

　　从社会角度看，块状经济是一种在人脉基础上形成的地区性商圈。在这个商圈中，有一些"酵母"作为特定要素而起作用，"酵母"的基因决定着商圈内技术持有的方式、学习的过程、信息传递的渠道、企业组织形式及产业氛围。这些"酵母"的渊源大多根植于当地社会环境和历史文化传统之中，这些共同的社会认知，造成长期交流的信任与规则，形成群体内部稳定知识的利用与创造，依靠自身的社会网络而相互得益。在温州，私人产权及其产权保护的概念历来比较牢固，民间金融源远流长，私人借贷十分频繁，而且有非常灵活的融资方式。在资本市场发育滞后的情况下，民间融资对中小企业的发展起到过极大的作用；浙南一带的"盟兄弟""金兰会"等"抱团"组织十分流行，这种组织既强调互助互利，又强调个性独立和平等，成为日后"商圈"的雏形。至于血缘、学缘、乡缘所形成的经济网络则更是普遍。乐清人依托同乡、亲戚关系的裂变来进行市场拓展，发展出十分发达而成熟的代理制。

块状经济的社会性还在于知识和技术的内生性。创新来源于社会化的学习过程，包括文化、制度等非经济因素。集聚的产业氛围可以培养生产要素中劳动力要素对该种产业相关知识与创新的敏感性，尤其对于创造性要求高的产业，如计算机软件、高档时装业、工艺品制造业等。产业集群内知识与技术通常以隐含类、非编码化的形式在块状经济内部传播与扩散，技术创新通过在"干中学"而传承。

浙江"块状经济"的成因决定了其具有很强的根植性，它与地方经济社会的特质相关，这种特质既可以是人脉资源，也可以是技术工艺传承或特色矿产、农副产品等资源，相互交织，并通过市场竞争优胜劣汰，新陈代谢，不断创新，把地方特质优势充分发挥出来，形成专业化特色经济优势。

## 二 块状经济构成分布较为均衡的浙江经济"马赛克"

在审视浙江产业经济布局时，会注意到浙江地理版图上有众多块状明显、色彩斑斓的"经济马赛克"，譬如宁波服装、温州皮鞋、绍兴化纤面料、义乌小商品、海宁皮革、乐清低压电器、黄岩精细化工、分水制笔等。浙江在全国具有特色优势的产业和区域，多数也是块状经济发达的产业和区域。

为便于分析具体块状经济发展，在实证研究中一般把集聚生产同类或相关产品的企业并且产值规模较大的产业区域纳入块状经济统计。从1997年开始，浙江省委政策研究室首次对全省块状经济发展

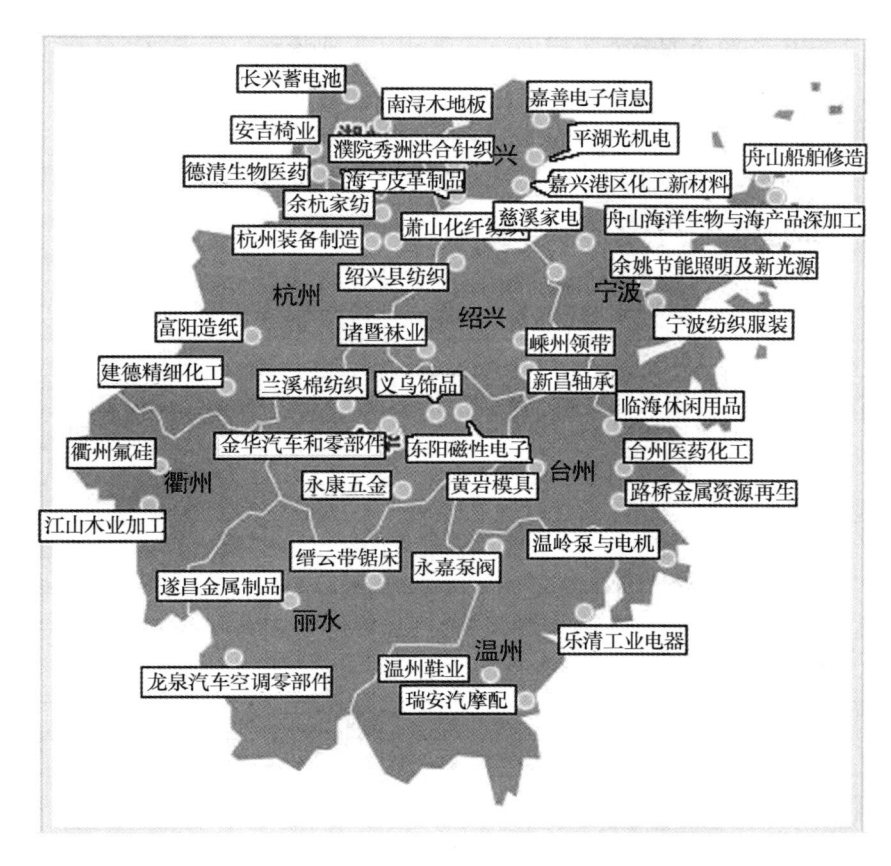

图 2-3　块状经济布局示意

情况进行了调查研究①，其后浙江省经贸委又组织开展了多次调研，最后一次大规模调查是 2009 年，调查标准是企业 10 家以上，年销售收入 10 亿元以上②。

根据 2009 年调查，2008 年全省共有年销售收入 10 亿元以上的块状经济 312 个，总计实现销售收入 2.81 亿元，出口交货值 6122 亿元，从业人员 831 万人。可见，块状经济占据了浙江工业半壁江山，

---

① 参见黄勇、郭占恒等《浙江区域特色经济发展研究》，《浙江经济》1998 年第 5 期。该报告首次界定摸查块状经济区块数量，其标准原则后被多部门采纳应用。

② 参见浙江省经信委课题组编写《2009 年浙江省块状经济调查报告》。

是浙江民营经济的有效组织创新，是浙江工业化的重要力量。

调查报告显示，块状经济已在浙江大地开枝散叶，全省90%以上的县（市、区）拥有年销售收入超过10亿元的块状经济，并成为这些地方经济发展的重要支撑。块状经济的全面发展有力推动了浙江区域经济相对均衡发展。

表2-1　　2008年各市销售收入超10亿元的块状经济

| 设区市 | 块状经济数 |
| --- | --- |
| 杭州 | 36 |
| 宁波 | 39 |
| 温州 | 41 |
| 嘉兴 | 32 |
| 湖州 | 23 |
| 绍兴 | 24 |
| 金华 | 30 |
| 衢州 | 20 |
| 舟山 | 6 |
| 台州 | 45 |
| 丽水 | 16 |

块状经济涵盖面广，但以传统产业为主。块状经济分布数量超过10个的行业有15个，其中电气机械及器材制造业内块状经济分布数量最多，达到35个；其次为通用设备制造业，有33个，位列第三的是纺织业，有29个。总体来看，轻纺和机械等传统产业仍是浙江块状经济的主体。具体到中小类，浙江块状经济产业涵盖面更广、细分程度更高。如电气机械及器材制造业，包括电线电缆、电磁线、蓄电池、电光源、电子电器、输变电、工业电器、电机、家电等；交通运输设备制造业，包括汽车及配件、摩托车、汽摩配、船舶及修造等；纺织业，包括丝绸、针纺、家纺、花边、羊绒、纺丝、经编、贡缎、无缝织造、绗缝家纺、产业用布等；纺织服装、鞋、帽制造业，包括纺织服装、针织服装、羊毛衫服装、童装、袜业、领带、线带、制鞋等。

表 2-2　2008 年全省销售收入超 200 亿元的块状经济

| 块状经济 | 生产单位（个） | 从业人员（万人） | 销售收入（亿元） | 出口交货值（亿元） |
| --- | --- | --- | --- | --- |
| 1. 萧山纺织 | 4500 | 22.8 | 1396.30 | 235.41 |
| 2. 绍兴纺织 | 2666 | 19.5 | 1066.50 | 280.35 |
| 3. 镇海石化和新材料 | 84 | 1.8 | 1058.85 | 143.08 |
| 4. 永康五金 | 10492 | 31.8 | 835.00 | 196.00 |
| 5. 义乌小商品 | 20884 | 40.8 | 822.22 | 133.87 |
| 6. 慈溪家电制造 | 9400 | 28.4 | 570.00 | 180.00 |
| 7. 萧山汽配 | 547 | 4.0 | 564.37 | 122.65 |
| 8. 乐清工业电器 | 1300 | 16.0 | 489.00 | 55.00 |
| 9. 鹿城服装 | 3000 | 2.7 | 445.12 | 80.36 |
| 10. 诸暨五金加工 | 3597 | 6.9 | 432.42 | 53.95 |
| 11. 北仑装备制造业 | 2460 | 11.8 | 427.49 | 24.00 |
| 12. 北仑石化 | 127 | 1.7 | 412.48 | 7.20 |
| 13. 宁波保税液晶光电 | 21 | 2.5 | 412.44 | 196.24 |
| 14. 余姚家电 | 2300 | 9.2 | 400.00 | 93.00 |
| 15. 诸暨袜业 | 11080 | 7.8 | 373.60 | 291.41 |
| 16. 余姚机械加工 | 2500 | 7.8 | 369.16 | 22.99 |
| 17. 鄞州纺织服装 | 725 | 14.8 | 324.73 | 158.81 |
| 18. 绍兴化纤 | 35 | 1.3 | 310.60 | 12.19 |
| 19. 温岭汽摩配 | 3000 | 5.5 | 305.00 | 30.00 |
| 20. 玉环汽摩配 | 1900 | 8.2 | 260.00 | 30.00 |
| 21. 长兴纺织业 | 15616 | 1.6 | 248.00 | 23.30 |
| 22. 瑞安汽摩配 | 1500 | 20.0 | 230.00 | 33.34 |
| 23. 秀洲纺织业 | 660 | 6.3 | 225.70 | 36.30 |
| 24. 富阳造纸业 | 362 | 3.3 | 216.00 | 1.70 |
| 25. 温岭鞋业 | 4312 | 9.1 | 201.85 | 42.35 |
| 26. 温岭泵与电机 | 5600 | 3.0 | 200.00 | 13.20 |

　　块状经济大多布局在镇村。由于浙江民营经济先发于农村地区，块状经济也主要发生在镇村。以块状经济为依托，尤其是结合一定

规模的产业、产品、原辅材料市场和工业园区建设，浙江农村地区城镇化道路开始起步。块状经济成长推动城镇规模不断壮大，进而带动供电、供水、交通运输、邮电通信、金融、商贸、餐饮等第三产业的兴旺，促进了教育、科技、文化、卫生、体育事业的全面发展。块状经济吸引大批农民进入二、三产业，有力促进了农民增收，推动了农民素质的提升，为开展社会主义新农村建设奠定了良好的群众和物质基础。可见块状经济的发展具有与农村工业化、专业市场和小城镇建设结合的鲜明特点，对打破城乡二元结构、促进城乡之间要素流动和重组、加快城市化和工业化进程有十分积极的作用。

## 三 推动块状经济发展的主要做法

浙江块状经济发展壮大，既有浙江地方商业文化和民间市场自发竞争的作用，也离不开浙江各级地方政府顺时应势的推动，从产业用地规划、城镇功能建设、人口集聚等方面促进农村工业化和城镇化互动发展，进而实现城乡协调发展。

积极有序推进专业市场升级。依托专业市场的销售网络，可以有效地将分散的农村工业经济主体联合起来，形成经济整体力量，以较低成本进行运作，从而支撑块状经济的生存和发展。专业市场在浙江迅速兴起，并成为支撑浙江块状经济发展的一大特色，逐渐构成其核心竞争力。在这一过程中，地方政府主动参与了专业市场建设，主要表现为从早先的马路市场的规范发展起步，通过规划、建设、管办分离、引导升级等多种方式培育发展市场，如1998年出台的《浙江省人民政府关于促进商品交易市场持续健康发展的通知》就要求着力巩固发展全国性、区域性大市场，不断提升全省专业市场效率和影响力。专业市场的发展，吸引了大量农村劳动力，推进第三产业发展，商贸、流通、居住等城镇功能逐步形成，并随着市场不断升级不断完善，成为推动城镇化发展的重要力量。在浙江很多地方，兴一处市场、带一个产业、富一方百姓、建一座城镇。譬如，义乌小商品市场，自1982年创办以来，已历经5次搬迁，9次扩建，经历了"马路市场→棚架市场→室内市场→商场式市场"的跨越，已成长为国际性商贸名城。

大力发展特色工业园区。块状经济发展到一定阶段，农村工业化无序蔓延发展的弊病显现出来，特别是基础设施配套的落后已对区域生态环境和邻近人民生活构成威胁。政府有计划地规划引导势在必行。在20世纪90年代中期，在块状经济相对发达的地区，各级政府启动特色工业园区建设，引导乡镇工业企业入园发展。特色工业园区大多依托城镇建设，解决了城镇发展的产业依托，又具有城镇新区的功能配置，对农村产业、人口集聚有较强的吸引力。浙江特色工业园区大多采取类似公司化的运作，通过园区统一设计、统一建设、统一管理方式进行前期、实施、运作一条龙服务，园区内水、电、路、污水处理共建共享；由于产业高度关联，一些园区还提供统一的产品检测、技术开发、物料供应、资本运作甚至市场营销服务。在规划的园区内集中改善企业的生产和配套条件，为企业提供社会化服务，形成各具特色、专业分工的"小企业、大集群"，有力促进了大量民营中小企业上规模、上档次、上水平。据当时对平阳昆阳服饰工业园区与同类单个工业企业的各项指标进行综合比较[1]，由于园区企业相对集中，水、电、通信、环境治理等相关公用设施可以合建共享，园区内每一个企业可以节省投资约6%，少占耕地约14%，绿化率可以提高4%—5%，排污等各项费用降低约5%。

主动推动特色产业升级。浙江块状经济起步于农村工业化，以传统产业为主，总体上一直存在产业层次低、技术创新能力弱、有影响力的大企业少、可持续发展能力不强等问题。进入21世纪后，时任浙江省委书记习近平同志代表省委提出"八八战略"，其中有一条就是"进一步发挥浙江的块状特色产业优势，加快先进制造业基地建设，走新型工业化道路"。2003年浙江省政府出台《浙江省先进制造业基地建设规划纲要》《关于推进先进制造业基地建设的若干意见》，要求充分发挥制造业块状经济优势，将优化产业布局与加快推进城市化结合起来，增强技术创新、综合服务等功能，强化产业特色和专业

---

[1] 阎逸、程玉申：《区域特色工业及其作用——以浙江为例》，《区域研究与开发》2002年第1期。

化协作配套，促进现代物流、现代金融等产业协调发展，提高产业竞争力；在若干行业和区域形成一批产业规模、创新能力、出口规模居全国前列的全国性制造中心和国内重要的产业基地。近年来，浙江主动适应经济发展"新常态"的要求，突出创新驱动发展战略，深入实施"四换三名"工程①，大力培育信息、环保、健康、旅游、时尚、金融、高端装备制造、文化等万亿级产业，不断推动产业发展迈上新台阶。到2016年，浙江省在规模以上工业增加值中，装备制造业、高新技术产业、战略性新兴产业增加值占规模以上工业的比重已分别提高到38.8%、40.1%和22.9%。

大力经营区域品牌。良好的区域品牌能使块状经济中每一个企业受益。然而区域品牌是一种公共产品，由于这种外部性，企业不愿意单独组织代表区域广告宣传的大型活动，在宣传塑造块状经济的整体形象上，地方政府发挥了主力军作用。政府充分发挥公信力，出面进行区域品牌的宣传，较容易获得公众的信任；采取"走出去"和"请进来"相结合的方法，积极组织相关企业参加国内外的博览会、展销会和推介会等，充分利用新闻媒体、公关赞助和节日公益等活动，加强区域品牌的宣传工作，提高区域品牌的知名度，树立区域品牌的良好形象。其中，专业商标品牌基地建设作为一项创新性工作，2003年，浙江省工商局和浙江省商标协会在全省范围开展，并得到相关地方政府的高度重视。地方政府通过办节、品牌发展论坛等各种活动的开展，打响区域品牌；除财政拨付品牌基地日常经费之外，在土地、水电、人才资源的配置上，对品牌基地实行倾斜政策。区域品牌的经营提升了块状经济的专业形象，进一步增强了企业对块状经济的信心，从而鼓励企业更积极地参与块状经济发展。

主动推动块状经济组织结构优化。针对块状经济长期发展过程中累积的一些素质性、结构性矛盾，省委省政府把推动块状经济向现代产业集群转型升级作为浙江再创块状经济竞争优势的重要举措。2004年《中共浙江省委、浙江省人民政府关于推动民营经济新飞跃的若干

---

① "四换三名"是浙江经济转型的一项政策。"四换"指腾笼换鸟、机器换人、空间换地、电商换市；"三名"指大力培育名企、名品、名家。

意见》提出，要加强科学规划和政策导向，构建面向区域特色经济、功能配套完善的基础设施和服务体系，努力培育一批以核心区块为支撑、民资与外资并举、具有较强竞争力的产业集群。国际金融危机后，2009年，浙江出台《关于加快块状经济向现代产业集群转型升级的指导意见》，要求形成产业集群的六大竞争优势，即龙头企业带动作用明显的集聚优势、配套协作紧密的产业链优势、持续创新的技术领先优势、公共服务平台的支撑优势、资源共享的市场网络优势、节能减排的生态优势；产业集群的综合实力和国际竞争力显著增强，成为推动浙江区域经济发展的主导力量。其后，省政府开展了块状经济向现代产业集群转型升级示范区建设，先后从全省312个10亿元规模以上的块状经济中，确立了42个产业集群示范区开展试点，为"浙江制造"转向"浙江创造"探索路径，大力培育世界级先进制造业集群。

## 第三节　经验与启示

改革开放以来，浙江通过率先发展民营经济，在成功从资源小省走向经济大省的同时，也较好实现了城乡区域协调发展，主要经验与启示可以归结为以下三点：

### 一　市场化是推动协调发展的基本动力

城乡区域协调发展，首要是城乡区域的经济主体自身有发展的意愿和决心，而市场机制就是高效调动各个经济主体发展动力的制度安排，能够保证经济的活力和效率。所以可以看到，浙江在缺陆域自然资源、缺国家资金投入、缺特殊优惠政策的"三缺"条件下，通过率先开展市场化改革，充分调动起市场主体的积极性，"国家、集体、个人一起上，乡办、村办、联办、户办四个轮子一起转"，形成了全民创业的热潮，创办出千千万万大中小企业，造就了一批有胆有识的企业家，使浙江赢得了发展先机。其次是城乡区域经济发展要有必要的要素支撑，而市场是高效配置资源、促进经济发展的重要手段。根据索罗—斯旺增长模型，在人口增长率不变和技术进步不变的条件下，市场机制的作用可以实现区域之间的均衡发展。只要激发出地方民众发展经济的活力和智慧，在一个完全竞争的经济体系中，基于资源禀赋和要素价格差异，各地总能找到符合自身实际的发展道路，形成地方经济百舸争流态势，实现城乡区域协调发展。因此，推动协调发展，关键在于完善地方市场经济体系建设，激发出经济主体的积极性和创造性，会自然而然推动城乡区域经济发展，形成的协调发展也是高水平、可持续的。

## 二　民营经济、块状经济的本土化、草根性成就了城乡区域发展的相对均衡性

改革开放以后，浙江的民营经济蓬勃发展，很多地方形成了"一县一品"或"一镇一品"的块状经济，这使得各地的差距相对较小。与东部其他外资经济发达地区相比，浙江民营经济、块状经济是从自身土壤中长出来的，是依靠自身的积累一步一步发展起来的，是典型的"草根经济"，具有更深的根植性，也更能推动产业的内部学习和自发扩散，也更能促进本地居民收入水平的提高，对经济均衡发展有较大影响。各个地方的自然资源、地理优势、社会资本以及市场条件不同，各地的产业和企业也会表现出地域性、根植性的差异。在推动地方经济发展时，不仅要重视民营经济发展，更要重视地方产业经济系统与当地的资源禀赋、社会状况的匹配发展，一旦融于当地的水土文化，就有了基础性支持和内生力量，再加上相关市场、政策的牵引，本地化发展壮大就水到渠成。

## 三　政府在促进协调发展上可以发挥积极的作用

对于城乡区域协调发展，市场的力量会起决定性作用，因为地方发展经济本质必须依靠市场机制发挥作用；但市场具有天然的逐利性，从来都不会主动发挥促进协调发展的作用，有时市场的力量还会起到相反的作用，出现马太效应，扩大城乡区域发展的不平衡。这时就需要发挥政府积极有为、精准施策的作用。浙江省委省政府较早就开始注重全省区域均衡发展，在推动相对欠发达地区的发展上，注重当地造血功能建设，通过改善当地经济发展的设施条件，营造良好的

投资环境，再发挥市场机制作用引入外地资本和激发当地民间创业活力来启动地方经济发展。在进入 21 世纪后，推动原本相对落后的浙西南丽水、衢州等地也迅速发展起来。在推进协调发展上，政府要正确处理"无为与有为"的关系，在市场机制可以充分发挥作用的领域，要"无为"，积极向市场放权，不断加大政府退出的力度，通过简政放权、减少审批项目和征收费用，放水养鱼，促进民营经济大发展；在市场机制有不足的领域，要积极"有为"，因势利导发挥好政府作用，通过制定扶持政策、打造服务体系等措施，弥补市场机制的缺陷，或引导市场行为向符合科学发展的方向发展，使政府成为民营经济、块状经济发展的"助推器"，促进城乡区域协调发展。

# 第三章　新型城市化：引领城乡一体化的主引擎

2003年7月，时任浙江省委书记习近平同志在"八八战略"中提出要"进一步发挥浙江的城乡协调发展优势，统筹城乡经济社会发展，加快推进城乡一体化"。2005年1月7日在全省农村工作会议上，习近平同志作出"浙江已全面进入以工促农、以城带乡的新阶段"的重要判断，并指出"以城市化引领城乡一体化，解决农村落后问题，不是就补短板而补短板，而是反向思维，要跳出'三农'来解决'三农问题'，靠工业化、城镇化来'转移农民'、'减少农民'从而'富裕农民'"。在浙江省委的正确领导下，浙江顺应时代发展趋势，在全国率先实施城市化战略，加快推进城乡一体化，在城乡空间布局优化、城乡经济互动融合、农业人口转移、农业两区建设、新农村建设等方面取得了显著成效，形成了一些具有浙江特色的经验做法，对于全国推进城乡一体化发展具有重要的借鉴意义。

## 第一节　抓城市带农村

城市化是工业化进程中生产力和人口的空间布局不断优化的过程。在近40年发展中，浙江始终抓住城市这个"牛鼻子"，以城市发展带领农村振兴，采取了"农村工业化与小城镇培育相结合""不失时机实施城市化战略"和"率先探索新型城市化"等重大战略举措，取得良好效果，全省人口城市化水平实现了从低于全国3个百分点到高于全国9.65个百分点的转变，呈现出持续稳健的发展态势，城市空间规模扩张迅速，建成区面积由136.8平方千米扩大到2016年的3140.38平方千米，2016年浙江省城乡居民人均可支配收入分别达到51261元和24956元，分别为全国城镇、农村居民人均可支配收入的1.41倍（36396元）与1.86倍（13432元），城乡协调发展成绩斐然。

## 一 农村工业化与小城镇培育相结合

20世纪八九十年代，家庭联产承包责任制的实行，促进了浙江农业生产力的大解放和大发展，推动了乡镇企业的异军突起和发展壮大，带动了专业性产品和生产要素市场的繁荣，走出了一条具有浙江特色的农村工业化道路，进而孕育了小城镇蓬勃发展。这一阶段的浙江城市化，可以说带有浓重的"乡土气息"，农民"离土不离乡""进厂不进城"。但也正是这种"亦工亦农""亦城亦乡"的方式，以较低的成本、较小的阻力快速推进城市化发展。这一时期，浙江建制镇从1978年的167个增加到1997年的998个，平均每年增加40余个；设市城市由1978年的3个增加到1997年的35个，城市化水平也由1978年的14.0%增长到1997年的34.6%，增长了20.6个百分点，年均提高约1个百分点。具体又可分为三个阶段：

**一是起步阶段**（1978年至1984年）。这一阶段的小城镇发展动力主要来自乡镇企业的初创和农村工业化的发展。浙江农民通过"亦工亦农"的方式促进了经济的发展，形成了以浙北浙中地区发展乡村两级集体企业为主、温台地区发展联户企业和个体私营经济为主的"两大板块""四轮驱动"的发展格局。但由于此阶段农民对土地的依赖仍相当强烈，绝大部分农民仍不愿放弃农业生产，特别是城乡分割的管理制度使得城乡人口难以自由流动，严格讲城市化并没有真正开始，仍处于农村城市化的萌芽阶段。

**二是展开阶段**（1985年至1990年）。随着浙江市场经济的不断发展，乡镇工商业蓬勃兴起，农村工业化进一步发展，越来越多的农民进入城镇务工经商，打破了计划经济体制和城乡分隔的"二元结构"，促进了人口和生产要素向小城镇聚集。这一时期，浙江省城市化基本遵循"控制大城市规模，合理发展中等城市，积极发展小城市"的城市建设方针,在市场和政府的双向作用下,全省范围兴起了一股小城镇建设的热潮。许多乡镇纷纷撤乡建镇、因地围城、修街造房,规划出生活区、商业区、乡镇工业小区,鼓励农民进镇投资办厂。一批有较强专业特色和经济辐射功能的新型城镇迅速发展起来,如绍兴的柯桥、黄岩的路桥、诸暨的枫桥,等等。小城镇群体逐渐成为连接城乡经济的重要纽带,成为人流、物流、资金流、信息流的聚集地[①]。

**三是提升阶段(1991年至1997年)**。针对乡镇企业布局过散,集聚规模总体效益下降等问题,1991年,浙江省委省政府提出"搞好小城镇和乡镇工业小区建设,加快农村工业化步伐","在主要城镇建设几个有特色的、设施功能比较完备的农产品批发市场";1992年,提出"以小城镇为依托,实现乡镇工业大提高、第三产业大发展、农村劳动力大转移",并决定在全省开展"撤区扩镇并乡";1994年,提出在20世纪末建成100个现代化小城镇,并使一批基础好的小城镇发展成为中小城市;1996年,提出要搞好城镇体系规划的制定工作,不仅要规划到城市、集镇,还要规划到乡村。在小城镇调整发展的过程中,"村村点火、户户冒烟"的分散格局得到一定程度的改善,一批中小城市的设施配套和社会服务功能进一步增强。

农村工业化与小城镇培育相结合的工作思路尽管在此后城市化侧重点发生重大变化的背景下,仍然一以贯之地坚持下来,并不断深化。浙江作为全国实行小城镇综合试点改革的重点省份,基于中心镇长期以来行政权限和财政能力的约束,加快推进了一系列体制改革和政策扶持。2000年明确将136个省级中心镇作为小城镇培育的重点对象,大力推进全省乡镇区划整合撤并,城镇数量规模得到大幅度缩减,区域城镇体系结构初步确立。同时,对于部分中心镇,如缙云壶镇、诸暨店口和牌头镇、宁波姜山镇和集仕港镇等的地方化实践,对于重点镇建设资金困难、管理权限不足等问题提出了有

---

① 郑恒、张国平:《浙江产业集群空间发展与城市化的互动分析》,《财经论丛》2007年第11期。

效的改革措施①。2007年，在全国率先推出"扩权强镇"改革，在全省遴选了200个中心镇作为培育对象，赋予中心镇部分县级管理权限，针对性提出扶持政策②。2010年进一步提出"千亿产业集聚提升"工程、"千亿公共设施建设"工程，力争培育形成100个左右经济特色鲜明、社会事业进步、生态环境优良、功能设施完善的县域中心或副中心③。2010年年底，在原有中心镇基础上又进一步遴选了27个试点作为小城市培育对象，开展了新一轮小城市培育工作，加大了专项资金和税费支持力度，同时在小城市机构设置、行政区划调整、财政管理体制等方面进一步扩大权限④。截至目前，省级层面已设立了每年500万元的专项扶持资金，6个设区市建立了中心镇主要领导高配制度，22个县（市、区）实质性地启动了扩权强镇改革，31个县（市、区）在54个中心镇搭建了融资平台，开展了三批次69个小城市培育试点。培育中心镇工作成效十分显著，出现了一大批人口大镇、经济强镇，镇区总人口超过5万的中心镇达到22个，财政总收入超过5亿元的中心镇有32个，其中超过10亿元的有7个。分批、分类、梯度推进的政策举措，不仅促进小城镇的自我持续增长，并且有效地优化了浙江城镇体系结构，发挥好承上启下的节点作用。

## 二 不失时机实施城市化战略

1998年，浙江人均GDP达到1350美元，基本迈入工业化中期阶段，而与此阶段相对应的是依旧"粗放"的城市化发展状况，严重制约经济社会的快速发展，大中城市要素集聚和经济辐射功能较弱，小城镇遍地开花，不但规模偏小，建设水平也较低。全省大、中、小

---

① 陈前虎、寿建伟、潘聪林：《浙江省小城镇发展历程、态势及转型策略研究》，《规划师》2012年第12期。
② 《浙江省人民政府关于加快推进中心镇培育工程的若干意见》（浙政发〔2007〕13号）。
③ 《中共浙江省委办公厅、浙江省人民政府办公厅关于进一步加快中心镇发展和改革的若干意见》（浙委办〔2010〕115号）。
④ 《浙江省人民政府办公厅关于开展小城市培育试点的通知》（浙政办发〔2010〕162号）。

城市和建制镇的比例低于全国平均水平。1998年12月,省第十次党代会根据浙江经济社会发展阶段性变化的要求,作出了"不失时机地加快推进城市化进程"的战略决策,提出要顺势应时,把城市化作为浙江省经济社会新一轮发展的主要载体。在同年召开的城市化工作会议上,进一步强调"要争取用十年左右的时间,使全省城市化水平达到50%,逐步形成以大城市为中心,中等城市为骨干,小城市和小城镇合理布局,现代交通、信息联结一体,功能互补的大中小城市网络群"。

在此次会议精神的号召下,全省各地积极开展政策研讨、规划编制及工作部署。1999年10月《浙江省城镇体系规划(1996—2010年)》成为全国第一个被批准实施的省域城镇体系规划。同年12月,浙江在全国率先制定了《浙江省城市化发展纲要》,旗帜鲜明地提出"强化杭、甬、温等中心城市功能,积极发展中小城市,择优培育中心镇,完善城镇体系,走大中小城市协调发展的城市化道路"。2000年,浙江省委省政府印发了《关于加快城市化若干政策的通知》,在户籍、土地、投融资等方面出台了一系列配套政策。2002年召开了全省城市化工作会议,先后对实施城市化战略作出了一系列部署。2004年,浙江率先在全国出台《统筹城乡发展推进城乡一体化纲要》,着力推进以打造统筹城乡战略平台、发展农村社会事业、延伸城市基础设施、建立评价引导机制为核心的统筹城乡发展举措,为破除传统城乡体制的种种束缚奠定重要基础,浙江城市化开始驶入发展的快车道。

这一时期,全省城市化有计划、有步骤、有重点地推进,呈现出城乡协调、区域联动的新格局。到2005年,浙江城市化水平上升到56%,年均提高超过2个百分点,表现出前所未有的快速增长,比全国平均水平高13个百分点。同时,城市发展也出现了城市规模扩大、功能完善、实力增强的趋势。全省城市(11个设区市市区+22个县级市)的建成区面积由1008平方千米扩展到1920平方千米。全省11个地级市的城市人口从1998年的1183.1万人增加到2005年的1683.69万人,增长42.3%。全省城市规模结构发生显著变化,100万以上人口的大城市由杭州1个发展到3个(杭州、宁波、温州);

50万—100万人口的大城市由原来的2个发展到6个；20万—50万人口的中等城市由原来的6个增加到12个；5万—20万人口的小城市（镇）由原来的35个发展到51个。县域中心城市和中心镇由于落户成本低、人文差异小，在集聚农村中小企业和农村人口中具有明显的优势，其集聚作用进一步凸显，136个省级中心镇镇区平均人口从2000年的2.9万人增加到2005年的4.3万人。依托沪杭甬、甬台温、杭金衢等交通廊道，初步形成了环杭州湾、温台沿海、浙中等一大批在全国具有重要影响的大中城市和小城市、中心镇组成的城市群。

### 三 率先探索新型城市化

针对城市化快速推进过程中出现的一些实践"偏差"，尤其是土地集约利用水平偏低、功能和管理提升相对滞后、城市综合承载力不高、务工农民较难融入城市等问题，迫切要求树立科学发展理念，切实把城市化转入集约、和谐、统筹、创新发展的轨道。在这一背景下，浙江省委省政府于2006年8月8日召开了全省城市工作会议，时任省委书记习近平同志在会上做重要讲话，作出了"走新型城市化道路"的战略部署，即"要走资源节约、环境友好、经济高效、社会和谐、大中小城市和小城镇协调发展、城乡互促共进的新型城市化道路"。区别于改革开放初期主抓农村积极开展农村工业化，到20世纪末抓大城市不失时机推进城市化战略，浙江新型城市化的战略重点在于深化推进城乡一体化发展，更加注重城市发展与农村建设的互动，强调城市对农村的全面辐射和带动，强调各类资源在城乡间的均衡配置和城乡一体化发展。

从城市吸纳农村劳动力角度，一是开展中小城镇户籍制度开放和大城市居住证制度，不断打开城市大门，解决农业转移人口户籍身份问题，加快人口转移转化，如《关于进一步深化户籍管理制度改革的实施意见》《关于解决农民工问题的实施意见》《关于全面推进城乡统筹就业的指导意见》等；二是完善城镇医疗、教育、卫生、住房等公共服务配套政策，进一步促进了城乡要素的优化配置、设施服务体系的升级，不断增强农业转移人口吸纳能力，如《关于进一步加强城镇住房保障体系建设的若干意见》《关于推进城镇居民医疗保障制度建设试点工作的意见》《关于完善企业职工基本养老保险制度的通知》等；三是加强城市社区管理，提升对农业转移人口的现代化治理能力，如《关于推进数字化城市管理试点工作的实施意见》《关于全面推进和谐社区建设的意见》等，形成了一个有利于人口和产业向城市集聚的政策环境，有力地推进了各级城市集约、统筹、和谐发展。

从农村转移劳动力、解决"三农"问题的角度，一是强化城市对农村基础设施、环境治理的投入，积极开展新农村建设，先后开启了三轮"千村示范、万村整治"工程，以农村生产、生活、生态"三生"环境改善为重点，提高农民生活质量，如《关于实施"千村示范、万村整治"工程的通知》《关于深入实施"千村示范、万村整治"工程的意见》《关于深化"千村示范、万村整治"工程全面推进美丽乡村建设的若干意见》等；二是积极开展土地规模化经营，大力发展高效生态农业，积极培育新型职业农民，不断提升农业发展质量和效益，如《关于引导农村土地经营权有序流转促进农业现代化建设的若干意见》《关于加强粮食生产功能区建设和保护的意见》《关于开展现代农业园区建设的工作意见》等；三是用活用足农村特色经济，推进"三位一体"合作经济推动农村一二三产业融合发展，大力发展乡村旅游、民宿经济、农业综合体等多元业态，带动开拓农民增收路径，不断增加农村内生发展活力和对城市人口的吸引力。

新型城市化战略也从各个方面体现出更加均衡协调的发展要求，从以往比较重视规模扩张转到了更加注重功能完善，从以往比较注重生产力的布局优化转到了更加全面注重人口和生产力的布局优化，从以往比较注重经济资源的支撑转到了更加注重资源、环境条件的支撑。自此，浙江城市化进入了一个以提升质量为主的发展新阶段。到2016年，浙江城市化水平达到67%，年均提高1个百分点，全省城市综合实力与竞争力不断提升，城市经济也取得了令人瞩目的成绩，特别是在提升产业结构、优化产业布局、转变发展方式等方面，城市经济更是发挥了举足轻重的作用。

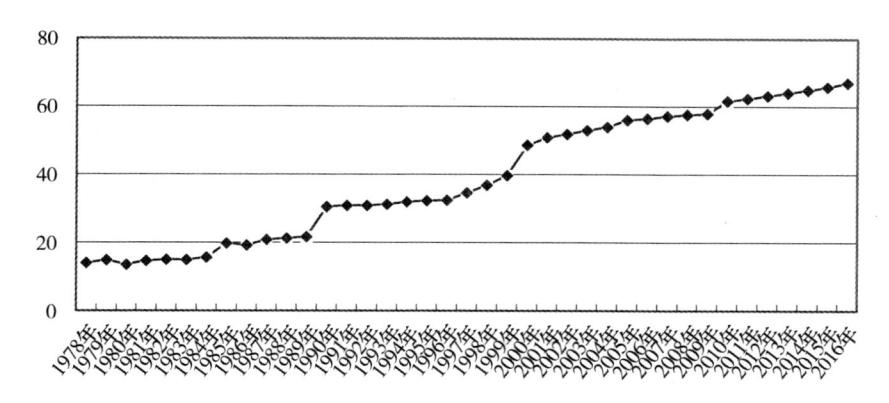

**图 3-1　改革开放以来浙江省城市化水平变动情况**

表 3-1　　　　　　　　改革开放以来浙江城市化发展变迁

| 时间 | 1978 年至 20 世纪 80 年代末 | 20 世纪 90 年代初至中后期 | 20 世纪 90 年代末至 2005 年 | 2006 年至今 |
|---|---|---|---|---|
| 城市化战略 | 小城镇战略 | 小城镇战略 | 城市化战略 | 新型城市化战略 |
| 城镇体系特征 | 小城镇大量兴起，大中城市发展相对滞后 | 小城镇发展从数量向规模扩张，大中城市开始发育 | 大中城市的人口和产业集聚加速，城市群、都市圈概念开始形成 | 城市群进一步发展，四大都市区建设逐步确立，大中小城市和小城镇协调发展、城乡互促共进 |
| 动力机制 | 农村工业化 | 农村工业化与城镇化互动 | 工业化与城市化互动 | 工业化、城市化和城乡一体化互动 |
| 产业布局特征 | 分散的乡镇企业呈现出"村村点火、户户冒烟" | 工业园区、专业型城镇 | 工业园区、经济开发区等综合经济区形成 | 综合型产业区、都市经济圈 |
| 制度变迁 | 城乡二元分割、价格双轨制，土地不可流转及城乡劳动力在就业、教育、医疗和社会保障方面呈现出巨大差异 | 对城乡劳动力转移的限制有所松动，初步开展城市土地有偿使用和征地制度探索 | 城乡劳动力的体制性差异有所缩小，农地可以流转，跨地区协调机制初步建立 | 小城镇户籍制度逐步放开，大城市居住证制度初步开展，加快建立顺畅的社会流动机制、合理的利益协调机制、安全的社会保障机制、有效的矛盾疏导机制 |

## 四　创新建设特色小镇

浙江作为特色小镇的萌发地，既与浙江人"敢为人先"的改革创新精神息息相关，也是伴随着浙江经济社会发展进入新阶段，顺应产业结构演化和生产力布局优化趋势，谋划新型空间，促进业态创新，加快高端要素集聚，推动经济转型升级的必然要求。2015 年 1 月 21 日，浙江省政府工作报告中提出"在全省建设一批聚焦七大产业、兼顾丝绸黄酒等历史经典产业、有独特文化内涵和旅游功能的特色小镇"。2015 年 4 月 22 日，浙江省政府出台《关于加快特色小镇规划建设的指导意见》，明确了特色小镇规划建设的总体要求、创建程序、政策措施、组织领导等内容，及其相关内涵特征、发展路径，为创建提供了主要依据，并分别于 2015 年 6 月、2016 年 1 月、2017 年 8 月公布了三批次省级特色小镇创建名单。截至目前，纳入省级特色小镇创建名单的有 106 个，其中正式命名的有余杭梦想小镇、玉皇山南基金小镇，纳入省级特色小镇培育名单的有 64 个，全省百个特色小镇布局大致显现。从统计数据看，前两批 78 个省级特色小镇累计完成投资 2117 亿元，已累计入驻创业团队 5473 个，国家级高新技术企业 291 家，集聚了"新四军"创业人才 12585 人、吸引"国千""省千"人才 239 人、国家和省级大师 205 人，已与 235 所高校、省级以上研究单位开展了技术合作。

浙江特色小镇建设的基本做法具体可归纳为五点[①]：一是坚持产业为先，高端集聚，培育行业"单打冠军"，构筑产业创新高地。据统计，2015 年第一轮 37 个省级特色小镇特色产业投资占比为 60.25%，2016 年上半年 78 个省级特色小镇创建对象完成特色产业占总投资的 62%。二是坚持产城人文一体，业态创新，要求每个特色小镇围绕特色产业，聚合文化、旅游和一定的社区功能，在小空间里实现四大功能的有机融合，促进三次产业交融发展，打造产业生态圈，孵化出新业态，如西湖云栖小镇、玉皇山南基金小镇等已通过"民间镇长""政府店小二"等治理创新实践。三是坚持绿色生态，集约发展，把资源集约、精美发展作为特色小镇建设的重要环节，规划面积控制在 3 平方千米左右，以生态保护为底线，以建成 3A—5A 景区为目标，并要求打造独特的建筑风格、人文气息，把浙江"七山一水二分田"的短板，变成"好山好水好风光"的长板。四是坚持

---

① 李强：《特色小镇是浙江创新发展的战略选择》，《今日浙江》2015 年第 24 期。

市场主体、政府服务引导，鼓励建设主体多元化，国企、民企、外企、高校、行业领军人物纷至沓来，特色小镇的建设主体英雄荟萃，民间资本成为小镇建设主力军。五是坚持制度创新，优化政策供给，对完成年度目标任务的省级特色小镇创建对象，兑现扶持政策，对不能完成目标任务的，加倍倒扣用地指标，实现有奖有罚；设计了宽进严定、动态培育的"创建制"新路，不搞区域平衡、产业平衡、数量限制，以是否符合特色小镇的内涵要求、建设目标为唯一标准，择优分批公布省级特色小镇创建名单和培育名单，对于年度考核不达标的特色小镇，实施退出机制。

图 3-2 浙江特色小镇创建发展历程

## 第二节 转移农民 富裕农民

改革开放以来，浙江坚定采取了"转移农民、减少农民"的发展路径。早在 2003 年 2 月，时任浙江省委书记习近平同志在省委党校作专题报告时作出"加快推进农业产业化、农村城镇化、农民非农化"的重大战略部署。一方面，实施一系列改革为打破城乡二元户籍制度藩篱、促进城乡人口有序流动与市民化的政策举措，吸纳了大量外省农业转移人口和本省农民进城就业。根据第六次人口普查数据测算，2010 年浙江省农业转移人口为 2399 万人，此后，浙江农业转移人口数量呈现出逐年下降趋势，但随着户籍制度改革的全面推进，更加注重新型城镇化的质量提升，农业转移人口与城镇居民基本公共服务均等化水平不断提高。另一方面，加快推进土地流转和规模化经营，实施农业"两区"、农业产业集聚区、特色农业强镇等平台载体建设，加快培育新型职业农民，推动农业三次产业融合发展，从而达到减小农业人口规模、提升农业发展效益、增加农民收入的目的。2017年，浙江城乡居民收入之比缩小到2.054∶1，连续33年居全国各省区之首。浙江省11个地级市中有7个市城乡居民收入比值缩小到2以内，区域间农民收入差距逐步缩小。

## 一 积极推进农业转移人口市民化

改革开放以来，浙江从实际出发，依靠工业化促进农民向二三产业转移，通过加快城镇户籍制度改革和城乡基本公共服务均等化，加强农村劳动力素质培训和农民工服务工作，积极为农村劳动力转移提供载体平台，推动农业转移人口市民化，引导农民就近向工业园区、城镇、新社区集中。

### （一）加快户籍制度改革，实施差别化落户政策

改革开放以来，浙江先后出台了一系列政策意见，为推行自理口粮、蓝印户口、小城镇户籍制度改革、大中城市户口迁移政策调整、取消户口性质划分等改革奠定了坚实的基础。2000年，浙江省政府下发《关于加快推进浙江城市化若干政策的通知》，提出户籍管理制度改革的中远期目标，在全国率先取消进城控制指标和"农转非"计划指标，在一定程度上为农民进城打破了户籍藩篱。2006年实施新型城市化战略以来，重点以农业转移人口基本需求出发，开始了大踏步的户籍改革工作。这一年，省委省政府出台《中共浙江省委浙江省人民政府关于进一步加强和改进对农村进城务工人员服务和管理的若干意见》，继续扩大城乡统一户籍管理制度改革试点，逐步在全省范围内取消农业户口、非农业户口的户口性质划分，实行统一登记为浙江居民户口的新型户籍管理制度。2009年，省人大颁布了全国首部《流动人口居住登记条例》，各项惠及普通流动人口的户口迁移政策，有力促进了流动人口在浙江的安心就业、敬业发展、本外地居民

融合和社会和谐。2011年，省政府办公厅下发了《关于积极稳妥推进户籍管理制度改革试点的实施意见》；2015年，省政府办公厅下发《浙江省人民政府办公厅关于进一步做好为农民工服务工作的实施意见》。2016年，浙江省常住人口城市化率和户籍人口城市化率分别达到65.8%和51.2%，分别高出全国平均水平15个和9.7个百分点。

（二）完善资源配置，平等享受城镇基本公共服务

按照常住人口配置基本公共服务资源，统筹解决基本公共服务经费，实现城镇基本公共服务覆盖城镇常住农民工及其随迁家属，使其逐步平等享受市民权利。针对农民公共服务需求日益增长而农村公共服务发展明显滞后的问题，2006年3月23日，时任浙江省委书记习近平同志在省委建设社会主义新农村专题学习会上的讲话中强调"要加大公共财政向农村倾斜的力度，继续大力实施城乡教育均衡工程、农民健康工程、农村文化建设工程、小康健身工程，全面提高农村社会事业发展水平；建立健全多层次、普惠性的农村社保体系，不断提高农村社保水平，逐步缩小城乡公共服务的差距"，有力推动了农村公共服务的加快发展和城乡一体公共服务制度体系的加快构建。从具体抓手来看，子女教育方面，将符合规定条件的农民工随迁子女教育纳入教育发展规划，加快建立随迁子女入学与居住证挂钩制度。进入公办义务教育学校的农民工随迁子女应与本地户籍学生混合编班、统一管理等；医疗卫计方面，是将农民工及其随迁家属纳入当地基本医疗卫生和计生服务范围，落实农民工随迁适龄子女享受当地适龄儿童同等免疫预防接种服务。积极为接受妇幼保健等服务的农民工重点人群建立健康档案，将农民工纳入社区卫生计生服务范围，将符合条件的农民工纳入疾病应急救助保障范围；住房保障方面，将解决农民工住房问题纳入住房发展规划，把符合条件的农民工家庭列入住房保障范围，支持符合条件的农民工购买或租赁商品住房，并按规定享受购房契税和印花税等优惠政策。通过抓实抓好这些政策措施，坚持把基本公共服务均等化作为统筹城乡发展的战略重点，完善城乡一体公共服务体制机制，加快城乡公共服务制度接轨、质量均衡、水平均等。2015年年底，全省基本公共服务均等化实现度为90.7%，5年提高8个百分点。2016年，所有县均成为国家义务教育发展基本均衡县，

国家卫生城市、卫生县城实现全覆盖，全省农村基础养老金每月135元，城乡基本医疗保险人均筹资标准每年859元，农村低保平均标准每月631元，68个县（市、区）实现城乡低保同标[①]。

（三）加强农村劳动力培训，提高农民"背包进城"的能力

2004年以来，浙江省先后启动实施"千万农村劳动力素质培训工程""千万职工技能素质工程""千万农民素质提升工程"等培训工程，重点做好失地农民、下山移民、转产渔民、农业剩余劳动力培训，大力加强务工农民、专业大户、年轻农民和后备劳动力的战略培训。具体做法有：一是整合培训资源，充分利用就业培训中心、技工学校、职业技术学校、乡镇成人学校、农技推广中心等各类教育培训机构，形成一批布局合理、师资合格、功能齐全的培训基地；二是创新培训机制，把培训与产业转型、市场需求、个体情况、就业推荐等相结合，创造出了订单型、定向推荐型、劳务输出型、创业型、服务型等多种有效的培训机制。例如，绍兴县[②]首创并为全省各地普遍借鉴的"三单制"培训模式（学校出单、企业接单、政府买单），力求培训与经费保障结合；三是加强农村劳动力就业的指导服务，把参训劳动力的就业率作为考核培训工作的一个主要指标，劳动保障部门根据劳动力资源分布和用工需求及时提供就业指导、政策咨询、法律援助等服务，有效提高了培训工作的有效性[③]。以"千万农村劳动力素质培训工程"工程为例，2004—2006年3年累计对315万农民开展了各类职业技能培训，其中实现转移就业83万人，实实在在地增强了农民的进城就业能力。

（四）建立城乡土地等要素双向流动机制，保障农民基本权益

新型城市化不仅包括农民就业和居住的城市化，还包括农民宅基地使用权、农村集体建设用地使用权、农村集体资产所有权和农业土地承包经营权的商品化、市场化。一方面，农村集体股权的交易变现

---

① 中央农村工作领导小组办公室、浙江省农业和农村工作办公室：《习近平总书记"三农"思想在浙江的形成与实践》，《人民日报》2018年1月21日。
② 2013年撤县设区变更为"柯桥区"。
③ 杭州国际城市研究中心：《浙江："千万农村劳动力素质培训工程"》，中国城市网，2014年8月28日。

和保值增值,是转移农民重要的改革诉求,是一项富裕农民、增加农民财产性收入的惠民工程。浙江嘉兴"两分两换"①和温州"三分三改"②模式,本质上是以"分"促"换"的破解思路,借助于制度创新实现农民身份与各种集体权益的分离,打破农民户籍、身份与各种集体资产权益紧密结合固化的状态。另一方面,依法保护本省籍农民工在原籍地的土地权益,支持农民工依法、自愿、有偿流转土地承包经营权。现阶段,不得以退出土地承包经营权、宅基地使用权、集体经济收益分配权作为农民工进城落户的条件。

## 二 不断拓宽农业劳动人口增收路径

对于留在农村的农民,2006年3月23日,时任浙江省委书记习近平同志在省委建设社会主义新农村专题学习会上,提出"要充分挖掘农业内部增收潜力""继续加快发展农村二、三产业,拓宽农民外出务工经商的转移渠道""解决农民收入问题,既要鼓励农民走出去,又要引导农民留下来,还要支持出去的农民回乡创业"等一系列举措,通过深入实施千万农民素质提升工程,加快培育新型职业农民,创新农业新型业态,推动三次产业融合发展,有效实现缩小农业人口规模、增加农业收益和农民收入的目的。

### (一)积极开展土地规模化经营

浙江省于1998年开始实行第二轮土地承包工作,到2000年基本完成,初步实现了"证地相符",截至2006年全省共完成第二轮土地承包村数31794个,占全省行政村总数的98.1%。近几年来,浙江省采取多种措施,大力引导各类组织和个人参与土地流转,使土地承包经营权向农业企业、专业合作组织、科技人员和专业大户等流转,主

---

① 是指宅基地与承包地分开,搬迁与土地流转分开,以土地承包经营权换股、换租、增保障,推进集约经营,转换生产方式;以宅基地换钱、换房、换地方,推进集中居住,转换生活方式。

② 是政经分开(把村两委组织与村级集体经济组织分开)、资地分开(把土地资产与非土地资产分开)、户产分开(把户口与产权关系分开)和股改(对村级集体经济中的非土地资产进行股份制改革)、地改(农用地在权属性质不变、用途不变、量质不变的前提下进行流转;宅基地的用益物权可以变现,用来帮助农民进镇入城;建用地同国有入市)、户改(户口以实有人口、实有住所为依据,按居住地登记)。

要包括家庭经营型、基地生产型、科技示范型、工商企业投资型、合作社经营型等。2015 年，浙江省人民政府办公厅发布《关于引导农村土地经营权有序流转促进农业现代化建设的若干意见》，对于土地承包确权登记、规范土地流转、推动适度规模经营、拓展土地经营权权能、鼓励流转土地发展粮食规模生产等方面提供政策引导。2016 年，全省农林牧渔业增加值突破 2000 亿元，农业产业化组织突破 5.5 万家①。

### （二）大力发展高效生态农业

浙江省从 2001 年开始推进农村税费改革，从 2005 年起浙江已全面实行农业税免征，率先推进粮食购销市场化改革。2005 年 1 月 7 日在全省农村工作会议上，时任浙江省委书记习近平同志审时度势地作出了大力发展高效生态农业的重大决策，强调"以绿色消费需求为导向，以农业工业化和经济生态化理念为指导，以提高农业市场竞争力和可持续发展能力为核心，深入推进农业结构的战略性调整"。这些年来，浙江进一步强化农业在全局中的基础地位，以高效生态农业为目标模式，坚定不移推进农业供给侧结构性改革，果断打出现代生态循环农业、畜牧业绿色发展、化肥农药减量增效、渔业转型促治水、海上"一打三整治"、农业"两区"（粮食生产功能区、现代农业园区）土壤污染防治等农业生态建设组合拳，大力培育农业新型经营主体、农业品牌，加快推进农业产业化、信息化、农产品电商化，农业市场竞争力迅速增强，实现了从资源小省向农业强省的跃升。尤其值得一提的是 2010 年，浙江省委省政府提出建设农业"两区"（粮食生产功能区、现代农业园区）建设重大战略，先后出台《关于加强粮食生产功能区建设和保护的意见》（浙政办发〔2010〕7 号）、《关于开展现代农业园区建设的工作意见》（浙政办发〔2010〕6 号）等一系列政策文件，并提出了 5 年内建成现代农业园区 800 个，8 年建成粮食生产功能区 800 万亩的发展目标，成为全省保住农业发展空间、稳定农业生产能力、提升农业发展层次、提高农业生产效益、拓

---

① 中央农村工作领导小组办公室、浙江省农业和农村工作办公室：《习近平总书记"三农"思想在浙江的形成与实践》，《人民日报》2018 年 1 月 21 日。

宽农民收入渠道的重要载体。截至 2016 年年底，浙江累计建成粮食生产功能区 9131 个，面积 760.71 万亩，全省新建和修复排灌渠道 2.11 万千米、机耕路 1.3 万千米、泵站 7010 座、农机下田坡 14.82 万个，累计组建粮食专业合作社等服务组织 3609 家。2017 年全面建成 800 万亩粮食生产功能区，越来越多新品种、新技术、新农机在粮食生产功能区集聚①。

(三) 推进"三位一体"合作经济

2006 年以来，浙江省供销合作社系统根据时任浙江省委书记习近平同志构建"三位一体"新型合作体系的构想，积极发展以供销合作社联合社、有条件农民合作社及联合社、涉农产业协会等为载体的生产供销信用"三位一体"合作与服务。特别是成为供销合作社综合改革试点省后，全系统按照省委省政府统一部署，大力开展"三位一体"改革试点，全力投入到构建农民合作经济组织联合会组织体系改革实践中。2017 年 8 月 22 日，浙江省农民合作经济组织联合会正式成立。至此浙江农合联组织体系实现了省市县乡全面覆盖、上下贯通，标志着浙江省"三位一体"改革及供销合作社综合改革迈入了新的历史阶段。

(四) 推动农村三次产业融合发展

从 20 世纪 80 年代中期开始，浙江在加快提升传统农业的同时，加速发展加工农业、外向农业、都市农业、高效生态农业、休闲观光农业，农村三次产业融合呈现出纵向延伸、横向拓展、形态多样、质效提升的良好势头。其具体做法是围绕三条主线：一是以提高资源利用效率为核心，推进产业链纵向延伸。围绕优势农产品深度开发，推动农业生产、加工、销售、服务一体化发展，如安吉县的竹业已形成竹制品、竹建材、竹轻纺、竹化工等相关行业配套发展的产业链，以占全国不到 2% 面积的竹资源，创造了全国 1/4 的竹产业产值②。二是以升级打造美丽乡村为载体，推进多功能横向拓展，大力发展乡村

---

① 翁杰等：《浙江省农业"两区"建设再提速》，《浙江日报》2017 年 4 月 15 日第 1 版。

② 浙江省发展改革委：《把农村产业融合发展作为农业再提升的新支撑》，《中国经贸导刊》2016 年第 34 期。

旅游，合力打造特色小镇，如桐庐、淳安、德清、仙居等地乡村旅游和民宿经济发展迅速，2015 年，德清县接待国内外旅游人次和旅游总收入分别达 1401.3 万人次和 133.0 亿元，其中绝大部分是乡村旅游。三是以强化科技信息应用为抓手，推进新业态蓬勃兴起。积极引入新型市场主体，推动新技术应用，培育发展"互联网+农业"、创意农业、智慧农业等新业态。嵊州、上虞等地推出的农业综合体，以科研院所为依托、工商资本为支撑，当地政府和农民群众共同参与，产业组织、科技示范、田园美化、农庄整治等集成推动，创出融合发展新模式。农村三次产业融合发展，已成为农业再提升的新支撑、农村再打造的新抓手、农民再增收的新渠道。2017 年，全省农家乐接待游客 3.4 亿人次，增长 21.6%，营业总收入 353.8 亿元，增长 20.5%，农产品网络零售额 506.2 亿元，增长 27.8%，建成农村电商服务点 1.64 万个，建制村覆盖率达 60%。

## 第三节　深化农村改革激发发展活力

随着城乡统筹发展的提出，为盘活农村闲置低效利用的土地资源，激活农村经济，国家出台了相关政策。城乡互动发展最突出的表现就是城乡要素流动按照市场机制在城乡间、产业间优化配置，实现经济的发展和社会福利的增加。这就要求从制度上建立新型的城乡关系，实现城乡居民在产权和治权上的平等和统一，农民和城市居民能够享受同等的待遇。近些年各界的主导思路是通过市场化改革，发挥市场在资源配置中的决定性作用，推动农业发展和农民致富。农村改革就是通过赋予农民更加完整和有保障的产权权能（即所谓的"还权赋能"），通过公开公平统一的市场交易，实现产权的优化配置。基于这种逻辑，农村产权制度改革便成为当前市场化导向的农村改革的基本内容，也是适应市场变化的必然趋势。

### 一　浙江深化农村产权改革的主要做法

关于农村产权改革，浙江省一早就开始试点领跑全国，并积累了长足的经验。2015 年年底，浙江在全国率先全面完成农村资产确权工作和农村集体经济股份制改革。全省29400多个村社的3500万农民当上了股东，实现以理顺分配关系为基础，以创新管理体制和运行机制为重点，以赋予农民主体权利为目标的统筹城乡综合改革。不仅如此，浙江还在农村宅基地探索所有权、资格权、使用权"三权分置"改革。这些改革化解了过去在集体财产、村级债务、土地承包、户籍管理等方面存在的大量矛盾，有力地维护了农村的稳定和谐，也解决了农民迁移的一项后顾之忧，为户籍制度改革的顺利推进做好了基础性工作，加快了农村城镇化、农民市民化步伐，也为经济社会全面改革和城乡统筹发展增添了动能。

从各地的实践看，改制的主要焦点在于如何创新农村集体经济有效实现形式。这不仅直接关系到广大农民的切身利益，关系到农村基本经济经营制度的发展方向和农村社会治理体系的现代化，也关系到国家的战略全局。从当前的情况看，改制主要是将农村集体经济组织的经营性实物资产和货币资产，经过清产核资和评估以后，按照劳动年限折成股份量化给本集体经济组织成员，同时提取一定比例的公益金和公积金（集体股），主要用于村委会或社区公共管理和村民公共福利事业支出，并实行按劳分配与按股分红。

浙江作为我国经济较为发达的省份，同时也是农村产权改革成果最为显著的地区，其农村产权改革经验受到了全国各地的关注。浙江省全面贯彻落实党的十八大和十八届三中、四中、五中、六中全会精神和中央、省委全面深化农村改革的系列重要部署，按照省委省政府提出的"三权到人（户）、权随人（户）走"改革目标，不断深化农村产权制度改革，着力构建城乡一体化制度体系和体制机制，农村产权制度改革纵深推进，农民财产权益得到有效保障，为全省户籍制度改革奠定了良好基础。

（一）整体开展农村集体资产股份合作制改革

到2015年年底，浙江省按照"产权明晰、权责明确、股份量化、流转顺畅"要求，全面完成村经济合作社股份合作制改革，全省29489个村社完成改革，占总村社数的99.5%；量化经营性资产1151亿元，界定社员股东3527万人，在全国率先全面完成农村集体资产确权工作，基本建立起"确权到人（户）、权跟人（户）走"的农村集体产权制度体系。在嘉兴、舟山、德清、云和等地开展股权权能流转试点，赋予村集体经济股权继承、赠予和转让等权能，探索建立股权抵押制度和村集体经济市场化发展路子。海盐县开展深化农村集体产权股份合作制改革国家级试验，在促进村级集体经济创新发展、农民群众享有改革红利、农村产权价值市场发现和破解农民贷款抵押难等方面取得实际成效，已累计完成30个村（社区）的深化改革任务，占全县村（社区）的28.6%。

（二）推动农村宅基地确权登记常态化

2014年6月，浙江省政府办公厅印发《关于加快推进全省农村宅基地确权登记发证工作的意见》。到目前为止，全省符合登记条件农户宅基地确权发证率达94.99%，有效保障农民宅基地用益物权，落实农民财产权利。同时，积极探索宅基地用益物权保障机制，义乌市获全国人大授权承担农村宅基地制度改革试点，研究起草了农村住房历史遗留问题处理、农村更新改造、宅基地有偿退出、宅基地有偿使用、宅基地使用权转让、农民住房财产权抵押贷款试点、宅基地民主管理等一整套宅基地制度改革试点政策。乐清市在总结探索经验基础上，出台了农村宅基地确权登记规定、集体土地范围内房屋登记办法、抵押农房司法处置暂行规定、农房产权流转税收征收管理规定等一系列政策。

（三）稳步推进农村土地承包经营权确权活权工作

按照中央和国务院相关文件精神，浙江省委省政府决定从2015年开始用3年时间基本完成土地承包经营权确权登记颁证工作。2015年6月中旬，省委省政府专门召开视频会议，在全省启动了土地承包经营权确权登记颁证试点工作，明确12个县（市、区）作为整市推进试点。12月上旬，省委省政府在兰溪召开农村"三权"确权登记颁证试点座谈会，对试点工作进行总结和进一步部署。2016年1月，浙江被农业部确定为农村土地承包经营权确权登记颁证整省推进试点省。浙江省印发《关于深化农村土地承包经营权确权登记颁证工作的意见》等文件，指导全省各地开展相关工作。截至2016年年底，全省97.98%的行政村开展了确权登记颁证工作；完成承包地测绘643.80万户，占家庭承包经营农户数的80.24%；1341.94万亩家庭承包经营耕地完成实测，占 81.90%；完成审核公示行政村 6811 个，占 28.42%。同时，在基本完成林权换发证工作基础上，继续推进林业股份合作制改革和林权流转机制改革，启动 10 个林业股份制改革试点县、50 家省级示范性家庭林场创建工作，在全省面上施行林地经营权流转证发证工作，林权确权面积达 99.7%，换发证率达 99.8%。

与此同时，继续积极推进土地适度规模经营，承包土地经营权进一步搞活，全省累计流转面积达到 1005 万亩，流转率突破 53%。台州市探索开展股份合作农场试点，即农民以承包土地经营权作价入股形式和工商企业以资本、技术等入股形式组建合作农场，让更多农民分享产业化成果，已累计组建股份合作农场 56 家。温州市引导农户通过作价入股、收入入股等方式以承包土地经营权入股参与农业产业化经营，累计组建土地股份合作组织 181 个。

（四）不断扩大农村"两权"抵押贷款

浙江省以国家试点农民"两权"抵押贷款为契机，做好与国家部委对接工作，14 个县（市、区）获全国人大授权开展农地经营权、农房抵押试点。同时，专门组建全省农村"两权"抵押贷款试点工作指导小组，起草制定《浙江省农村承包土地的经营权和农民住房财产权抵押贷款试点方案》，稳妥推进试点县开展农村"两权"抵押贷款试点工作。到 2016 年年底，全省面上已有 51 个县（市、区）开展了农房抵押贷款业务，33 个县（市、区）开展了土地经营权抵押贷款业务。土地经营权和农房财产权抵押贷款余额分别达到 7 亿元和 122 亿元，位居全国前列。

（五）持续完善农村产权流转交易体系

目前，浙江省各地依托公共资源交易中心、行政服务中心、产权交易所、土地流转服务中心等机构，逐步推进农村综合性产权流转交易市场建设，已建成市县农村产权流转交易市场 93 个，乡镇级交易服务平台 979 个，覆盖面达 96% 以上。各交易市场大都具备了信息发布、交易鉴证、产权变更登记和资金结算等基本服务，温州、丽水等地一些交易市场还探索开展了资产评估、法律服务、产权经纪、项目推介、抵押融资等专业配套服务，农村产权流转交易市场正逐步由专业性市场向综合性市场转型。围绕保障各类产权规范、有序流转交易,各地积极探索建立了一系列规章制度。温州、湖州、台州、金华已出台市级层面的农村产权交易流转管理办法,并制定完善交易实施细则,德清县出台 19 项产权交易配套政策,实行交易规则、鉴证程序、服务标准、交易监管、信息平台和诚信建设"六统一"管理。海盐县建立土地流转风险防控机制,构建县、镇(街道)、村(社区)、经营主体"四位一体"风险保证金体系,保障承包土地经营权流转健康、持续推进。

通过两年多来的运作,目前全省农村产权流转交易品种已达十余项,主要交易品种为承包土地经营权、林权和集体经营性资产,"四荒"使用权、股份经济合作社股权、宅基地使用权、农房所有权、集体建设用地使用权、小型水利设施使用权等农村产权也在一定范围内探索交易,全省累计通过平台实现农村产权交易额累计已超过 63 亿元。德清积极推进国家级集体经营性建设用地入市试点,敲响入市"第一槌",累计入市交易地块 92 宗,成交金额达 1.52 亿元。杭州、绍兴、嘉兴等地通过交易市场出租集体物业的收入增长率都在 30%以上。针对当前农村集体"三资"管理不规范问题,温州市纪委出台文件,规定"村集体经营性资产交易,应在依法设立的农村产权交易服务机构中公开进行",据不完全统计,交易后平均溢价 18%。

## 二 农村要素流转体制机制改革的浙江探索

浙江省作为走在全国统筹城乡改革的地区,在推进以农村产权制度改革为核心促进城乡要素自由流动方面作出了卓有成效的探索,形成了一批具有首创意义的改革思路和改革模式,取得了一系列的经验。农村产权改革是推进城乡统筹发展的核心环节。从现有的改革实践来看,这项改革不但推动城乡资源要素自由流动和优惠配置,还通过要素的激活,促使三次产业各种功能区的建设实现产业的集中、集聚和集约发展,对当地的城市化、工业化、市场化起到了极为重要的推动作用,而且对新农村建设起到了全面的推进作用,更为重要的是这种统筹城乡的综合配套改革有效地纠正了新农村建设中脱离城市化、就农村建设抓农村建设的偏差,从而开创了城镇化建设与新农村建设整体规划、联动建设、协调推进的全新建设格局。但是受地区发展环境的制约，不同地区的改革做法也有差别，其中湖州德清的产权改革对深化城乡要素自由流动以及改革的系统性、协同性都有较好的效果，值得学习和借鉴。

自 2014 年 3 月浙江省人民政府批复《德清县城乡体制改革试点方案》以来，德清县着眼于突破城乡二元结构，围绕农村产权制度改革等重点领域，开展先行先试，进行积极探索，有力开辟了以农村产权改革为核心的城乡体制改革促进城乡一体化发展的新格局。从表面上看，很多改革的着眼点都在农村，但从改革的实践成效来看，农村产权改革不仅激活了农村发展的活力，更是促进了城乡协调发展水平的全面提升。德清围绕以下几个方面开展城乡体制改革试点推动城乡协调发展的做法值得借鉴。

（一）围绕农村产权清晰化，推进"三权到人（户），权跟人（户）走"的农村产权确权改革

1. 建立农村土地（林地）流转经营权确权登记颁证机制。德清早在 2007 年 100% 完成了农村土地（林地）承包经营权的确权登记颁证工作，全县共确权登记 28.9 万亩农村土地和 41.3 万亩农村山林，发放农村土地承包经营权证 79793 本，农村山林承包经营权证 31737 本，并做到承包面积、四至、合同、权证"四到户"，实现承包土地面积和四至在合同、权证、登记表与实际承包状况的"四相符"。在此基础上，2014 年对经营面积 10 亩以上、基础设施投入 10 万元以上农业和 30 亩以上的林业经营主体的流转经营权进行确权登记颁证，其中农业经营面积 50 亩、林业 30 亩以上的流转经营权证 100% 发放，通过"精准确权"实现了农村土地（林地）所有权、承包权、经营权"三权分置"，为促进农业规模经营，推动现代农业发展，农民增收创造了良好条件。

2. 建立集体经营性资产确权登记颁证机制。按照集体资产所有权不变的原则，注重因村制宜，广泛汲取民智，扎实做好股员身份界定、村集体资产核实等基础工作，对全县 160 个村经济合作社（151 个行政村和 9 个撤村建居的村级经济组织）开展股份合作制改革，严格按照要求将经核实的集体经营性资产量化到人、发证到户，并对股权实行"生不增死不减"静态管理，确定股东 30.01 万人，发放股权

证书9.07万本。全县所有村（居）集体经营性资产100%完成股份制改革，7个村集体经济股权实现分红181万元，有效推进了"资产变股权，社员当股东"。

3. 建立宅基地和农房确权登记颁证机制。围绕"户户有宅有保障、一户一宅显公平、宅宅法定颁铁证、异地置换促集约"等目标，规范创新农村宅基地管理。全面开展农村"一户多宅"专项整治行动，村干部、党员、机关干部"三带头拆"，全县4459户"一户多宅"100%拆除。坚持历史问题用现实角度考虑，依法与创新同行，妥善解决改革中的历史遗留问题。按照"宜粗不宜细"和"左右能平衡"的原则，采用"虚线法""标注法"破解宅基地、农房超面积部分的确权问题，所有宅基地100%确权发证，全县81351户农房100%完成测绘工作，截至2014年12月底，81351户农房完成发证65339户，发证率达到80.3%，实现了应发尽发。围绕集约利用农村土地，建立农村宅基地跨镇跨村异地置换、有偿退出、超标有偿使用和市场化流转等机制，鼓励和引导农民"带权"到县城和中心镇建房落户。目前，全县已实施异地集中置换宅基地1654户，其中跨村安置451户，镇集中安置1203户。

（二）围绕农村产权市场化，推进"有效赋权，充分活权"的农村要素流转机制改革

1. 建立四级联动的农村综合产权流转交易体系。搭建县级流转交易中心、乡（镇）分中心、村（社区）服务站、农户"四位一体"的农村综合产权流转交易平台，配套19项政策文件，实行交易规则、鉴证程序、服务标准、交易监管、信息平台和诚信建设"六统一"的管理模式。平台及时收集和发布产权流转交易信息，定期公布产权交易指导价格，组织产权流转、招拍挂等交易活动，确保农村综合产权阳光流转，让农民真正成为拥有完整产权的市场主体，使农民财产"交易得起、交易得了、交易得好"。目前，已有九大类农村产权交易品种进入流转交易平台，累计完成交易844笔，交易额7691万元。

2. 建立普惠增收、有序流动、规范交易的农村金融创新体系。首创以全部财政性存款激励扩大农村信贷融资制度，健全农村"三信"体系和道德银行建设，推动金融服务下乡，大力开展"普惠金

融",打通农村金融服务"最后一米",2014年新增涉农贷款28.8亿元。全面开展农村"三权"抵押贷款,有效撬动农村的沉睡资产,让历史资产变成现实资本,未来收益变成现实投资。建立农村"三权"抵押物评估体系,出台相关政策,鼓励金融机构创新推出一批量身定制的"三权"抵(质)押金融产品,高额度低利率支持农民"三权"抵押贷款,并将工作实绩纳入对金融机构的年度考核。县人民银行建立信贷规模倾斜机制,配套2亿元的再贷款,加大对"三权"抵押贷款的支持。截至2014年年底,已累计发放"三权"抵押贷款3.01亿元,惠及1092户农户创业致富增收,并在全省开创"三权"并举组合抵押贷款的先例,做到了县内国有银行、股份制银行、村镇银行等各类金融机构全面参与,财产权、经营权、股权"三权"全面激活;农业、工业、服务业三大产业全面受益,让农民的"实权"变成了"实钱",让政策的"实惠"变成了"实利"。

3. 健全农村集体经济法人治理体系。制定村股份经济合作社和农民土地(股份)专业合作社登记暂行办法,完成了121家村股份经济合作社和125家农民土地、林地(股份)专业合作社的工商登记。2014年共有47721户农户的12.9万亩土地通过村土地(股份)专业合作社统一进行流转,全县农村土地流转面积占到家庭承包经营耕地总面积的75.2%。探索集体经营性建设用地的入市流转,上报省国土厅《德清县农村集体经营性建设用地入市流转试点工作方案》等2个政策文件,同步探索解决实施范围、收益分配等问题,已选择5个区域涉及面积23亩准备先行先试。

### 三 城乡协调发展的"人地挂钩"机制

如何建立城镇建设用地增加规模同吸纳农业转移人口落户数量挂钩机制,实现"人地"挂钩,是稳步有序推进城乡统筹发展的一个关键考虑因素。解决好这一难题,事实上就等同于打通了阻碍城乡协调发展的"暗门"。目前,浙江省围绕"人地挂钩",始终注重土地城镇化与人口城镇化的协调推进,不断提升城镇建设用地使用效率。重点是围绕国土资源部等五部委联合下发的《关于印发〈关于建立城镇建设用地增加规模同吸纳农业转移人口落户数量挂钩机制的实施意见〉的通知》(国土资发〔2016〕123号)文件,开展基础数据梳理,测算全省各市、县现状人均城镇建设用地。推进做好土地利用总体规划与城乡规划相衔接,充分考虑进城落户人员数量和流向,科学测算配套公共管理和公共服务设施、基础设施规模。在实践中,明确各市县要安排上级下达用地计划总量的一定比例专项用于进城落户人口所需新增建设用地。在市县层面,优先安排保障性住房特别是落户人口的保障房,以及民生和城镇基础设施建设用地,合理安排必要的产业用地。鼓励通过城乡建设用地增减挂钩政策加快推进农民进城落户,对增减挂钩建新区用于解决进城落户人口用地的,省里优先安排增减挂钩指标。

具体到实践中,"人地挂钩"政策的实施中,完善社保和户籍制度尤为重要。与户籍相关的教育、医疗、劳动就业、住房、社会保险、社会福利等配套制度的改革,是"人地挂钩"能否顺利推进的关键所在。近些年来,浙江瞄准户籍制度改革和社会保障服务完善,扎实推进"人地制度"改革。

(一)推动户籍制度改革与"人地挂钩"相适应

1. 分步有序推进改革

早在2009年,浙江就通过地方立法率先全国出台了《浙江省流动人口居住登记条例》,取消暂住证制度,实行居住证制度。2011年,浙江省政府又制定出台《关于进一步推进户籍制度改革的实施意见》,推动户籍制度改革进入全面深化新阶段。近些年来,浙江省始终把群众是否满意作为推动户籍制度改革工作的出发点和着力点。坚持"先确户、后确权""先确权、后户改""先出台配套政策、后户改"的改革路径。按照"填谷不削峰"的原则以及"统一、调整、不变"三种方式,推动户口背后相关行政制度实施同步改革,确保存在城乡差别的配套政策不因取消户口性质区分出现政策真空,引发社会不稳定。各设区市基本完成相关配套政策梳理工作,梳理出城乡差别政策19项至40项不等,并对有条件统一和调整的政策已逐步出台并实施。通过实施改革,解决了一批户口历史遗留问题,化解了一批社会矛盾和不安定因素,相关配套政策基本到位,公共服务均等化水平稳步提高。

2. 实施差异落户政策

相比国务院提出的"全面放开建制镇和小城市落户限制""有序放开中等城市落户限制""合理确定大城市落户条件""严格控制特大城市人口规模"的四个层级要求,浙江结合本地实际,按照县(市)、大中城市、特大城市三种类型分别调整户口迁移政策,提出建立"全面放开县(市)落户限制""有序放开大中城市落户限制""合理控制特大城市人口规模"的户口迁移政策体系,并配套推出"建立完善积分落户制度""实行省内户口自由迁移""制定全省统一的户口迁移政策"等措施。

3. 打造升级版居住证制度

在充分总结居住证制度改革试点经验的基础上,按照国家新型城镇化建设和户籍制度改革的总体要求,以国务院《居住证暂行条例》为依据,加快《浙江省流动人口居住登记条例》立法修订。经浙江省人大常委会审议通过,新修订的条例于2016年7月1日起正式实施。这是全国首部以省人大立法形式贯彻落实国务院条例的地方性法规,建立了"全员登记、依规领证、凭证服务、量化供给"为主要内容的新型居住证制度,推广实施IC卡式居住证,加载行政管理、公共服务、金融服务、商业应用、企业管理等诸多应用功能,既增强了流动人口的获得感,又提升了社会治理能力。截至目前,全省已制发IC卡式居住证110万张。

4. 调整完善户口迁移政策

建立以合法稳定住所、合法稳定就业为基本条件,全面实行按居住地登记户口的迁移制度。目前,除杭州市区等少数地方略有限制外,全省已基本实行按居住地登记户口的迁移制度。全省统一的户口迁移政策及杭州、宁波、温州3个市(符合城区常住人口300万以上)的积分落户政策已在研究制定中。浙江进一步放宽本地农业转移人口进城镇落户的条件限制,全面放开对高校毕业生、技术工人、职业院校毕业生、留学回国人员的落户限制,重点解决进城时间长、就业能力强、可以适应城镇产业转型升级和市场竞争环境的人员落户问题。2016年,浙江省还出台有关吸引人才落户的鼓励性政策。浙江省制定出台《关于解决无户口人员登记户口问题的实施意见》,加强户口登记、《出生医学证明》签发、收养登记等管理，区分无户口人员八种情形，明确了办理户口登记的程序和手续，并落实相关部门责任。截至目前，已办理各类无户口人员登记户口1.3万余人。

（二）社会保障服务完善为"人地挂钩"兜底

1. 公共就业服务政策和服务体系不断优化完善

按照《国务院关于深入推进新型城镇化建设的若干意见》等文件提出的推进基本公共就业服务均等化等要求，浙江都已落实到位。现阶段，包括农村劳动力等在内的各类登记失业人员都能享受均等化的基本公共就业服务和普惠性就业政策。在全省所有市、县都建立人力资源（劳动力）市场，免费为所有城乡劳动者提供就业失业登记、职业介绍、职业培训、创业服务等全方位服务。全面建立就业和社会保障服务平台，配备工作人员4万余名，促进就业政策和就业服务向基层不断延伸、向农民全面覆盖。定期组织就业援助月、春风行动、民营企业招聘周等全省性就业服务和人力资源余缺调剂活动，提高服务有效性。对农村低保家庭成员、残疾人等困难群体开展一对一指导和面对面服务，提高帮扶精准度。

2. 高水平建设城乡基本养老保险

浙江在建设城乡一体化的基本养老保险制度方面，形成了一些好做法。浙江从2009年开始实施城乡居民基本养老保险制度，统一农村与城镇居民参保条件、缴费标准和待遇标准。2014年，根据国务院《关于建立统一的城乡居民基本养老保险制度的意见》（国发〔2014〕8号），省政府又出台《关于进一步完善城乡居民基本养老保险制度的意见》（浙政发〔2014〕28号），在保持原有制度框架不变的基础上，在制度名称、个人缴费档次、政府缴费补贴、待遇领取条件、转移衔接等方面与国家政策进行了对接和完善。截至2016年年底，全省城乡居民基本养老保险参保人员总数为1233万人，参保率达95%以上，60周岁及以上领取养老金人数542万人，月人均养老金212元，居全国各省区前列。

2008年浙江省人大对《浙江省职工基本养老保险条例》进行第二次修订后，率先打破所有制和职工身份界限，将省内所有企业及其职工纳入职工基本养老保险参保范围。2011年，浙江又出台政策允许劳动年龄段内的本省户籍灵活就业人员，按城镇个体劳动者办法参加职工基本养老保险；允许符合条件的城乡居民，通过一次性补缴等方式参加职工基本养老保险，实现了制度全覆盖，确保居住证持有人在居住地依法享受参加社会保险的权利。截至2016年年底，全省农民工参加职工基本养老保险769万人。进一步明确城乡居保与职工养老保险的转移衔接政策，保障进城落户农民的养老保险权益。

3. 基本医疗保险实现不同群体广覆盖

目前，浙江已建立城乡一体的城乡居民基本医疗保险制度，初步形成职工医保、居民医保为主体，大病保险为延伸，医疗救助为托底，社会慈善和商业保险为补充的多层次、全覆盖医疗保障体系。

2014年浙江各统筹区全部完成城镇居民医保与新农合的制度整合；2015年，11个设区市分别出台统一的城乡居民基本医疗保险制度；2016年，浙江省政府办公厅出台《关于深入推进城乡居民基本医疗保险制度建设若干意见》（浙政办发〔2016〕134号），推动全省城乡居民医保实现参保范围、统筹层次、资金筹集、保障待遇、经办服务、基金管理、医保监管"七统一"。截至2016年年底，全省基本医保参保人数5175万，其中职工医保2010万，城乡居民医保3165万，参保率稳定在96%，浙江迈入全民医保时代。

2010年浙江启动社会保障卡医保"一卡通"建设，在全国率先实现跨统筹地区流动就业人员基本医疗保险关系转移接续，现已形成了较为规范的业务经办流程，全省所有地区均已实行无障碍转移接续。截至2016年年底，全省已开通省内异地就医联网结算定点医疗机构216家，异地就医人数达476万人次，结算医疗费用61亿元。根据人社部统一部署，浙江按节点、按步骤推进跨省异地就医结算联网工作，已完成省级异地就医结算系统与国家异地就医结算系统对接。温州、湖州、嘉兴、金华、衢州、舟山、丽水7个设区市，取消户籍身份限制，已将具有居住证的常住人口纳入当地城乡居民医疗保险参保范围，待遇和当地居民一致。

4. 持续加强农民工职业技能培训

近些年来，浙江相继出台《关于加快推进技能人才队伍建设的意见》《关于进一步加强职业培训补贴资金使用管理等问题的通知》等一系列政策措施，明确农民工技能培训要求，基本建立了统筹城乡的职业培训补贴政策，并明确符合条件的劳动者都可以报名参加职业资格考试。同时，紧贴企业岗位需求，通过订单培训、定向培训，通过建设农民创业实训基地、农民工返乡创业园、农村电子商务创业园等平台，积极组织农村转移劳动力参加就业技能培训、技能提升培训和创业培训，不断提升农村转移劳动力就业技能水平和就业竞争力。2016年，以实施"春潮行动"为抓手，培训农民工52.1万人次。

## 第四节　新农村建设的实践探索

新农村建设是建设中国特色社会主义的重要内容。作为改革开放的前沿阵地，浙江是推进新农村建设起步较早的省份之一。2003年，习近平同志到浙江工作不久便提出"用城市社区建设的理念指导农村新社区建设，抓好一批全面建设小康示范村镇""使农村与城市的生活质量差距逐步缩小，使所有人都能共享现代文明""最终解决好市民与农民'两种人'的问题"。这一年，波澜壮阔的"千村示范、万村整治"工程拉开序幕，这比2005年党的十六届五中全会正式提出建设社会主义新农村整整提前两年。15年来，历届浙江省委省政府坚持一张蓝图绘到底，久久为功，扎实推进"千村示范、万村整治"工程，造就了万千美丽乡村，取得了显著成效。

### 一　"千村示范、万村整治"工程

在城镇化建设初期，由于城乡分割的二元结构体制和"以工补农，以乡养城"的国民收入分配格局，导致农村建设仍处于缓慢、片面的发展状态。农村基础设施、社会事业还比较落后，环境脏乱差问题严重。2003年6月，时任浙江省委书记习近平同志针对21世纪初浙江省不断富足起来的农民群众对人居条件越来越不满意的状况，亲自调研、亲自部署、亲自推动，作出了大力实施"千村示范、万村整治"工程的前瞻性重大决策。浙江省委省政府印发了《关于实施"千村示范、万村整治"工程的通知》（浙委办〔2003〕26号），以农村生产、生活、生态"三生"环境改善为重点,提高农民生活质量,强调"要把'千村示范万村整治'工程作为推动农村全面小康建设的基础工程、统筹城乡发展的龙头工程、优化农村环境的生态工程、造福农民群众的民心工程","有效促进城市基础设施向农村延伸、城市公共服务向农村覆盖、城市现代文明向农村辐射[①]""新农村必须有新面貌,要坚持以人为本,推动村庄整治建设,加快传统农村社区向现代化农村社区转变[②]",这是统筹城乡发展战略思想的率先实践,是加快缩小城乡差距的实际行动。

这些年来,浙江先后实施了三轮"千万工程",包括2003年至2007年示范引领,1万多个建制村推进道路硬化、卫生改厕、河沟清淤等;2008年至2012年整体推进,以畜禽粪便、化肥农药等面源污染整治和农房改造为重点,全面推进人居环境改善,并制订实施"美丽乡村建设行动计划",将美丽乡村建设与农民增收互联互动,推动环境优势向经济优势转化;2013年以来深化提升,攻坚生活污水治理、农村生活垃圾分类、历史文化村落保护利用、平原绿化、河长制等农村环境建设组合拳,农业面源污染状况明显改善,农村脏乱差现象得到根本性改变。多年来,"千万工程"的内涵不断深化、外延不断拓展,工作各有侧重,但省委抓农村人居环境改善的决心不变、信心不变、初心不变。这个初心,便是习近平同志在浙江工作时多次强调的"农民是'千村示范、万村整治'工程的建设者和受益者,必须充分尊重农民的意愿""让广大农民喝上干净的水、呼吸清洁的空气,吃上放心的食物,在良好的环境中生产生活"……正因此,浙江新农村建设的群众基础和社会基础不断夯实,农村改善村庄的内生动力持续激发,农村生活污水治理行动、厕所革命、劣Ⅴ类水剿灭战、垃圾革命、畜牧业转型升级等工程相继实施,乡村人居环境领先全国,绿色生产生活方式深入人心[③]。其具体做法有以下几个方面:

---

[①] 2004年7月26日时任浙江省委书记习近平同志在全省"千村示范、万村整治"工作现场会上的讲话。
[②] 2006年3月时任浙江省委书记习近平同志在省委建设社会主义新农村专题学习会上的讲话。
[③] 王庆丽、沈晶晶:《万千乡村 活力澎湃》,《浙江日报》2018年4月25日第1版。

(一) 开展村庄规划

坚持规划引领，城乡一体编制村庄布局规划，确定200个省级中心镇、4000个中心村和1.6万个保留一般村，形成了以"中心城市—县城—中心镇—中心村"为骨架的城乡空间布局体系。以全覆盖编制村庄规划为龙头，先后开展6批259个重点村、1284个一般村的保护利用，村庄规划和村居建设也由政府号召成为百姓自觉，各地坚持"地方特色和舒适、环保、生态"的要求相结合，因村制宜进行差异化建设，绍兴的台门、东阳的木雕、丽水的三间两搭厢等，一大批濒临消亡的古村落重放光彩，一座座各具特色的村庄变身"网红"，田园风貌、乡土建筑与自然山水实现和谐相融。如在丽水龙泉龙溪村，吸引了9个国家11名知名建筑师集聚，在绿水青山间留下了16幢奇思妙想的竹建筑。与此同时，注重农村精神文明建设，推动家规家训"挂厅堂、进礼堂、驻心堂"，深度发掘农耕文明、乡村传统、特色文化、民族风情，自治、法治、德治相结合的乡村治理体系加快形成，截至2017年，已建成农村文化礼堂7916个。

(二) 环境综合整治

按照"布局优化、道路硬化、四旁绿化、路灯亮化、河道净化、环境美化"的要求，全省各地从治理农村环境"脏乱差"、村庄布局"杂乱散"入手，全面推进村庄整治建设，开展垃圾清理、污水治理、改水改厕、河道洁化等农村环境整治项目，各地"多层次、多形式"地开展环境治理、村庄整理、旧村改造和新村建设等，全省农村环境的"脏乱差"正从根本上得到改变。2013年，省委省政府进一步部署"三改一拆""五水共治"、开展"清三河"行动，对农村环境整治提出了新的要求。如金衢盆地中的丽水浦江，曾因水晶加工导致全县九成河流污染的浦江，打响全省水环境综合整治的第一枪，推进河道清理和清洁农村行动。如今，洗去污垢的浦江境内51条支流水质均达到Ⅲ类及以上，每条河流都可游泳。至2017年年底，全省2.7万多个村实现村庄整治，占全省建制村总数的97%，农村生活污水治理规划保留村覆盖率100%、农户受益率74%，农村生活垃圾集中收集有效处理基本覆盖，农村生活垃圾减量化资源化无害化分类处理建制村覆盖率40%[①]。

（三）基础设施延伸

推进城市基础设施向农村延伸，把"四好"农村路、万里清水河道、农民饮用水、农村土地综合整治、农村危旧房改造等与人居环境建设有机结合起来，统筹推进水电路气网等基础设施建设，形成城乡全面覆盖、全线贯通的基础设施网络。开展全省农村通村公路"双百"工程[②]，全省实现等级公路、邮站、宽带等"村村通"，广播电视"村村响"和农村用电"户户通、城乡同价"。截至2015年年底，全省农村公路总里程达到10万千米以上，城乡客运一体化率达到50%以上，客运班车通村率达到95%。开展千万农民饮水工程、千万亩十亿方节水工程等农村水利工程，建立农村水利技术培训与推广中心，解决农民安全饮用水人数超过1860万人，安全饮用水覆盖率达到97%。

（四）公共服务普惠

将"千万工程"作为浙江统筹城乡发展的一项战略举措，通过增强统筹城乡中的规划意识，加快农村社会事业发展，促进公共财政和公共服务向农村覆盖。以行政村为据点，运用信息化技术手段，推动教育培训、劳动就业、医疗卫生、社会保障等公共服务在服务中心延伸集成，基本建成农村30分钟公共服务圈、20分钟医疗卫生服务圈，2015年年底，行政村卫生院覆盖率达到99%，千名老人拥有床位数稳步上升至32.6张，超过26张的全国平均水平。

## 二 美丽乡村建设

随着新农村建设的深入推进，浙江已经进入高水平建成全面小康社会的决胜阶段，亟须加快转变农村建设方式、农业生产方式和农民生活方式，在"千村示范、万村整治"工程基础上，进一步拓展乡村建设的广度和深度，开展了适应新形势新要求的美丽乡村探索实

---

[①] 方问禹：《浙江："千万工程"造就万千"美丽乡村"》，新华社，2018年3月9日。

[②] 即等级公路通村率100%、路面硬化率100%。

践。安吉作为全省建设"美丽乡村"先行示范区，于2000年正式提出生态立县战略，但在实施操作过程中仍然面临具体问题，动摇着生态立县发展道路。2005年8月15日，时任浙江省委书记习近平同志在听取安吉余村相关负责人关于"下决心关掉石矿、停掉水泥厂"的工作汇报后，提出了"绿水青山就是金山银山"的科学论断，为安吉生态立县建设坚定了发展方向。2008年，安吉率先建设"中国美丽乡村"，出台《安吉建设"中国美丽乡村"行动纲要》。在安吉经验的引领下，全省各地结合"千万"整治新农村建设工程，开展美丽乡村建设。

2010年年底，中共浙江省委省政府颁布印发《浙江省美丽乡村建设行动计划（2011—2015年）》，提出了科学规划布局美、村容整洁环境美、创业增收生活美、乡风文明身心美和"宜居宜业宜游"的农民幸福生活家园、市民休闲旅游乐园的美丽乡村建设新要求。2012年，省委省政府进一步推出了《关于深化"千村示范、万村整治"工程全面推进美丽乡村建设的若干意见》（浙委办〔2012〕130号），开启第三轮"千万工程"建设。这一轮的"千万工程"把"美丽乡村"建设结合起来，着力开展夯实农村环境基础、推动农村人口集聚、彰显农村特色魅力、推进连线成片创建、健全长效保洁机制、促进农民增收致富等行动举措，全面构建美丽乡村创建先进县示范县和整乡整镇美丽乡村乡镇、美丽乡村精品村（特色村）、美丽乡村样本户建设工作机制。2016年，浙江省委省政府出台《浙江省深化美丽乡村行动计划（2016—2020年）》，计划要求"努力实现空间优化布局美、生态宜居环境美、乡土特色风貌美、业新民富生活美、人文和谐风尚美和改革引领发展美的美丽乡村美好愿景，打造美丽乡村升级版，成为'千村示范、万村整治'工程的3.0版本"。2017年6月，浙江省第十四次党代会提出，在提升生态环境质量上更进一步、更快一步，努力建设美丽浙江，并首次提出谋划实施"大花园"建设行动纲要。2018年年初，浙江省发布《乡村振兴战略行动计划（2018—2022）》，提出实施创建千个乡村振兴精品村、万个美丽乡村景区村的"新千万工程"。

从长期探索实践过程来看，浙江省的美丽乡村建设初期以环境整治、资源保护、乡容改善为主要内容，通过加强基础设施建设呈现出人与自然和谐共处的良好态势；随着城乡一体化要求的提升，后期建设转向宜居宜业宜游等多样化功能开发，通过强化经营和整合资源，将分散于各点的生态优势转化为财富优势。美丽乡村升级版的内涵，正从"一处美"向"一片美"转型，从"物的新农村"到"人的新农村"转变。各地以历史文化村落、特色农家乐、乡村民宿特色产业为载体，大力发展乡村旅游，一批立意高、接地气的地域性品牌孕育而生，如自在舟山、潇洒桐庐、秀山丽水、田园松阳、金色平湖、阳光温岭、龙游天下、梦留奉化、幸福江山和人间仙居等，不但提升了美丽乡村在国外的知名度和美誉度，也为农村致富和农村发展创造了更为有利的条件，农村面貌发生"质"的变化[①]。至 2016 年年底，全省已培育形成美丽乡村示范县 6 个、示范乡镇 100 个、特色精品村 300 个、美丽庭院 1 万个。

## 第五节　经验与启示

推进城市化，就是从根本上打破城乡分割的二元结构，促进农业向非农产业、农村向城市、农民向市民的转移，实现城乡经济社会一体化发展。回顾与总结浙江的城市化发展历程和经验做法，可以看到浙江在推动城乡一体化过程中一以贯之的战略主线，即始终用联系、联动的方法看待城乡问题，运用反向思维，跳出"三农"，来解决"三农"问题，突出以工促农、以城带乡，靠工业化、城市化来转移农民、减少农民、富裕农民，逐步破除城乡二元分割的体制壁垒，促进城乡要素自由流动、城乡资源市场配置，实现城乡经济社会的可持续发展。

### 一　城乡一体化发展的龙头是城市

城市化的本质是一种城乡之间的人口迁移活动，城市化的对象

---

[①] 茅忠明：《村建设的实践与思考——以浙江省建设"中国美丽乡村"为例》，《经济研究导报》2014 年第 7 期。

是将农业、农民、农村的生产方式、交换方式、生活方式转化为城市的生产方式、交换方式、生活方式。从经济规律来看，城市化是一个过程，这个过程由效益推动要素向一个空间相对集中，人们走出农村向城市集聚，一切生产要素的聚散、重组都是为了以最小的投入，创造最大的效益，这种集聚带来的不仅是时间的节约，要素的集聚，更为重要的是人口的集聚，改变着人的社会关系，引起人的自身的升华①。

改革开放初期，我国人口的城市化率只有30%左右，由于城乡二元体制的壁垒，相当于农村劳动力30%左右的剩余劳动力及其赡养的人口还不能转移到城市中去，农民收入水平低主要不是农产品价格低，而是他们占用的生产资料少、就业不充分，是他们的生存环境、生产方式、生活方式落后，要使农民富裕起来，必须减少农民，分化农民，改革农民的生产方式、生活方式。在这个背景下，浙江立足农村本身，在农村本地积极发展农村工商业，加快工业化进程，为农村剩余劳动力提供就业岗位，农村生产力得到极大解放，取得了开创性胜利。但这种工业化进程在空间上表现为"村村点火、处处冒烟"极度分散化的工商业形态，致使离农不离村、亦工亦农、兼业现象十分普遍，农村人口的就业结构与农村人口的空间转移错位，导致浙江出现非农化程度高而城市化水平低的非常规现象，相对于工业化进程，浙江的人口城市化进程仍然严重滞后。

"农村城市化"这一提法试图通过农村本身的城市化解决"三农"问题。在现有农村兴办工业，创造城市，尽管在改革开放初期明显地增加了农业收入，但同时加大了农业的机会成本，使劳动力的转移对农村原始积累、对农业生活方式改造、对人口城市化而言相当程度上是低效甚至是无效转移。农村终究不能代替城市有效集聚各方面的资源优势，也并不能满足农村劳动人口向城市涌入的根本意愿。城市与乡村并不是孤立的两个空间，而是紧密联动、一体发展的经济区域。要解决乡村问题，不能仅靠农村自身的发展，而必须从城市着

---

① 刘福坦：《城市化的三字经要倒过来念》，浙江省计划委员会编《城市化：新世纪的大抉择——探索有浙江特色的城市化道路》，浙江人民出版社2000年版。

手，强化对农村注入资源，实现要素流动平衡，从而解决"三农"问题。

浙江能够取得城乡一体化协调发展的显著成绩，正是结合不同发展阶段和条件积极探索城市化道路。从一开始在城市大门紧闭的政策环境下，坚定走农村工业化与小城镇发展相结合的道路，到20世纪末不失时机地实施城市化战略，再到率先探索实施新型城镇化，旨在打通城乡二元制度所造成的户籍壁垒，发挥城市的龙头带动效应，通过城市吸纳、转移农村劳动人口，保障相关配套的就业政策、住宅商品化问题以及建立城乡统一的社会保障体系，让进城农民真正成为市民。实践证明，从"一村一品"特色农业到乡镇块状经济，从加快农业人口转化到推动高效农业发展，从"千万工程"新农村建设到美丽乡村振兴战略，无不是从城乡联动关系出发，较好地结合城乡发展需求、各方面优势条件、可推进实施路径，城市作为乡村发展的聚合节点和动力源泉，不仅给农村带来人才、资本、技术、管理和产业，也带来亲情、社会关系和公共责任，为深化改革创造了宽松的环境，浙江农村因此有了更大的政策空间，可以加大创新力度，激发农村内生活力，从而在短时间内奔向城乡一体化。

## 二 解决"三农"问题必须反弹琵琶

如果就"三农"抓"三农"，"三农"问题并不能得到很好的解决，而一旦把思路调整到城乡统筹发展的高度，跳出农村看农村，"反弹琵琶"、"逆向思维"，把农村的问题带到城市里去解决，通过城市带动农村，靠工业化、城市化来转移、转化农民，效果却会大不一样，浙江正是较早地领会了乡村发展的深义，下了一盘城乡统筹的大棋。

一是把农业的问题带到工业中去解决。农业发展的最大短板是农产品加工不够精深，转化增值率低，市场竞争力弱。解决的办法就是要用规模化、组织化的方法，用工业的思路发展农业，摆脱小农经济束缚。浙江的实践进一步验证了这一结论，从早期农村工业化起步，"一村一品、一地一业"推动专业分工，促成了块状经济与所在地方大量小城镇的迅速崛起和大规模发展；到20世纪90年代以后，产业集中集聚形成一批特色工业园区、专业市场，城市空间和人口规模发生快速增长；再到 21 世纪以来，结合产业转型升级和城市提升发展需求，省内开展产业集聚区、科创大走廊、特色小镇等产业平台谋划建设，与溢出效应相结合，一定程度上促进了都市区和城市群的发展，推进了城乡区域的协调联动，有效地疏解了中心城市过度集中的人口和产业，实现了城市空间和功能的优化配置。据国家统计局浙江调查总队的测算，全省园区工业化指数和城市化率之间的相关系数高达 0.957，呈现高度正相关性。在浙江"城乡"与"产业"互促的进程中，有市场自发的行为，但更多的是不失时机地主动谋划部署，把握经济规律、洞悉发展趋势，引业、活市以兴城，筑巢、强基以引凤，促进了各类城市和乡村持续繁荣发展。

二是把农民转移转化到城市里去解决。坚持发挥农村、城市两方面的人力资源优势。农村效益提升的前提是农业人口的减少，只有减少农村人口、转移农业人口才能提高农村生产效率、增加农民效益；反过来，城市效益提升的前提是人口的涌入，城市作为第三产业发展的基础和依托，没有一定规模和水平，第三产业就难以生成、发展和形成效益。因此，农业人口向城市转移是"青山遮不住，毕竟东流去"的发展大势，只有打开城市大门，加快设施建设，扩大容量，增强城市功能，加快农村劳动力转移转化，才能发挥城乡两端的综合效益。改革开放初期，城市的大门尚未开放，浙江只能从农村工业化与发展小城镇相结合入手，积极发展专业市场、商贸服务，带动块状经济发展，加快农村劳动人口向城镇据点集聚。从 20 世纪 90 年代末到 21 世纪初，随着城乡户籍政策的逐步放开，浙江加大了农业转移人口市民化的推进力度，通过构建"小城镇—中心镇—县城—中心城市"城市等级网络，积极开展中心镇、小城市、美丽县城建设，加快落实户籍制度改革、差别化落户政策、完善城镇基本公共服务资源配置、开展农村劳动力培训等一系列举措，有效提高城镇吸纳农村劳动人口能力，缩减城乡收入差距，取得了显著成效。

三是用城市社区建设的理念来指导农村新社区建设。长期以来我国农村环境质量的落后根本上是由于农村建设的意识薄弱，政府设施建设资金投入不足，生态环境整治力度不够。随着农业经济的发展和农民人均收入的提升，农民对于农村环境改善需求也日益迫切，希望运用城市社区建设的理念指导新农村建设，缩小农村与城市的生活质量差距，使所有人都能共享现代文明。以"千村示范、万村整治"工程和美丽乡村建设为引领，浙江为全国新农村建设提供了有益经验。15年来，浙江省政府累计投入2000亿元用于新农村建设，农村环境质量得到明显改善，乡村特色资源得到有效挖掘，乡村配套设施加快完善，随着交通网络和信息技术的延伸推广，进一步将乡村节点融入大都市网络中去，运用城市信息技术开拓农村经济领域，运用城市社区自治理念深化新农村治理内涵，各类淘宝村、乡村民宿、体验经济、美丽经济等业态竞相发展，由外而内地激发了乡村发展活力，为进一步开展乡村振兴战略奠定了扎实基础。

**三 振兴乡村需要有体制和人才保障**

乡村振兴战略是解决新时代我国社会主义主要矛盾的重要举措，是弥补我国"三农"短板的重要抓手，为更好地解决城乡协调发展指明了方向。实施乡村振兴战略，必须抓住钱、地、人等关键环节，坚决破除体制机制弊端，推动城乡要素自由流动、平等交换，不断激活主体、激活要素、激活市场。从当前的实践来看，浙江省建立了相对完善的改革工作推进机制，推动农村产权制度改革和"人地挂钩"政策，极大地释放了城乡发展的活力，也为推动全国各地城乡的协调发展提供了重要的借鉴。

一是建立了完善的农村改革推进工作机制。浙江省各地出台的方案不仅高度重视顶层设计对改革的统一指导，同时允许选择"一镇一策""一村一策"差异性的具体推进路径，切合了各地的具体实践。既保持与中央改革精神和现有法律法规的一致性，也针对法律空白研究过渡性的地方办法，既注重解决现实性的问题，又考虑了改革的发展性问题。产权改革与农村社会经济发展制度同步推进。在顶层设计方面，时任浙江省委书记习近平同志在瑞安市召开新型农村合作经济工作会现场部署推动"三位一体"改革试点，完善顶层设计，启动7个县试点。2011年启动农村改革试验区，开展农村产权制度改革，共建立国家和省级农村改革试验区23个，开展近100个试验项目。

产权改革推进了农村产权流转交易。据不完全统计，目前全省农村产权流转交易品种十余项，通过平台实现农村产权交易额累计56亿元，交易品种集中在土地承包经营权、林权、集体经营性资产。与此同时，各地探索建立了一系列规章制度，保障承包土地经营权健康流转、持续推进。

二是明确村民作为集体股东的身份和权益。在产权分布上，相对于改革前资产剩余索取权与控制权由村级组织掌握，改革后村级集体产权分布有了很大改善，村集体成员通过个人分配股在相当程度上掌握了剩余索取权和控制权。从产权量化程度上看，改革后集体产权的量化水平有了较大幅度的提高。这一制度转变解决了长期以来集体资产利益分配格局失衡的问题。确权制度的建立，唤起了村民的主人翁意识，增强了村干部对集体经济增值保值的责任和动力，也改善了集体决策的科学性问题，确保集体资产安全运行。

三是保持集体资产完整性，增加农民财产性收入。村集体经济组织实行股份合作制改革后的所有集体资产仍为集体所有，任何组织或个人不得以任何形式平调或非法侵占、私分。从财产权属的角度看，股份合作制改革并非真正意义上的"产权制度改革"，而是集体收益分配制度改革。这从制度上防止了村集体经济组织拍卖资产后将资金分配到人的行为，不仅确保了集体资产的安全完整，也促进了物业经营，实现了集体资产的保值增值。同时，产权制度改革通过将集体净资产折股量化到人，明确了成员的集体收益分配份额，随着村级集体经济实力日益壮大，成员财产性收入也逐年增加。

四是稳步推进新型城市化，促进城乡和谐发展。通过确权颁证、集体资产量化、集体成员资格认定、股份合作社组建等一系列改革，实现了产权模糊的"共同共有"向产权明晰的"按份共有"转变，同时，通过农村产权交易体系建设等金融创新，构建产权价值的实现平台和实现形式，实现了低成本、高效率的农业生产要素集聚。这种制度改进使农民拥有了更加清晰的产权权利和收益权，为农民提供了稳固的收入来源，有效避免了城市化进程中潜在的各种风险和矛盾。通过配套推进城乡公共服务均等化改革，加快公共财政和城市资源向农村的延伸，在实现城乡收入差距逐步缩小的同时，缩小城乡福利差距，实现城乡社会协调发展。

　　五是创新农村人才制度，加快培育新型农民。乡村振兴既要留住绿水青山，也要留得住人才青年。浙江省出台的人才政策突出新兴农业、新兴农民培育机制，支持和鼓励农民就业创业，打造乡村科技人才队伍。从当前的农村发展情况看，振兴乡村不仅需要返乡农民工，还需要吸引投资者和大学毕业生等，这些都要求人才配套政策。浙江在农村推进"以人为本"的户籍制度改革，将附着在户籍性质背后的医疗、教育、社会保障、公共保障住房等政策实现城乡并轨，促进互动发展。

# 第四章 空间组织：从"县域经济"到"都市区经济"

县域经济根植于民营经济和块状经济，是改革开放前30年浙江经济最具特色和活力的空间组织形式，对全省经济增长和城乡区域均衡发展作出了历史性贡献。随着经济社会发展阶段的演进，县域经济的先天局限逐步显现，难以满足高端要素集聚和产业升级需求，也难以适应人民群众对生活服务日益高涨的期待，对空间组织形态提出了新的要求。浙江省委省政府审时度势，在"十二五"规划中及时提出了建设杭州、宁波、温州和金华—义乌四大都市区的战略构想，浙江经济的空间组织逐步从县域经济向都市区经济转型，有力推动了中心城市与县域经济的一体化发展，增强了城乡区域在更高水平上的协调性。在四大都市区尚未覆盖的山区、海岛等偏远地区，"小县大城"和"小岛迁，大岛建"战略持续有力推进，探索出偏远地区的差异化发展之路。

## 第一节 "县域经济"对城乡区域均衡发展作出了历史性贡献

所谓县域经济，就是以县级行政区划为地理空间，以县级行政为调控主体，地域特色明显和功能相对完备的区域经济。长期以来，以农村工业化为路径、以民营经济为基础、以块状经济为特色的县域经济，有力推动了浙江的经济增长和城乡区域协调发展，成为浙江一张闪亮的"金字招牌"。

## 一　县域经济根植于民营经济和块状经济

中华人民共和国成立后，浙江由于地处"国防前哨"，在相当长一段时间里很少获得国有资金和中央企业的支持。1953年至1975年，浙江获得的基本建设投资额仅为122.54亿元，位列全国倒数第5位[①]。同时浙江山多地少、自然资源不足，发展农业受到自然条件的制约。在这些主客观因素作用下，浙江民间经商的意识很早就萌生了。改革开放之后，浙江率先放手发展乡镇企业和个体私营经济，耕地不足的浙江农民在致富冲动的驱使下纷纷"泥腿子上岸"，创业办厂，在国有体制之外走出一条民营经济之路，并形成了大量块状产业集群，直接的结果就是促进了县域经济大繁荣。习近平同志在浙江工作期间就曾指出，"'一县一业、一乡一品'的块状特色，是浙江省经济的一大特点和优势，也是发展县域经济、增强整体实力和竞争力的重要抓手"。民营经济、块状经济能够催生浙江县域经济大飞跃，主要有以下几方面深层原因。

其一，早期民营经济和块状经济只能在城镇集体土地上发展壮大。在地理和制度上，民营经济受限于城乡壁垒，只能在村里面、在村的集体土地上发展，走"离土不离乡，进厂不进城"的农村工业化道路，呈现出"村村点火、户户冒烟"的分散布局，从而在县域范围内集聚成为一个个块状特色产业集群及专业市场。据统计，90%以上的县级行政单位都培育和发展了特色产业。例如在浙江诸暨，曾经平均每3户人家就有一家工厂，工厂密集程度在全国县级市中罕见，27个乡镇分布着13大块状经济，均扎根于乡野。可以说，浙江蓬勃发展的专业市场是以县域为基本单位的，块状特色产业优势也是以县域为主要依托的，这些特色明显的地方产业集群直接推动了县域的繁荣。

其二，市场短缺大背景使得县域经济大显身手。改革开放之后一段时间，我国处于商品短缺的卖方市场，对产品的质量要求不高，也就对产品生产技术含量、创新水平及专业化程度要求不高，市场给予

---

[①]　数据来源于《中国固定资产投资统计资料》。

县域经济充分的成长空间。一方面，县域虽然没有特别大的资本、技术和人才优势，然而能够很快挖掘民力、启动民资、发展起民营经济，即便塑造的产业大都以"低小散"为主，但表现出了完全可以满足市场的规模效应和特有竞争力。另一方面，县域承载了群众增收的直接任务，而发达的民营经济能迅速为老百姓解决收入问题，政府和群众达成了共识。多方推动下，民营经济和块状经济成为浙江县域经济之魂，使浙江县域经济的市场化程度远远高于大中城市。

其三，专业市场和制造集群推动县域服务的发展，有力提升县域综合实力。在专业市场和制造集群的辐射带动下，供电、供水、交通、运输、邮政、通信、银行、商贸、餐饮等县域第三产业日益兴旺，科技、文教、卫生、体育事业的发展和精神文明建设取得快速进步，成为县域经济的重要组成部分。特别是1998年浙江实施城市化战略以后，县域经济进入了以城市化提升工业化的新阶段，县域经济发展水平得到了有力提升。

## 二 推动县域经济发展的体制保障

浙江"省管县"财政体制对推动县域经济发展发挥了十分重要的作用。从1992年起实施的5次强县扩权改革，赋予了县级更大管理权限和财政自主权，解放了县域经济发展的束缚，为其快速发展提供了有利条件。

### （一）"省管县"财政体制

"省管县"财政体制是浙江行政管理体系的重要特色。自1953年开始除"文化大革命"后期的一段时期以外，浙江一直实行"省管县"体制。县级财政直接上交到省，地级市所能够获得的下级财政收入，只能来自所辖主城区。虽然国家从20世纪80年代开始逐步在全国范围内推行了"省管市—市管县"模式，但浙江由于自身自然地理和行政划分等原因，一直保留了省管县财政体制，这在全国很少见。到了90年代初期，全省财政非常困难，浙江对"省管县"财政体制展开了新的探索。

1995年，浙江对贫困地区试行"两保两挂"政策，即在两个"确保"（确保实现当年财政收支平衡、确保完成各项职责任务）的前提下,实行两个"挂钩"(省补助与地方财政收入增长挂钩,奖励与地方财政收入增收额挂钩)。"两保两挂"不仅增加了贫困县的收入,并将经济发达县市的财力由省集中一块,转移支付给经济相对欠发达县市,促进了浙江全省经济社会的均衡发展。针对经济较为发达的县市,浙江实行了"两保一挂"政策,即在"确保实现当年财政收支平衡、确保完成政府职责任务的前提下,实行省奖励与其地方财政收入增收额挂钩"的办法。这些激励政策精准激发了地方开源节流的积极性,浙江在当年就实现了财政平衡无赤字,这在当时属全国唯一。

1999年,为进一步配合国家实施的积极财政政策、更好地涵养财源,浙江省财政又对经济基础比较薄弱的"两保两挂"县市给予财源建设技改贴息补助,即"两保两挂"地市、县(市)地方财政体制收入比上年增加额与省财源建设技改贴息补助挂钩(环比),增强了欠发达地区的"造血"功能。

2003年,浙江省政府出台进一步完善省管县财政体制的有关政策,在确定市、县(市)财政收入基数的前提下,结合全省实际,采取按行业税种以及按比例分享等规范办法,进一步划清省与市、县(市)政府收入来源,明确分成办法,同时实行"两保两挂""两保一挂"财政政策(不涉及宁波市及其所辖县市)。

"省管县"体制减小了地级市政府可能利用行政手段汲取县资源的可能性,及其对县级政府施加的行为约束,提高了县级政府的行政自主权,经济活动从以行政关系为中心转向以交易关系为中心,有限资源得到了更有效配置,为浙江孕育县域经济提供了强有力的体制支撑。时任浙江省委书记习近平同志认为,"省管县"是"浙江实事求是、因地制宜的一个选择,是浙江在财政管理体制方面的一项探索和创新","省管县的财政体制,减少了中间环节,降低了行政成本,增强了省级财政的调控能力和调控余地,充分调动了(市)的积极性,壮大了县级财力,有利于区域协调发展,促进了县域经济的快速发展"。

(二)五次"强县扩权"

如果说"省管县"体制确定了以县域为基础单元的发展模式,那么从 1992 年开始的五次"强县扩权"降低了行政成本，提高了管理效率，真正解开了浙江县域经济强势发展的束缚（见表 4-1）。按照"能放都放"的原则，除人事权外，浙江把省市两级很多政府管理权限都放到了县。这 5 次"强县扩权"，地区覆盖面由小及大并最终实现全覆盖，放权事项由项目审批权等单项功能到经济调节、市场监管、社会管理和公共服务等领域的全面事项，纵深改革、化繁为简，打破了计划经济时代很多经济权限按行政层次划分的束缚，有利于国家和省政策、制度的执行，有利于优化投资软环境，促进了政府职能转变，解放了基层思想观念，推动了基层创新，激发了县域产业发展活力。

表 4-1　　　　　　　　　浙江省的 5 次"强县扩权"

| 时间 | 主要内容 |
| --- | --- |
| 1992 年 | 出台扩大萧山、余杭、鄞县、慈溪等 13 个县（市）部分经济管理权限的政策，主要内容有扩大基本建设和技术改造项目审批权、扩大外商投资项目审批权、简化相应的审批手续 4 项 |
| 1997 年 | 在萧山、余杭试行享受市地一级部分经济管理权限，主要内容有基本建设和技术改造项目审批管理权限、对外经贸审批管理权限、金融审批管理权限、计划管理权限、土地管理权限等 11 项。同年又授予萧山、余杭两市市地一级出国（境）审批管理权限 |
| 2002 年 | 浙江省委办公厅下发了《中共浙江省委办公厅、浙江省人民政府办公厅关于扩大部分县（市）经济管理权限的通知》，按照"能放都放"的总体原则，把 313 项涵盖了计划、经贸、外经贸、国土资源、交通、建设等 12 大类扩权事项下放到绍兴县、温岭市、慈溪市、诸暨市、余姚市、乐清市、瑞安市、上虞市、义乌市、海宁市、桐乡市、富阳市、东阳市、平湖市、玉环县、临安市、嘉善县以及杭州市萧山区、余杭区和宁波市鄞州区等 20 个县级行政区，这几乎囊括了省市两级政府经济管理权限的所有方面 |
| 2006 年 | 第四轮强县扩权将义乌作为唯一的试点地区。随着社会经济的发展，县市级政府的经济社会管理权限普遍出现与经济社会发展不相适应的问题。经济强县（市）社会管理权限和力量明显不足，发展所需的市场监管服务机构缺乏、编制受限，强县扩权政策的执行与现行体制和法律法规不相适应，许多权力难以真正下放。这些已在一定程度上成为制约县域经济进一步发展提升的体制瓶颈。于是，第四轮强县扩权被提上了日程，并在专业市场最为发达的义乌进行试点。这一轮扩权行动的关键在于赋予义乌市与设区市同等的经济社会管理权限，推动义乌市优化机构设置和人员配置，使得义乌市的行政效能得到了大幅提高，成为"中国权力最大的县" |
| 2008 年 | 再次把原来很多属于地市甚至省一级的管理权限下放给了全省所有市县，目的是加强县级政府的经济调节、市场监管、社会管理和公共服务职能 |

## 三 县域经济支撑浙江经济高速增长和城乡区域均衡发展

浙江县域经济在民营经济和块状经济发展带动下迅速崛起，成为全省经济的强力增长极，为浙江经济高速增长注入了强大动力。2010年，浙江省县域地区生产总值达到17104亿元[1]，占到全省地区生产总值的63%以上。1978年至2010年，浙江省县域地区生产总值名义年均增长17.5%，对全省经济增长的贡献率超过60%，县域经济成为引领浙江发展走在全国前列的重要动力。赛迪顾问发布的《2017年中国县域经济百强白皮书》榜单上，浙江有23个县市进入全国百强，数量位列全国省市区首位。县域经济的广泛繁荣，使全省各市县齐头并进、势均力敌发展，不仅造就了浙江经济高速增长的奇迹，也促使浙江城乡区域发展展现出较高均衡水平。

第一，县域经济对打破城乡二元结构作出了积极贡献，有力推进了城乡协调发展。以民营经济为基础、不断成长成熟的县域经济，在一定范围内打破了城乡二元结构，促进了城乡之间人口和生产要素的流动重组，表现出"动力机制特别强、市场化程度特别高、吸纳社会就业、促进共同致富的效应特别明显"等显著特征和独特优势，有力地促进了城乡协调发展。具体表现在：一是县域非农化程度日益提高。1990年年末，浙江县域内非农业人口为390.03万人，至2010年年末，非农业人口已增加到812.34万人。非农业人口的比重由1990年的10.8%增加到2010年的22.8%。二是县域居民收入持续增长。县域经济把农民从田间地头引导到市场和工厂，提高了劳动生产率，居民收入不断增长，全民小康、共同富裕的城乡协调形势已初步显现。到2010年，县域人均地区生产总值达到4.7万元，大大高出同期全国平均水平[2]。县域城镇居民人均可支配收入和农村居民人均纯收入中值分别为24455元和11665元，接近或超过了全省均值[3]。一些强县（市）表现更为突出，例如"小商品之都"义乌市2010年

---

[1] 含撤县（市）设区的杭州余杭区、萧山区，宁波鄞州区和金华金东区。
[2] 2010年，全国县域人均地区生产总值平均值为22580元。
[3] 2010年，全省城镇居民人均可支配收入27359元，农村居民人均纯收入11303元。

城镇居民人均可支配收入和农村居民人均纯收入已达到 35220 元和 14775 元。三是城乡面貌得到大幅改善。县域经济为基层涵养了大量财力，支撑了城市化和美丽乡村建设，城市品质有效提升，农村面貌大幅改善，促进了县域经济和社会的均衡发展。

第二，县域经济"全面开花"奠定了全省均衡发展的基础，推动了浙江区域协调发展。以县域为空间的产业集群广泛分布在浙江各大片区，成为浙江经济版图的重要支撑，不仅催生了一批经济强县，也带动了相对欠发达地区的经济增长和人民增收，为浙江区域协调发展作出了重要贡献。例如庆元、永嘉、磐安等地先后摆脱贫困县帽子，义乌、诸暨、乐清等地改变了落后的面貌；绍兴、海宁等地进一步增强了经济实力。到 2017 年，浙江省全国百强县占县级行政单位（不含区）的比例高达 43%，位列全国各省区第一，不少强县成为浙江的"金名片"。同时，落后县区也得到长足发展。2015 年，浙江 26 个相对欠发达县的经济发展水平均已超过全国县域经济发展平均水平，部分县经济总量、财政收入等甚至已能赶超西部省区地级市。"强者愈强、弱者不弱"的县域经济成为浙江城乡区域协调发展的重要支撑。

## 第二节 "县域经济"向"都市区经济"转型的背景和意义

### 一 县域经济的先天局限性

县域经济对浙江的经济腾飞和城乡区域协调发展作出了重大贡献，这是毋庸置疑的事实。然而凡事总有两面。近年来，在经济社会发展进入中心城市带动区域一体化的新阶段，县域经济的先天局限性逐渐显现。

其一，县域经济资源整合能力有限。县级行政主体在整合县域资源，集中力量引进大项目、培育大企业时，往往会受制于自身资源禀赋条件的局限，如建设用地有限、人才和技术等创新要素不足等，导致县域内企业和产业起点较低、规模偏小、技术含量不高。也使得浙江经济发展至今，仍停留在以小见长、以量取胜的"小狗经济""狼群经济"层面,较难引进和产生行业领军式的龙头大企业,在更高层级的区域竞争中显得相形见绌。

其二,县域经济资源浪费比较严重。在县域经济发展早期,因企业就地办厂、分散布局,导致土地浪费和环境污染较为严重。在随后的规划建设中,由于县域经济行政分割碎片化,重复建设依然突出,资源浪费比较严重。在产业布局上,由于缺乏跨区域的产业链式延伸和各个环节的分工合作,导致县与县之间同类产业区块并存,过度竞争严重,无法很好地实现优势互补、协同发展。

其三,县域经济资源共享性较差。在区域发展格局中,中心城市往往是重要的增长极,发挥着集聚和辐射高端创新要素、共享公共服务资源等作用。然而由于县域经济相对独立的发展模式,与大城市联系不够紧密,导致中心城市的辐射效应难以向县域渗透。一方面,周边县域企业利用中心城市的技术、人才、信息等创新要素比较困难,不利于创新发展和转型升级,周边县域居民分享中心城市的教育、文化、卫生等公共服务资源也十分困难;另一方面,中心城市的产业、人口压力也难以向周边县域疏解,使得人口膨胀、交通拥堵和环境恶化等成为大城市无法根治的"顽疾"。

## 二 按都市区组织空间布局是经济社会发展到一定阶段的必然选择

正是由于县域经济存在的上述先天局限,浙江空间组织需要向更高形态提升转变,在区域一体化格局下重新审视空间经济的联结,以进一步提高城市和县域的发展能级。21世纪以来,国内外城市空间分布和功能组织也发生了重大变化,以中心城市为极核的都市区普遍成为国家或区域的核心,都市区竞争日渐成为国家和区域竞争的主要表现形式。在美国,都市区人口占到全国总人口的80%以上;在日本,近八成的国内生产总值集中在东京、大阪、名古屋、福冈四大都市区;在欧洲,大伦敦地区、大巴黎地区等是世界上历史最为悠久的都市区。我国也逐渐形成了以上海为中心的长三角、以广州为中心的珠三角和以北京为中心的京津冀都市区,以及如山东半岛、辽东半岛等城市群。在尊重市场规律的基础上,发展以中心城市为核心、联动周边县域一体化发展的都市区，已经成为深入推进区域协调的大趋势。

（一）都市区是中心城市和周边县域紧密有机结合的空间组织形态

目前理论界对于都市区的概念争论还较多，特别是与都市圈、城市群、都市经济区（圈）甚至市域的概念多有混淆，值得辨析和明确。

"都市区"概念起源于美国，是1910年作为城市化统计区域提出来的，后被日本广泛应用，日本人习惯叫"都市圈"，两者一脉相承，没有太大区别。具体是指以中心城市为核心，与其通勤联系紧密的外围地区共同组成的城市功能区域。都市区是城市化高度发展的空间形态，由拥有一定人口规模的中心城市以及与之密切联系的周边市镇构成，区内组成单元可以为地级市、县级市及县、镇等不同行政级别。都市区是以市场配置为基础，实现中心城市与广大经济密度较高的外围地区的有效联结，形成区域内布局合理、通勤率较高、要素流动较自由、产业关联度较强、公共资源配置相对均衡有效共享，具有较强一体化倾向的区域经济。从空间上看，都市区经济呈现要素集中、产业集聚、功能集成等集聚性特征；从产业形态上看，都市区经济以现代农业、先进制造业和现代服务业为主，科技、市场和制度创新为发展主导，推动产业链从低端走向高端；从资源配置上看，都市区经济具有开放性、共享性特征，能够打破行政区划限制，从更宽视野、更广范围来整合优化资源配置，实现更高层次的规模经济。

"城市群"是在地域上集中分布的若干特大城市和大城市集聚而成的庞大的、多核心、多层次的城市集团，是大都市区的联合。城市群更大程度上是自然历史形成的，城市之间更多的是一种经济联系。"都市经济区（圈）"则指具有较强经济联系的城市集合，范围较大，相较"城市群"和"都市经济区（圈）"，都市区（圈）则强调通勤联系，范围相对较小。另外，都市区（圈）也不等同于"市区"，"市区"仅是行政区划的概念。

都市区虽然是跨行政区的，但以满足通勤联系为条件，如说杭州都市区，以杭州为核心，周边的德清、安吉、桐乡、海宁等都可建立起紧密的通勤联系，杭州的轨道交通已经规划与周边这些不属于杭州行政区域范围内的县域连上了。轨道交通与周边一连上，杭州的空间范围就扩大了，构成一个都市区。这样一种都市区的空间组织形式，中心城市、核心城市来带动周边，包括周边的农村，是非常有意义的。

（二）发展都市区经济的重要意义

无论是提升企业竞争力、加快产业转型升级，还是优化空间布局、促进区域协调发展，都要在重点区域突破县域行政区划的限制，从更宽视野、更广范围来整合优化资源配置，实现市域和县域经济能级的共同提升。这就需要浙江深化调整以"县域经济"为主体的区域战略，转型为以中心城市为核心，联结广大外围县域地区，形成区域内职住布局合理、通勤率较高、要素流动比较自由、产业关联度较强、公共资源配置相对均衡且有效共享、具有较强一体化倾向的"都市区经济"。都市区是单一极核城市的空间和功能延伸，也是县域经济融入都市体系的重要机遇，建设都市区具有很强的战略意义。

一是建设发展都市区对解决浙江"过密"和"过疏"并存问题可以起到一箭双雕的作用。所谓"过密"问题，就是类似杭州这样的大城市，交通拥堵、雾霾频发等"大城市病"迟迟难以解决，城市空间也已不能适应发展需求。所谓"过疏"问题，是指浙江在特定历史背景下形成的"三分天下有其二"的县域经济格局，在当前产业发展高端化背景下，已难以适应高端要素集中配置的要求。如何解决这个两难问题，是我们需要应对的挑战。都市区这种布局形态能将中心城市与县域经济有机结合起来，发挥两个优势，达到两者协同发展的效果。

二是都市区将有望成为浙江新的重要的经济增长动力来源。在改革到位、都市区内资源要素市场化配置水平持续提高的基础上，都市区建设发展会引发基础设施新需求，以及人口、产业的重新优化配置，可为经济发展注入新动能。

三是都市区建设有利于促进浙江城乡统筹发展。都市区作为高端产业、人才、科技和服务的主要集聚地，将成为未来一个时期推进新型城市化的主阵地。都市区建设有利于构建分工明确、等级完善的城镇体系，增强中心城市的服务能力和公共服务资源的共建共享，提升县城、小城市和小城镇的综合服务水平，推进公共服务功能向周边农村地区延伸，同时也有利于在各县市区建立同城化的社会资源共享体系和一体化的社会服务体系，在统筹城乡发展的实践探索中发挥示范和引领作用。

## 第三节 推进都市区建设的主要举措和成效

### 一 浙江都市区战略构想的形成

接近世纪之交的几年，全省乃至全国兴起了关于城市化问题的大讨论，主要聚焦在"发展什么样的城市化"，也就是城市化发展路径问题。政策研究者及各界学者对这个问题论见不一、各有侧重。有的建议要将重心放在发展大中城市上，有的则认为依托小城镇实现城市化更加可行，也有一些专家探究了国外城市化发展规律，认为应该发展都市经济圈，以此将中心城市和周边区域及其小城镇有机地结合起来[1]。这些发展战略研究者的观点，深刻影响了当时及后来较长时期的政府决策，都市经济圈、都市区等概念逐渐出现在政府规划中，并随着城市化的深入推进和区域发展战略的升级，其重要性越加凸显。

1999年12月《浙江省城市化发展纲要》发布，提出到2010年基本形成杭州、宁波、温州和浙江中西部四个省域一级城市经济圈框架。这是都市区战略思想首次正式纳入政府发展规划体系。

2011年由国务院通过的《浙江省城镇体系规划》提出要打造杭州、宁波、温州和金华—义乌四大都市区，成为参与全球竞争的国际门户地区，加快都市区高端服务功能、创新体系、文化服务体系和综合交通枢纽的建设。同年四大都市区建设纳入浙江省"十二五"规划纲要。这标志着都市区这一浙江空间组织的重大战略上升到前所未有的高度，并在此后得到了大力推进。

2012年，浙江省委省政府印发《浙江省深入推进新型城市化纲要》（浙委〔2012〕96号），提出要"加快城市群和都市区建设发

---

[1] 黄勇：《走浙江特色的城市化道路》，《浙江经济日报》1998年3月13日。

展,提升杭州、宁波、温州和金华—义乌四大都市区区域带动作用,坚持把都市区作为推进新型城镇化的主体形态"。

2016 年发布的《浙江省"十三五"规划纲要》再次强调了杭州、宁波、温州、金华—义乌四大都市区建设,提出要发挥都市区对全省转型升级、创业创新的核心带动作用。国务院于当年批准的《长三角城市群规划(2015—2030 年)》提出推进杭州都市圈、宁波都市圈、南京都市圈、合肥都市圈、苏锡常都市圈五大都市圈的同城化发展,意味着杭州、宁波都市区建设已经被纳入国家区域布局层面。

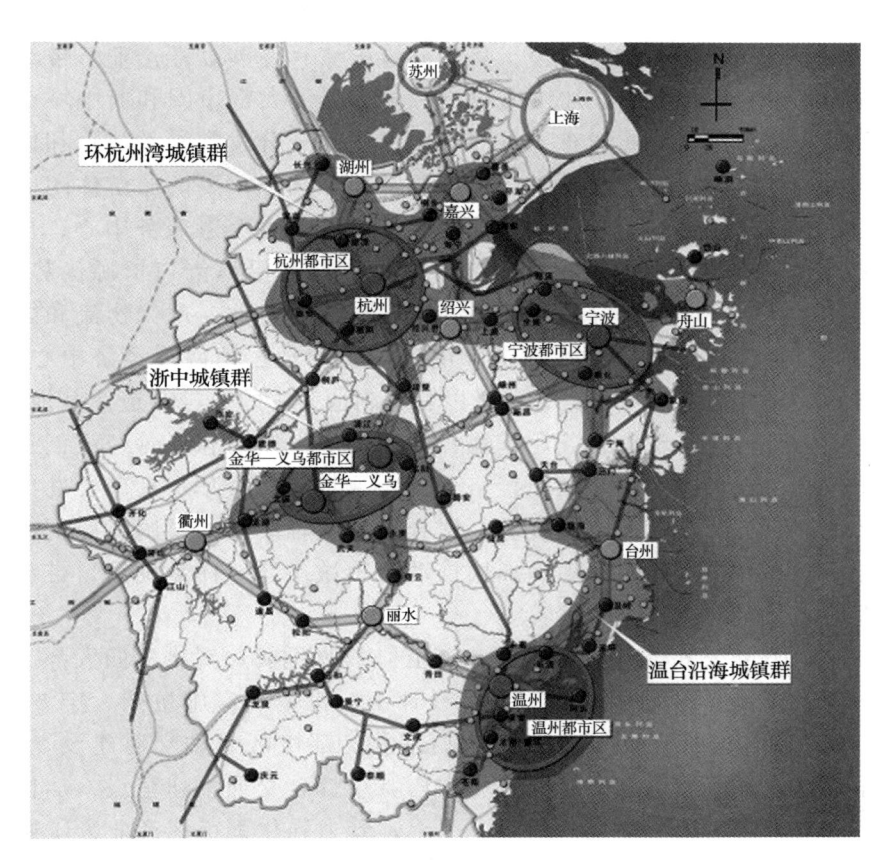

图 4-1 浙江省四大都市区示意

## 二 推进四大都市区建设的重要举措

推动县域经济向都市区经济转型，不只是经济地理空间的简单拓展，更涉及区域内空间布局、交通对接、资源调配、产业形态、管理方法等一系列的转型升级。浙江及相关地区在实施推进、规划研究、产业协同、交通一体化、公共服务一体化、生态环境共保等方面作出了诸多努力。

（一）浙江推进都市区建设的部署与主要举措

《浙江省"十二五"规划纲要》指出，要加强杭州、宁波、温州和金华—义乌都市区建设，集聚高端要素，发展高端产业，带动周边县市一体化发展，加快形成杭、甬、温三大都市圈和浙中城市群。在都市区具体功能布局方面，要求杭州充分发挥科教文化和休闲旅游等综合优势，建设高技术产业基地和国际重要的旅游休闲中心、全国文化创意中心、电子商务中心、区域性金融服务中心，打造长三角重要的中心城市；宁波要发挥产业和沿海港口资源优势，推动宁波—舟山港口一体化发展，建设先进制造业、现代物流和能源原材料基地，打造现代化国际港口城市和长三角南翼经济中心；温州要发挥民营经济优势，建设以装备制造为主的先进制造业基地、商贸物流为主的现代服务业基地、国家重要枢纽港和民营经济创新示范区，成为连接海峡西岸经济区的重要城市；金华—义乌要发挥特色产业集群和专业市场优势，聚合发展主轴线，建设国际商贸物流中心和高技术产业基地，加快推动浙中城市群一体化发展，带动浙西南乃至周边地区的发展。

2016年发布的《浙江省"十三五"规划纲要》对推进四大都市区建设作出了进一步部署。顶层设计上，拟编制实施杭州、宁波、温州、金华—义乌四大都市区规划纲要；都市区通勤交通建设上，重点推进都市区轨道交通网络和中心城市综合交通枢纽建设，加快实现都市区通勤一体化；产业分工上，着力强化都市区产业分工协作，在中心城市加快构建以服务经济为主的产业结构，在周边区域加快建设一批先进制造业强县（市、区）和强镇；公共服务共享上，合理配置都市区公共服务资源，增强中心城市高端服务资源辐射能力，加强周边区域基本公共服务资源配置，疏解中心城市过密人口，提高周边区域人口接纳和承载能力。另外，规划要求建立健全都市区协调发展机制，努力在交通共联、产业共兴、生态共保、服务共享等方面取得实质性进展，探索推进电信服务、金融服务同城化。

浙江省委省政府作出建设都市区的战略部署后，各地积极响应，谋划和启动了一系列工作，主要体现在如下方面：

一是着手编制都市区规划。都市区建设涉及跨行政区域的统筹和协作，具有权威性、科学性和系统性的顶层设计必不可少。杭州都市区规划编制较为超前，《杭州都市经济圈发展规划》在2012年就已获批。为适应新形势和新理念，近年来浙江省建设厅与相关市政府合作开展了四大都市区的规划编制工作，并进行了大量前期研究，为下一步广泛凝聚共识、明确顶层设计，以及推动创新要素流动、产业有序布局、交通体系构建、公共服务共享等具体工作打下了良好基础。

二是支持谋划建设都市区通勤交通体系。通勤交通是都市区内要素快捷流动的重要保障。近年杭州、宁波市区加快了地铁建设，推动市域快速通勤，同时各大都市区均规划了中心城市到周边区域的城际铁路，如杭州—海宁城际、宁波—余姚城际、温州S1线、金华—义乌—东阳城际等，力促都市区内快速通达。

三是鼓励都市区内产业合作。一方面推动产业布局在都市区范围内不断优化。比如杭州市很多高科技企业，在富阳、桐庐等地建设了生产制造基地，既能满足企业各功能在空间上快速联系，又节省了生产成本。另一方面推动都市区内合作共建产业平台。例如，金华与义乌共同建立了金义综合保税区；宁波梅山保税港区与舟山群岛新区建立了战略合作伙伴关系，在规划对接、产业转移、新兴产业发展、商贸业发展、航运业发展、招商引资等方面展开了合作。

四是推进都市区公共服务共享。杭州、嘉兴两地市民卡（交通卡）已实现互通互用，"杭州通·都市圈德清卡"证早已发行；各节点县市先后与省内各大医院开展合作共建；宁波、舟山、台州间医保异地结算率先施行；等等。公共服务资源在都市区范围内得到了更有效配置，居民的幸福感和获得感日益增强。

### (二) 杭州都市区建设的实践探索

四大都市区中,杭州都市区的经济体量最大,中心城市杭州与周边区域的互动更加密切,创新要素集聚度、基础设施条件、公共服务水平等也都居于前列。同时,杭州都市区启动建设较早,业已形成了较为系统的政策体系和建设经验,成为都市区建设的典型。

#### 1. 组建了比较有效的实施推进机制

杭州都市区将组织实施机制放在都市区建设的首要位置。按照"协商+统筹"模式,建立了以市长联席会议决策机制、政府秘书长会议协商机制、协调会办公室议事机制和专业委员会项目合作机制为框架的杭州都市区建设政府协调机制。截至2016年,杭州都市区已召开8次市长联席会议。杭州都市区还设立了协调会办公室,办公室放在杭州市经合办。专业委员会和部门联席会议的工作机制不断完善,先后启动了规划、产业、旅游、交通、环保、宣传等15个专业委员会,建立了工商、民政、科技、教育等8个联席会议制度,16个行业协会联席会议制度及专家咨询委员会等。部门、群团组织和有关民主党派等联席会议制度在2010年5个的基础上增至10个,建立了工商、民政、科技、教育等联席会议制度。2014年,杭州都市经济圈获批国家发改委转型升级综合改革试点。为推动杭州都市区的转型发展,浙江省委省政府成立了杭州都市经济圈转型升级综合改革试点工作协调小组,由常务副省长担任组长,有关部门主要领导为成员,并设立协调小组办公室,放在省发改委。2013年出台了《关于加强杭州都市圈合作发展协调会办公室建设的意见》,以进一步完善杭州都市圈合作发展机制和平台。2012年成立了由省内外政府部门、高校和科研机构等领域知名专家、学者组成的都市圈专家委员会,进一步健全了杭州都市区重大事项决策的专家论证、技术咨询和决策评估制度。在这样的协同发展机制推动下,杭州都市区城市之间的合作交流不断加深。从民间交流看,区域民间团体交流持续加强,已建立了16个跨区域社会组织联席会议制度,在促进项目对接、企业合作等方面发挥了重要作用。

#### 2. 构建了一套规划和研究体系

杭州都市区在建设过程中,非常注重规划的引领和指导作用。

2012年，浙江省政府批准《杭州都市经济圈发展规划》，明确了杭州都市经济圈今后培育发展的思路、重点任务、保障举措等。同时编制形成了综合交通、环境共保、工业发展、金融合作、信息化合作、旅游合作等一系列专项规划，其中环境共保规划已由省环保厅正式批复，综合交通规划已全面实施。在规划不断健全的同时，杭州都市区还积极围绕区域发展热点问题，邀请省内外知名研究机构开展相关研究，如《杭州都市圈新型城市化模式选择与战略创新》《优化提升杭州都市圈城镇体系结构研究报告》《杭州都市圈发展规划中期评估》《加快杭州都市圈一体化发展的对策研究》《杭州都市圈智慧城市基础设施建设协作机制研究》等系列研究报告，为都市区发展决策提供了重要参考。另一方面，在规划研究不断完善的同时，省、市、县三级联动出台了许多政策，推动都市区的发展。例如杭州市人民政府出台《杭州市2012年接轨上海推进杭州都市圈建设的工作意见》（杭政办函〔2012〕118号）、《关于加强杭州都市圈合作发展协调会办公室建设的意见》，德清县出台《德清县2010年接轨上海融入杭州工作行动方案》等。这些规划和政策有力地指导推动了杭州都市区的建设，特别是一些研究机构长期跟踪研究杭州都市区热点问题，为推动都市区的建设提供政策建议。

3. 形成了产业协同发展创新举措

产业发展是都市区发展的重要动力之一。由于产业的发展更多是市场行为，如何在不影响市场发挥决定性作用的同时，更好地发挥政府在产业协同方面的积极作用，是都市区产业发展需要特别关注的重要内容。杭州都市区在产业协同发展方面，特别强调内部产业的合理化分工与协作，通过构建良好的产业梯度转移机制，不断推进城市的有机更新。

**一是推动中心城市产业向都市区范围的转移**。随着杭州中心城市功能的不断提升，中心城市杭州迫切需要功能提升和产业转型升级。在这样的背景下，杭州中心城市的工业企业加快向周边的搬迁，实现工业企业在都市区范围内的优化布局。《杭州都市经济圈产业发展导向目录》的编制，积极推动了杭资企业在都市区内产业梯度转移。根据杭州市政府研究室研究数据显示，从2010年到2014年5月，杭州市共有370家企业整体外迁至大杭州范围外。外迁企业呈现出三大特点：一是外迁企业以中小微企业为主，占全部外迁企业的90%以上。二是传统制造业和金融业企业占多数。传统制造业占全部外迁企业的44%，多以机械制造、塑料模具、纺织服装等传统的低附加值劳动密集型加工制造企业为主。金融和类金融业外迁企业占全部迁出企业的24.6%。三是外迁地主要集中在省内，其中杭州都市区范围内占到外迁地的32.8%。

**二是构筑承接杭州中心城区产业转移的平台**。杭州都市区紧密层城市纷纷规划建设一些平台和载体，积极承接杭州城市功能扩散。从平台类型看，主要有三类。一是工业承接平台。以德清、桐乡、海宁为代表，其在与杭州交界地区，规划建设临杭工业区，主要承接杭州制造业转移。二是现代服务业平台。主要谋划了一批特色小镇，如柯桥酷玩小镇、平水养生小镇、夏履健康小镇、柯桥基金小镇等，这些平台主要承接杭州现代服务业、休闲旅游业等功能扩散。三是城市服务平台。主要是诸暨、安吉等城市充分发挥生态环境优势和大型交通枢纽功能所规划的一批城市服务平台，如安吉教科文新区、诸暨城东新城等。

表4-2　　　　　　杭州都市区紧密层城市承接平台情况

| 平台名称 | 规划面积（平方千米） | 重点发展产业 | 所属城市 |
| --- | --- | --- | --- |
| 德清临杭工业区 | 41.47 | 先进装备制造业、物流业、新型建材和高新技术产业 | 德清 |
| 桐乡临杭经济区 | 40 | 纺织新材料、装备制造 | 桐乡 |
| 海宁连杭经济区 | 180 | 家纺、机械制造、皮革服装、医药化工、印刷包装、食品制造、五金配件 | 海宁 |
| 安吉教科文新区 | 9 | 教育、科技 | 安吉 |
| 诸暨城东新城 | 29 | 品质居住、商务商贸等 | 诸暨 |

**三是积极推动产业合作**。随着产业转移深入，杭州都市区各城市在多个行业领域开展合作交流，合作范围不断深化。以金融产业发展为例，金融机构加快在杭州都市区范围展开布局，抢占金融业发展的

先机。目前，杭州银行、嘉兴银行、湖州银行、绍兴银行、杭州联合银行、南浔农村商业银行和德清农村商业银行已设立了一定数量的跨区分支机构；杭州都市区积极加强在金融担保领域的合作，集聚了一批区域性担保机构；积极推动金融领域的创新，华夏银行杭州分行在绍兴试点年审制贷款，并推广到都市区内其他城市。加强对企业上市的支持，政府牵头，加强与深交所联络对接，组织都市区拟上市企业级管理人员参加培训班，举办各类金融—企业合作研讨会等。再以旅游产业发展为例，杭州都市区拥有杭州西湖、西溪、绍兴鲁迅故里、嘉兴乌镇等丰富的旅游资源，都市区旅游促销团赴多个国内外城市召开杭州都市区旅游推介会。例如2012年，杭州都市区开展以"醉美乡村"为主题的乡村旅游推广活动，推进杭州都市区城乡旅游一体化发展。同时，杭州都市区发掘特色旅游资源，共同打造旅游产业品牌，例如整合杭州西湖、绍兴诸暨、嘉兴南湖及建德、富阳等地的荷文化资源，共同打造都市区荷文化旅游品牌，还每年举办杭州西湖·西施故里诸暨荷花会。

4. 推进了都市区交通一体化发展

交通是都市区发展的框架与脉络，也是都市区健康运行的先决条件。杭州都市区已经构建了较为便捷的综合交通体系，有力推进了都市区的整体发展。

**一是创新交通发展的体制机制**。杭州都市区积极推动交通协同发展，不断创新体制机制。在2007年，杭州、湖州、嘉兴、绍兴四地交通部门率先建立了杭州都市圈交通专委会，主要开展区域交通战略研究、都市区交通规划、都市区交通项目建设、都市区交通运输服务等方面的协调沟通。自杭州都市圈交通专委会成立以来，先后召开9次交通专委会工作会议，实现了在都市区交通领域的多层次、宽领域、制度化协调。经过杭州都市圈交通专委会的协调，杭甬客运专线、宁杭客运专线浙江段、杭州东站扩建工程、杭长高速公路杭州至安城段、绍兴至诸暨高速公路、嘉兴至绍兴跨江通道、杭州地铁1号线、萧山机场二期扩建工程等多个项目已建成运营，杭州都市区之间的通勤时间进一步缩短，中心城市杭州的综合交通枢纽地位不断彰显。

**二是突出以轨道交通串联都市区各个城市**。杭州都市区特别强调轨道交通在沟通都市区各个城市中的突出作用，将地铁、城际铁路建设作为重中之重加以推进。《浙江省都市圈城际铁路近期建设规划》中对杭州都市区城际铁路网进行总体规划，将建设9条城际铁路，其中杭州城区到富阳、临安、海宁、柯桥的4条城际铁路，将在"十三五"时期先行实施。此外还规划布局了连接诸暨、安吉、德清、桐乡的4条线。同时，还增加1条连接线，主要连接湖州南浔、桐乡、海宁。杭州地铁也将建设2、3、7、8、9、10号线和4、5号线二期地铁，到2022年前全部建成，覆盖全市九区。

**三是创新性开通城际公交**。杭州都市区大力推动城市公交线路建设，以此作为居民出行的最佳选择。国外都市区都将公交等公共交通建设摆在重要位置。杭州都市区积极探索城市公交运输方式，在现有体制下，杭州创新性推动跨行政区域的公交线路建设，实现了不同行政区域之间居民的方便出行。目前，杭州主城已基本实现与余杭、萧山两区公交一体化，开通到杭州所辖县（市）的公交线路以及到德清、海宁等周边毗邻城市公交线路共7条，"杭州通·都市圈德清卡"在德清发行2.7万张并成功升级。

5. 打造了公共服务共享化格局

发展的一切最终成果都是为了人民。公共服务作为人民群众感知度最高，与社会和谐度关系最为密切的内容，是区域发展不可忽视的重要组成部分。都市区在建设过程中，需要让人民群众更有效地享受发展的成果。因此，都市区的建设需要特别强调教育、医疗、文化等公共服务水平的同步发展。

**一是教育方面的创新举措**。杭州都市区相关四市不断创新合作方式模式，积极推动在教育领域的合作。例如举办"中国杭州名师名校长论坛""中职校长论坛"等各类研讨会，推进都市区内教育理念的互融；杭州聋人学校向湖州市招生，湖州、嘉兴、绍兴三地的聋人学校老师到杭州聋人学校来挂职锻炼，不断提升教学质量；在教师层面，加强四城市教师教学研讨，教育科研合作，名优教师支教，促进都市区教师资源的相互引领；在学生层面，通过优秀学生干部夏令营，组织四地学生领袖论坛、辩论赛等活动，建立四地学生互动机制，增进四地学生的相互交流。加强优势教育资源整合，安吉与西湖区签订教育全面合作协议，建立特级教师安吉工作站；共同编制《杭州、湖州、嘉兴、绍兴四地第二课堂实践活动指南》，探索都市区内爱国主义教育基地和青少年素质教育实践基地资源共享机制。不断打响教育品牌，杭州师范大学与桐乡市共建杭州师范大学附属桐乡市实验中学，浙江幼儿师范学院与海宁市长安镇中心幼儿园合作，海宁市高级中学和杭州第二中学合作，德清莫干山外国语小学和杭州崇文实验学校联办杭州市崇文新班级实验小学等。

**二是文化、体育事业创新举措**。杭州都市区四市在文化体育领域加强合作，共同推动文化体育品牌建设。在文化方面，基于杭州都市区共同的文化发展基础，四市加强文化领域的合作，突出表现在：在文化活动领域交流频繁，中心城市杭州与德清、安吉、海宁、桐乡、诸暨等县市互相组织了24个体验团开展都市区生活体验，推动文化的交流。在文化合作机制中，杭州都市区四市建立了重要文化活动联动机制，共同建设区域演出网络。在文化设施利用上，建立公共文化设施的共建共享机制，例如成立杭州都市区公共图书馆服务联盟，促进公共图书馆的共建共享。在文化资源保护上，开展共同保护性开发，例如联合开展四市传统手工艺类、美术类非物质文化遗产保护宣传展示活动，探索区域内非物质文化遗产保护项目的联合申报和合作保护。在文化创意产业发展上，建立联动错位发展机制，例如杭州市、海宁市和浙江华策影视公司三方共同建设中国（浙江）影视产业国际合作实验区，将实验区的总部设在杭州，影视基地则建在海宁，形成了文化创意产业协作发展新模式；海宁市还与诸暨等地的县市长们签署《海宁宣言》，共同在文化融合、文化公共服务体系建设、文化项目对接等方面加强合作。

**三是共同市场体系和品牌打造创新举措**。推进市场一体化发展是都市区发展的重要内容之一，通过统一市场体系建设可以有效促进各类要素的流动。在人才方面，积极搭建共享的人才交流平台，开通四市政府人才网的链接。创新人才培训的合作交流机制，杭州市公共实训基地向杭州都市区开放实训和鉴定平台，每年举办各类面向杭州都市区的公共实训师资培训班。加强杭州都市区人才的统一培训，举办都市区创业培训暨城乡统筹就业培训教学研讨、都市区创业培训师资交流会，协助安吉县、德清县等地开展 SYB 创业培训等。在区域品牌共同打造上，杭州都市区强化优势互补、错位发展，不断加强区域品牌的建设。例如，杭州利用其在会展方面的优势，积极推动杭州都市区其他城市充分利用杭州有关会展资源，打造品牌。例如，杭州西博会已累计在安吉、诸暨、德清、海宁、上虞、南浔等地设立了西博会分会场，建立了分会场长效联络机制，增强了西博会及其分会场影响力；用西博会、休博会平台，举办了中国瀑布旅游文化高峰论坛（诸暨）、上虞乡村休闲与"四季仙果之旅"论坛、海宁休闲生活与时尚消费论坛、德清低碳休闲论坛、安吉休闲与乡村旅游论坛、都市区城市系列论坛等一系列交流活动。加快区域宣传推广，充分利用各类营销活动，统一宣传推广杭州都市区的优势资源。例如杭州都市区每年联合在北京展示四市特色产品，推动品牌与特色的整合营销、名特优新产品与商超餐饮及大型集团采购的对接；杭州都市区还举办了以"红红火火过大年""超级欢乐购物节""欢乐金秋"等为主题的休闲促销活动；等等。

6. 建立了生态环境共保的创新机制

生态环境是区域发展的重要生态本底资源。经济的发展必须摆脱忽视环境，先污染后治理的老路，要积极探索经济发展与生态环境保护协调一体发展道路。杭州都市区建设，需要把生态环境共保作为重要方面。杭州都市区在生态环境保护方面，重点是初步建立了生态环境合作机制。杭州、湖州、嘉兴、绍兴四市签署了《关于加强杭湖嘉绍边界区域环境监管协作的共同宣言》，解决临安—嘉兴化学品废弃物倾倒、跨地市电镀污泥转运等问题，开展萧山—绍兴、萧山—诸暨、桐乡—湖州等边界联合执法行动，绍兴—湖州边界污泥倾倒事件联合执法行动等。建立了定期例会制度，在杭州都市圈环保专业委员会协调下，杭州、湖州、嘉兴、绍兴四市定期召开年会，每年由一城市轮流担任执行主任，共同探讨解决环境问题。开展重点地区的环境治理。例如围绕钱塘江、苕溪、太湖三大流域，开展重污染高耗能行业整治，仅以杭州为例，就累计完成关停 531 家、整治提升 278 家、搬迁入园 22 家，治理完成率为 100%。开展浦阳江萧山诸暨断面、东苕溪余杭德清断面等沿江沿河和杭湖嘉绍边界区域的边界交叉执法检查活动；建立了区域大气环境质量联合会商和应急联合管控机制；推进边界建设项目联合审批制度和边界重大建设项目审批会商制度，进一步明确和完善都市区边界新建项目环境准入条件；联合开展一系列大型环保新闻联合采访宣传活动等。

### 三 四大都市区建设的主要成效

近年来，浙江通过都市区建设，产业结构、就业方式、人居环境等由"乡"到"城"取得了重要转变，促进了区域内空间布局、城乡结构、资源调配、产业形态和管理方法等转型升级，有效释放了内需潜能和城市化红利，取得了阶段性成效。

**四大都市区已成为全省经济发展的增长极**。2015年，杭州、宁波、温州、金华—义乌四大都市区实现生产总值28902亿元，"十二五"期间年均增长高于全省平均水平1个百分点以上，占全省生产总值比重达67.4%；实现出口总额1995亿美元，占全省比重达75%；完成地方财政收入3187亿元，占全省比重达66%。同时，四大都市区也是全省创新创业的高地，集聚了全省大量的创新要素，是全省创新发展的重要引擎。截至2015年，四大都市区实现高新技术产业增加值3221亿元，占全省的66%；发明专利授权量17427件，占全省的74.8%。

**四大都市区已成为产业转型升级先行示范区**。2015年，四大都市区实现信息经济主营业务收入7837亿元，占全省近80%，其中杭州都市区5230亿元，占全省一半以上；金融业实现增加值2130亿元，占全省的70%；高端装备制造业实现增加值1074亿元，占全省的67%。服务经济加快发展，2015年四大都市区服务业增加值占生产总值比重达51.8%，高于全省平均水平2个百分点。工业经济进一步向四大都市区集聚，2015年四大都市区实现规模以上工业增加值8932亿元，占全省的比重从2010年的62.1%提高到67.7%。

**四大都市区成为国家战略的重要承载地**。杭州都市区拥有全国首个跨境电子商务综合试验区、杭州国家自主创新示范区，是国家发展跨境电子商务，促进互联网创新创业，推动信息化与工业化融合战略决策的重要承载地。宁波都市区拥有中国（浙江）自由贸易试验区和舟山江海联运服务中心、浙江海洋经济发展示范区、舟山群岛新区，是国家海洋发展战略决策的重要承载地，也是"一带一路"与长江经济带战略实施的重要支点。温州都市区拥有温州市金融改革综合实验区、海峡两岸（温州）民营经济创新发展示范区，是浙江连接海峡西岸经济区、发挥民营经济优势的重要地区。金华—义乌都市区拥有国际邮件互换局与交换站、义新欧班列等国家级重大平台载体，是我国小商品走向世界的重要窗口和枢纽。

## 第四节 在山区和海岛等偏远地区推进空间集聚的实践探索

都市区这个概念在浙江已经深入人心，是一个非常重要的空间组织形式创新。那么，都市区以外的地方怎么办？特别是在山区和海岛等偏远地区，由于自然条件较差、人口分散居住、生产要素难以集聚，造成区域产业素质弱、居民生活条件差的困境。为解决好这些问题，浙江作出了有益的实践探索，有效推动了山区和海岛等偏远地区人口和生产要素的空间集聚。例如，在浙西南山区的云和县，率先实施"小县大城"空间发展战略；在舟山海岛地区，大力推动"小岛迁，大岛建"战略。总的思路就是推动人口和产业向更适宜生产生活的区块集聚，实现地区产业水平提升、居民生活水平提高、城市服务能力增强和生态环境有效保护。

### 一 "小县大城"战略的实践探索

所谓"小县大城"战略，是指通过打破城乡界限，开放县城，主动引导产业、人口和要素等向县城等地集聚，做大做强县城这一增长极以及少数中心镇，带动县域经济社会和生态整体实现跨越式发展。

"小县大城"战略的核心要义是"集聚"。一是通过制定优惠的下山转移政策，引导和鼓励居住在库区、地质灾害隐患点和高山远山的困难群众向县城、建制镇和中心村转移，扩大县城规模、优化发展空间，以获取规模效应，提升集约化发展水平，培育经济增长点，进而辐射带动县域整体发展。二是改变以村为单位就地奔小康的传统思维，以农村人口向城镇集聚为重点，以山民下山、内聚外迁为载体，创造条件让农民下山转产、转业、转身份，进城就业、创业、奔小康。同时，在其他地方实行严格的生态保护。这就是"小县大城"战略的要义，称得上是空间组织战略的一大创新。

（一）云和县开创性探索"小县大城"战略的实践

"小县大城"战略的最早探索者是位于浙西南山区的云和县。云和是浙江省的欠发达县和全省面积最小、人口最少的县之一，"九山半水半分田"，山地多，人口少，村落分散，交通不便。"小县大城"战略实施前，全县人口分布在170个行政村、800多个自然村，平均每个自然村只有90多人，其中100人以下的自然村占50%。要想将数百个贫困山村全部建成"小康村"，难度大、困难多。而县城有28平方千米的盆地，空间资源相对丰富。2001年起，云和县委县政府经过深入思考，放弃了过往"村村点火、户户冒烟"的老路，首创并实施了工业化、市场化、城市化和城乡一体化相结合的"小县大城"发展模式，通过转移农民、减少农民、富裕农民推进城乡统筹发展，以基本公共服务均等化促进农民向城镇聚集、向市民转化。经过近20年的发展，云和县抓住了城、乡和城乡融合三个关键环节，多措并举，统筹协调推进各项工作，取得了显著成效，并获得"2012中国十大社会管理创新"奖。

1. 着力推进各类要素集聚，做大做强县城

一是科学编制规划，拓展城市发展框架。按照"小县大城"战略的要求，坚持规划引领，相继完成了城市总体规划、土地利用总体规划修编、县域城镇体系规划以及20多个村庄规划，初步形成了城乡规划体系。按照中期容纳6万、最终容纳8万人口的目标，将同处云和县盆地的沙溪乡建制撤销，并入云和城关镇，进一步拉开城市框架，将城市规划区面积从原来的8.8平方千米扩大到22平方千米。推动城南区块开发建设，县城建成区面积由3.4平方千米拓展到5.2平方千米。

二是优化空间布局，提升城市功能和品质。坚持基础设施建设先行，先后成立了土地收储中心、城市发展公司、水利发展公司和国资

公司，筹集城市建设资金20多亿元，加快交通网、信息网、能源网和各项市政基础设施建设，形成了"四横五纵"的道路框架，完善了城市发展硬环境。把"山水家园、童话世界"的定位落实到城市规划、设计、建设和管理等各个方面。景观设计上"借山用水"，空间组织上"依山亲水"，道路规划上"迎山接水"，建筑布局上"显山露水"，同时开展城区重点街景立面改造，将玩具元素融入具体的建设项目，有效提升了城市品位和集聚能力。

三是打造工业平台，推进特色产业集聚。坚持把工业经济作为促进产业集聚、人口集聚，加快城市化进程的首要任务。以云和工业园区为核心，通过低丘缓坡开发，积极拓展工业发展空间，园区面积从2001年的0.17平方千米扩展到3.2平方千米，成为省级特色工业园区和"山海协作工程"示范区。木制玩具是云和的传统产业和出口拳头产品，也是劳动密集型产品，可以为农民提供大量的就业岗位，非常适合刚进城农民的岗位转换。园区以木制玩具为重点，大力发展特色产业集群，2010年，入园企业达260家，实现木制玩具产值22.02亿元，相继建成了木制玩具省级区域科技创新服务中心、木制玩具行业生产力促进中心、工业园区信息化推进中心、木制玩具研发中心和木制玩具外包装研发中心等一批科技创新载体。木玩产品90%远销欧美、东南亚等130多个国家和地区，成为全国乃至亚太地区最大的木制玩具出口制造基地。

2. 有序引导农民下山转移，同步发展新农业建设新农村

一是推进中心镇、中心村的安置小区建设，有序引导农民下山转移。2005年，云和按照"政府引导、群众自愿，统筹规划、梯度转移，市场运作、政府补助"的原则，加快内聚外迁步伐，在有条件的中心镇、中心村，采用自建房式下山、公寓式下山、资金补助式下山等多种方式，引导相对困难的群众就近下山转移。根据《云和县深化万名农民下山转移工程实施办法》，凡符合下山转移条件的农户，政府以货币补贴形式，加大资金补助转移力度，鼓励下山转移的农户购房，实行先购房必须拆除农村旧宅基地复垦后再给予补助政策，不拆不补，调动了农民下山的积极性。至2009年年底，中心镇安置下山转移农民598户、2100人，中心村安置下山转移农民2491户、9064

人。完成整村搬迁84个自然村、964户、3380人。

二是主攻当地优势特色农业,促进了农民增产增收。依托云和的自然资源优势和传统产业基础,大力发展以食用菌、云和雪梨、有机鱼和生态名茶等为主的农业主导产业。通过特色农业基地建设和龙头企业培育,全面推进农业产业化、规模化、信息化,农业规模效益和品牌效益日渐显现。到2010年,县食用菌年生产量达到8000万袋,户均种植量和户均收入居全国前列。云和雪梨建成基地2万多亩,成为全省早熟梨基地规模较大的县(市)之一。建成板栗基地近3万亩、茶叶基地2万多亩。农家乐乡村旅游业加速发展,年营业收入1250万元。农民增收渠道日渐多样化。

三是扎实推进农村基础设施建设,改善留守农民的生产生活条件。根据云和地理特征和农村人口不断减少的趋势,坚持有所为、有所不为地推进村庄示范整治、乡村康庄、农民饮用水等一系列惠民工程的深入实施,努力为留守农民改善生产生活条件。完成了42个村的整治和73个移民村的达标建设。建成康庄公路331千米,新通行政村87个,通村率达86.5%。完成农村电网改造,实现城乡同网同价和户户通电;行政村广播电视联网率达52%,固定电话通话面达96%。农村垃圾无害化集中处置率达60%以上。

3. 着重加速产城人融合,统筹城乡发展

一是强化转移农民职业技能培训,确保农民"转得出"。通过深入实施"万名农村剩余劳动力素质培训工程",将生产技术、经营管理、农产品安全、法律法规、异地创业、职业道德、市场营销等作为培训的主要内容,将中青年、专业农户、异地综合开发人员等作为重点培训对象,着重抓职业技能培训、"云和师傅"中级技术职称培训、农业实用技术培训。农民就业技能和整体素质不断提升,64%的农村劳动力成功转向二、三产业,连续6年获得省市农村劳动力素质培训工作一等奖。其中以"云和师傅"为代表的近7000人在全国26个省153个县从事异地综合开发。

二是推进户籍制度改革,确保农民"进得来"。于2003年出台政策,规定凡在县城范围内有固定住所、稳定职业或生活来源的,均可凭有效证明申报城镇居民户口,享受城镇居民同等待遇。截至2013

年年底,全县已有3311名进城农民在县城落户,转为居民户口。取消对农民进城务工就业的不合理限制和各类登记项目,逐步实行暂住证一证管理。同时,积极推进计划生育、社会保障、退伍军人优抚等制度改革,逐步推倒横亘在城乡间的政策"壁垒",让城乡居民享受同等的待遇和实惠。

三是为进城农民提供市民待遇,确保农民"留得住"。相继规划建设了县城"农民新村"和普光农民公寓,累计吸纳进城落户的农民8000人左右,确保进城农民有房可住。先后出台了一系列的政策措施扶持木制玩具等劳动密集型产业发展,为进城农民提供了3万多个就业岗位。进一步扩大农民工的工伤、医疗、养老等保险的覆盖面,把全县各类企业的所有职工纳入参加工伤保险范围,并将全县行政区域内的所有企业、事业单位、社会团体、民办非企业单位及与其形成劳动关系的职工纳入失业保险参保范围。落实进城农民子女就读"同城同待遇"政策,县财政每年为进城务工就业农民免除100多万元借读费。努力使广大进城农民在云和县城享受市民同等待遇,化农民为市民。

4. 完善宅基地流转退出机制,推进农房再利用

一是界定性质,分类管理。在坚持"一户一宅、拆旧建新、法定面积"的前提下,允许村集体经济组织探索采取土地置换、有偿调剂等方式进行农民建房用地调剂。将宅基地流转分为县城规划区外流转和县城规划区内流转两类:原户籍在县城22平方千米规划建成区外的农户,允许在22平方千米以外区域进行土地调剂;原户籍在县城22平方千米规划建成区内的农户,允许在22平方千米以内区域进行土地调剂;不同的集体土地所有者可以采取以土地换土地的方式进行置换,如遇置换土地地类、利用价值不等等情况,可以对地级差进行适当的货币补偿,但货币补偿的标准不得突破国家征收该类土地的区片综合价;同时未经县人民政府批准,任何集体和个人都不得以任何形式私自跨村调剂建房用地。

二是搭建平台,规范流转。成立了农村产权流转交易中心,出台了《云和县农村宅基地使用权流转指导价》,为宅基地流转提供公正、公平的操作平台;成立了农村产权担保机构,颁布了《云和县人

民政府关于全面推进农村住房抵押贷款工作的实施意见》和《云和县农村集体土地房屋产权制度改革实施方案》，采取先试点、后推广的方式，扎实推进农村住房流转抵押。到2016年，已累计实现宅基地流转167宗，流转用地面积18836平方米。保障无房户、危房户用地供应1115户，其中通过宅基地流转（住房调剂）形式供地占已供应宗数的23.2%。

三是推进空闲民房利用，助推农村经济发展。出台了《云和县空闲农房二次创业改革试点实施方案》和《云和县空闲农房征收再利用试点方案的通知》。空闲农房分为两种模式：一是对外经营。允许社会工商资本参与，将空闲农房用于农家乐、民宿等开发，通过县农村集体产权流转交易服务中心平台向外进行招租，或政府采取协议征收货币补偿安置方式，实施土地和房屋征收后，按照现行法律政策进行公开处置。二是直接经营或单位自用。村股份经济合作社或村民将拥有的空闲农房，按照个性化标准进行装修，自行或与其他单位、个人合作经营。例如赤石乡赤石村村委本着"走出去、请进来"的理念，针对城里人向往农村好山好水好空气和悠闲、恬静生活的客观需求，收购本村村民有特色的闲置农房7幢，经"修缮扮靓"后经营起了有水库景观特色的民宿经济，供游客和城里人休闲租住、养生度假，经济效益显著。目前，由政府引导、村委自主、市场运作的农村闲置房盘活利用工作正在农村方兴未艾。

经过多年的战略实施，云和县经济实力和城乡协调发展水平得到了大幅提升。

一是经济实力明显增强。2017年云和县实现生产总值63.85亿元、人均生产总值55859元，约是2000年的8倍和7.5倍。财政总收入达到8.36亿元，是2000年的13倍。70%的农村劳动力向二、三产业转移，95%的企业集中在县城发展，有力提高了地方产业要素供给和生产集聚度。

二是城市化水平显著提高。全县实现了35%的农民下山转移74%的人口集中在县城居住。至2016年，全县城市化率达到66.3%，比2000年高出35.5个百分点，高于丽水市8.3个百分点，并在丽水下辖各县（市）内排名第一。

三是城乡居民收入不断提升。2017年云和城镇居民人均可支配收入和农村居民人均纯收入分别达到36691元和16900元，分别是2000年的3.5倍和8.5倍，特别是农民居民收入水平提升得更快，城乡协调发展水平得到大大改善。

四是社会民生逐步改善。全县形成了小学"一乡（镇）一校"和中学基本集聚县城、高中集聚县城的办学格局，近92.5%的中小学生集中在县城就读，成为丽水市第一个省级教育强县、全省26个欠发达县区中第二个省级教育强县。

五是生态环境质量更加优良。森林覆盖率达80.8%，据2004年全国生态环境质量监测，县生态环境质量排在全国第10位，2008年成功创建了省级生态县。

（二）泰顺县探索"无区域生态移民"打造"小县大城"

除云和县对"小县大城"战略的探索外，浙江省泰顺、天台、景宁等山区县因地制宜地运用"小县大城"战略思维，加快人口"下山"向重点区块集聚，提升本地特色制造业和城镇服务业水平，各自取得了较好成绩。其中，泰顺县实施"小县大城"战略，探索出"无区域生态移民"的特色路径。

"无区域生态移民"，意指突破原先下山移民"点对点"的限制，把过去的"赶下山"变为"引下山"。在设立相应的门槛后，允许生态保护区、水源涵养区以及具备其他条件的农民，以宅基地置换的形式入住城镇。2011年以来，温州泰顺县按照"小县大城"思路，深化下山移民、扶贫攻坚、库区环境保护多措并举，把县城作为农村宅基地置换的主平台，同时整合下山脱贫、库区移民、地质灾害搬迁、抗震安居工作等项目，开展了一项"山区群众向县城聚集"的大工程，推进无区域生态移民功能区建设。泰顺在县城老城区北部划出一块作为移民安置区，总投资20亿元，规划面积1.5平方千米，面积相当于泰顺新城区的1/5，集聚人口最大规模可达1.5万人，全力推进珊溪库区、乌岩岭国家自然保护区、重点地质隐患区、地震灾区群众向县城集聚，加快"小县大城"战略实施。

为降低农民购房成本，减轻农民购房负担，"无区域生态移民区"

土地实行国有划拨，建设规费能免则免，所有基础设施项目建设由政府承担，并进一步出台相关政策，将县域内百姓都纳入城镇居民职工待遇，享受公积金政策。

为打通农民进城渠道，泰顺打破行政区划、户籍制度等限制，全县群众可跨行政区域无障碍搬迁、集聚到无区域生态移民区，改变原先下山移民"点多分散、重复搬迁"和"点对点"的限制。同时，强化农民进城政策保障，整合农村危旧房改造、抗震安居工程、农村宅基地有偿退出、下山移民等相关政策，加大对生态移民户的补偿补贴力度。

为改善农民生活，专门为移民小区配套小学、幼儿园、社区服务中心、农贸市场、公交车首发站终点站、公共停车场、城市公园等设施，并保证下山农民共享县城优质教育、卫生等公共资源。

为提升农民收入，积极拓宽移民就业门路，加快城关罗阳小微企业创业园建设，培育县电子商业孵化园，落实免费、缓税、信贷扶持等优惠政策，提高本地企业吸纳移民就业的积极性；进一步完善创业扶持政策，优化农民创业环境，加强农民知识化技能培训，搭建农村小额贷款公司、民间借贷登记服务平台等农村金融服务平台，促进农民自主创业；坚持"农民下山、产业上山"的原则，全面落实农村土地承包经营权、林权等农村产权交易政策和鼓励农业开发优惠政策，推进土地和林地有序流转，促进山林经济发展，打造出猕猴桃、笋竹两用林、高山蔬菜等一批生态高效农业基地，解决农民下山后的"靠山"经济依托；同时，大力引导移民提高就业技能、就近就业和劳务输出的能力，确保农民向县城集聚，进得来、安得住、富得了、融得进。

2011年以来，泰顺通过农村宅基地空间置换复垦耕地911亩，城市化率从61.5%提高到2015年的68.5%，县城常住人口从8万人增加到10万人，"小县大城"战略得以稳步推进，焕发了区域产业生机和城市活力。同时，通过"小县大城"战略实施，优化了生态空间布局，珊溪库区、乌岩岭国家级自然保护区、地震灾区等生态区域的生态压力大大降低。

## 二 "小岛迁，大岛建"战略的实践探索

浙江实施"小岛迁，大岛建"战略最典型的是舟山市。舟山市是中国唯一以群岛设立的地级市，全市共有大小岛屿1300多个，有人居住的海岛有百余个。然而，小岛区域在交通通信、教育医疗、生活服务等方面与城镇差距较大，甚至淡水资源都难以保证。另外，岛民就业途径单一，对捕捞渔业颇为依赖，在近海渔业资源日趋紧张的条件制约下，面临重新就业的选择。因此，搬迁就成了解决问题的直接途径。舟山地方政府从20世纪80年代中后期就已经开始实施"小岛迁，大岛建"战略，对居住条件恶劣的悬水岛屿居民进行异地跨区域集中，特别是在大岛建设移民小区以安置迁移渔农民，撤并一些边远小岛的行政设置和教育设施，加强对搬迁居民的集中服务，力求改善岛民生活条件。

舟山小岛移民政策发展大致经历了两个阶段。一是政府引导、居民自发迁徙阶段。从20世纪80年代末，舟山提出"小岛迁，大岛建"渔民移民政策，一部分小岛居民按照"宅基地退还集体、原住房拆除或由集体统一处置"的原则搬迁到大岛或城市，改善了就业、子女就学和生活条件。二是政府主导阶段。从2000年开始，舟山市加快推动"小岛迁，大岛建"战略，加快人口集聚，提高城市化水平。在战略推动下，定海区全区约18个住人小岛居民以及本岛区域内的偏远渔村、山村居民，在基层政府的引导和帮助下自发向城镇和大岛迁移；普陀区的16个住人岛屿搬迁66.7%人口。岱山县8个中小岛屿，48.8%的居民迁往大岛；嵊泗县小岛有65%的居民迁往大岛。2009年的数据显示，舟山全市已有2万多户、7.6万人迁往城镇和周边经济大岛，多数小岛迁移居民在大岛中心村、中心镇和县城市区购建房、租房、就学、就业，实现了安居乐业，生活质量普遍提高。

舟山推动"小岛迁，大岛建"战略的具体举措主要有：

一是大岛集中安排建设保障性安置住房。根据群众意愿结合安置地区地理状况以及经济发展潜力，交通便利，发展二、三产业可行性，提倡梯度转移等，对安置区和安置方式进行选择，选取地理位置

优越的大岛地块作为移民集聚点，实施移民搬迁安置项目和农房改造集聚项目，实现小区住房统一集聚、公共设施统一建设、城乡资源共享。

二是建立小岛居民迁移专项补助资金。浙江省政府于2010年出台《关于舟山市各县（区）小岛迁大岛建工程项目的批复》（浙政函〔2010〕44号），2011年省财政厅发布《关于印发浙江省小岛迁大岛建工程项目与资金管理办法的通知》，对舟山整村整户搬迁工作予以补助。

三是完善迁入地基础设施建设和配套公共服务。将搬迁工程与土地利用规划、城区发展规划和村庄布点规划等重点规划有效衔接，统筹构建移民新区的道路、水电、环卫、公共服务网络等，安排专用的渔船停泊码头和渔业生产后勤保障基地。此外在安置小区周边配套建设教育、文化娱乐、休闲活动、商贸服务、医疗卫生等公共设施，为移民提供更为便捷的生活条件。

四是完善服务移民的政策体系。移民就业方面，广泛开展免费职业技能培训，提升就业信息，增强移民自身"造血"功能，并对小岛移民办厂、经商在收费、信贷、工商登记注册等方面给予优惠和方便。子女教育方面，子女在迁入居住地指定的学校就近入学，免收借读费，与原居民无差别待遇。社会保障方面，户口性质若无变化，则按原有社会保障标准执行，若户口"农转非"，则纳入城市社会保障体系。

五是创新搬迁引导机制。小岛移民政策实施有两个基本方式：第一，以项目落户引发的搬迁为主，根据项目落地需要，实施渔农村整体搬迁，既保证了项目用地征收，又实现了人口的有序集聚，改善了渔农民生存环境。第二，以地方政府改善小岛居民生活质量而实施整岛搬迁的方式为辅，还有一部分群众自发搬迁。对于没有项目落户的小岛搬迁，计划实施以渔农村住宅换购城镇住房项目，让进城渔民通过退出在渔农村住宅用地来换购城镇的产权住房以解决进城渔农民居住困难，减轻生活压力。

自小岛移民政策实施以来，取得了诸多成效。在经济效果方面，偏远小岛乡镇机构开始"撤、扩、并"，精简了机构、降低了行政管理成本；基础设施投资逐步优化，建设资金投入趋向更加集中、合理，提高了投入效率，破解了海岛地区基础设施共享性差等难题；渔农村劳动力资源得到合理配置，小岛移民的生产方式开始由单纯的渔业生产向船舶运输业、海洋装备制造业转产转业。在社会效果方面，基础教育质量提高，在撤校、并校的过程中，优质的基础教育资源相对集中，师资力量得到加强；移民的现代文明意识提升。在市民化效果方面，减少了边远小岛人口，加快海洋渔区人口的集中、聚集，并培育了一批中心城镇，促进了沿海地区城市化建设进程，减少了城乡差别，加速了城乡一体化。截至 2017 年，舟山市城镇化率达到 67.9%，在全省仅次于杭州、宁波和温州，位列第四。

"小岛迁，大岛建"战略在舟山取得了良好效果，并对其他沿海岛区具有启发作用。例如，温州洞头县岛屿众多，空间聚集度低，并且有部分岛屿处于台风、地质灾害频发的受害点，这不仅严重影响了群众的生命财产安全，也在一定程度上制约了洞头县城镇化进程和区域经济的发展。2009 年洞头县制定了"小岛迁，大岛建"规划，改善了渔农民生产生活环境，为渔农民就业增收和洞头县经济、社会、生态文明建设创造良好环境。当然，"小岛迁，大岛建"战略也会出现新的问题，比如小岛移民的社会适应调整、社会网络重建，以及新增无人岛的开发保护、海岛历史文脉的保护，等等。但总体来看，经过近30年的努力，"小岛迁，大岛建"战略为优化海岛地区空间组织、推动区域城乡协调作出了积极的贡献。

## 第五节　经验与启示

### 一　区域经济的空间组织形式随发展阶段的变化而变化

区域经济的空间组织形式并非一成不变，而是随着发展阶段的变化而变化。改革开放以来相当长的一段时间内，浙江农村工业化在县域范围内进行得如火如荼，浙江基层群众创造了高速增长的县域经济奇迹，居民生活水平得到了极大提高，为区域协调和城乡协调发展奠定了强有力的基础，也为如今浙江各方面协调均衡局面的形成注入了内生动力。但从 21 世纪初期开始，特别是近 10 年来，随着发展阶段的变化，县域经济向都市区经济转变的态势越来越明显。这主要由以下几方面的变化共同决定。

一是高端要素加快向中心城市集聚。随着全国改革开放的深化，人才、技术和资金首先向产业体系更完备、配套设施更完善、公共服务更好的中心城市集聚，而县域"低小散"的产业特征长期没有根本改变，跨区域建立共同的要素市场和产品服务市场有了更为迫切的需要。

二是中心城市能级已提升到相当水平。特别是杭州抓住了互联网技术的发展机遇，成为国内外知名的信息经济重镇；宁波依托宁波—舟山港，成为全国新一轮开放的重要桥头堡，并且具有雄厚的高端制造基础。中心城市已有更强的能力来带动周边区域联动发展。

三是交通设施和通信手段空前发达。日渐发达的高速铁路联通起中心城市与周边区域，甚至将原来的"边缘县域"联通进区域产业组织网络，更好地促进了产业分工和规模效应。另外，现代通信技术近年发展迅速，已经渗透进生产生活的方方面面，跨越物理空间障碍联通了生产生活的各个场景。交通和通信的发展极大促进了人流、物流、资金流和信息流的流动，为都市区发展提供了基础条件。

四是产业更新激发了更大尺度的空间需求。随着全球科技革命和产业变革的深度开展，区域产业的组织形式也发生了较大变化。一方面，产业技术创新往往发生在杭州、宁波等中心城市；另一方面，城市产业空间逐渐紧张，生产过程甚至一些技术研发都需要向周边区域扩散。因此更大尺度的生产力空间布局需要重新规划设计。

五是惠及城乡的一体化生活服务成为人民群众的迫切需要。中心城市有比县域更好的教育、医疗、购物、娱乐等生活服务条件，当然县域也有比较有特色的自然资源、生态环境和人文景观，随着交通的大幅改善，力求拥有跨区域的一体化生活服务成了人民群众的新需求。

这些新阶段下的新特点，要求区域经济空间组织发生新转变，主线是由县域经济空间组织形式向都市区经济形态转化。要尊重这些阶段规律、结合实际因势而为，更大化激发区域发展动力和潜力，并为更高质量的城乡区域协调发展释放空间。

## 二 "都市区经济"是"县域经济"的升级而非否定

发展"都市区经济"绝非否定"县域经济"。"县"作为我国长期以来乃至今后相当长时期都会存在的基本行政单元,在促进经济增长和城乡区域协调发展方面扮演着重要角色,甚至有学者将县域经济的竞争看作中国发展奇迹的根本原因[①]。推进"都市区经济"并非否定"县域经济",也不是简单地将县域划为市区。根本在于以一体化战略设计,使中心城市与周边县域能够实现有机的、紧密的经济联系,在更大尺度上优化国土空间布局,打破行政边界进行经济活动的组织。

"核心—边缘理论"可以解释城市与县域之间的这种联动发展关系。这一理论将经济空间划分为核心区和外围区,核心区是具有较高创新变革能力的地域社会组织子系统,外围区则是根据与核心区所处的依附关系由核心区决定的地域社会子系统,两者共同组成更大规模的创新系统。事实上,都市区就是这样的大规模系统。作为核心的城市经济与外围的县域经济由互不关联、孤立发展变成彼此联系、联动发展,由极不平衡发展变为相互关联的平衡发展,最终形成更高能级的城市和更高水平的县域,以及更有效率的都市区。

具体路径上,中心城市周边的县域(卫星城)有潜力成为次级增长中心,可以部分疏解中心城市的承载压力。有的规划建设成为工业强镇,可以承接从中心城市转移出来的制造业和产业工人;有的打造成为"慢生活"宜居小镇,通过便捷交通和良好环境来吸引大城市人口移居。至于中心城市本身,通过减负腾出空间资源侧重于发展高端服务业和高技术产业[②]。可见,"都市区经济"不等于"都市经济",而是兼顾中心城市与县域的区域经济体。因此,发展"都市区经济"并非否定"县域经济",而恰恰是对县域经济的再提升。

---

① 张五常:《中国的经济制度》,中信出版社2017年版。
② 黄勇、董波、陈文杰:《"县域经济"向"都市区经济"转型的意义与构想》,《浙江日报》2013年7月26日。

### 三 偏远地区发展应适应其自身环境特点

山区和海岛等偏远地区往往存在城镇集聚力不强、产业特色不明显、人口居住分散、交通设施不便、生态环境保护要求高等特点。因而偏远地区要实现经济高质量增长和城乡区域协调发展，就要适应其自身环境特点，因地制宜开展合理的空间组织战略实践。

一是促进人口集聚。引导山区人口下山移民向县城集聚，小岛居民向大岛集聚，达到节约土地等要素资源和减轻山区海岛生态环境压力的同时，提高县城公共设施的利用效率和共享率，改善市民生活质量并摆脱农村贫困环境。

二是培育主导产业。没有产业，集聚的人口也留不下来、富不起来。偏远地区应依靠当地资源基础和比较优势，通过拓展园区空间，培育适宜的产业体系。也可以打好生态环境、特色旅游牌，培育新增长点，让小县城也有强动力。另外，做好农业转移人口的就业培训工作，提高其就业技能和人口素质。

三是做好生态保护。将人口从山上及海岛转移到城镇，自然就减少了对生态环境的破坏，增加了自然生态的"无人区"。这种日益优良的生态环境，也将变成偏远地区的重要潜力和后发优势。

四是同步配套改革。偏远地区发展道路的实质在于以县城为发展增长极，通过优化组合各类要素资源，改变城乡二元化发展模式，实现城乡统筹发展。这其中，有诸多"卡脖子"的制度障碍，需要从社会保障、子女就学、下山移民等方面全面梳理依附在户籍制度基础上的城乡不平等待遇，实现同城同待遇，逐步消除体制性政策障碍，促进农村人口城市化和外来人口本地化。

# 第五章　山海协作：发达与欠发达地区的双赢工程

区域统筹发展，尤其是欠发达地区的发展，对全省的发展大局有着至关重要的影响。浙江省委省政府历来高度重视欠发达地区的发展问题，针对省内区域发展的不平衡状态，立足自身资源条件和发展水平，探索出一条山海协作、造血帮扶、双向互动、合作共赢的具有浙江特色的区域协调发展之路，大大增强了欠发达地区的发展活力，打造出浙江经济新的增长点，形成了多渠道、多形式、多层次、全方位、宽领域的区域经济合作的新格局。

## 第一节　"山海协作"工程的提出及深化

### 一　"山海协作"工程的提出和实施历程

改革开放以来，浙江经济发展速度一直居全国前列。据统计，1978—2001年浙江GDP年均增长率高达13.3%，经济活力旺盛，然而在"清大线"两侧，即浙西南山区与沿海地区之间的发展鸿沟依然存在，区域发展不平衡的现象比较严重。2001年10月，浙江省委省政府召开全省扶贫暨欠发达地区工作会议，提出要实施省内区域合作、帮助欠发达地区加快发展的战略，通过开展省内区域经济合作与交流，把省内沿海发达地区的产业转移辐射到浙西南欠发达地区，把欠发达地区的剩余劳动力转移到发达地区，并形象地将这一战略称为山海协作工程。"山海协作"工程实施以来，历任省委书记、省长连续十余年出席全省山海协作工程工作会议并作重要讲话，对不断深化山海协作工程、扩大合作领域及时作出部署和安排，省里和各地市也先后出台一系列政策措施，促进和保障山海协作工程的顺利推进。

（一）强力启动阶段（2002年4月—2003年7月）

2002年4月，浙江省人民政府办公厅转发了省协作办《关于实施山海协作工程帮助省内欠发达地区加快发展的意见》，提出促进沿海发达地区与浙西南欠发达地区的协调发展，共同繁荣，由此正式拉开了全省实施山海协作工程的序幕。2002年11月，习近平同志上任浙江省委书记后极为重视山海协作工程，明确了山与海的协作、山与海的握手、山与海的对接，明确了发达市县与欠发达市县的结对关系，探索了市场经济条件下结对帮扶"造血型"的省内扶贫开发新模式，开创了以互利合作为主的帮扶新理念，以此推动欠发达地区加快发展。2003年5月，省委省政府决定设立浙江省对口支援对口帮扶和山海协作工程领导小组。同年7月，在浙江省委第十一届四次全体（扩大）会议上，把统筹区域发展纳入"八八战略"的总体部署，提出要进一步发挥浙江的山海资源优势，大力发展海洋经济，推动欠发达地区跨越式发展，努力使海洋经济和欠发达地区的发展成为浙江经济新的增长点。

（二）全面实施阶段（2003年8月—2015年10月）

2003年8月，《浙江省人民政府办公厅关于全面实施山海协作工程的若干意见》正式印发，并相继出台了《浙江省山海协作工程财政贴息资金管理暂行办法》《山海协作工程"十一五"规划》等一系列政策文件，各有关部门也按照职能分工制定相应配套政策，形成了山海协作的政策指导体系。

2004年4月，浙江青年山海协作行动正式启动，同时设立浙江省农村青年发展基金，主要用于本省欠发达地区开展农村青年素质培训、表彰奖励等工作。同年10月，义乌国际小商品博览会首次设立山海协作专区，引起社会各界的广泛关注。

2007年6月，省第十二次党代会报告明确把加快欠发达地区发展作为"创业富民、创新强省"双创战略的重要组成部分。时任省委书记强调，要进一步优化和创新扶持政策和帮扶载体，深化山海协作，促进欠发达地区快速发展。

2009年，浙江开始实施新一轮山海协作工程，明确提出把推进山海协作工程和实施包含"基本公共服务均等化行动计划"和"低收入群众增收行动计划"在内的"全面小康六大行动计划"结合起来，着力在基本公共服务和低收入群众增收两个方面加快推进欠发达地区跨越式发展。

2012年8月，浙江省委省政府办公厅印发了《关于推进山海协作产业园建设的意见》，积极引导经济强县制度和产业、科技、服务、人才等创新要素向加快发展县梯度转移，全省首批9个省级山海协作产业园建设正式拉开了帷幕。

（三）深化升级阶段（2015年11月开始）

2015年11月，浙江省委十三届八次全会通过了《关于制定浙江省国民经济和社会发展第十三个五年规划的建议》，提出了"深入实施山海协作工程，丰富协作内涵，完善协作平台，创新协作机制，实施产业平台建设、绿色经济发展、群众增收共享、人才智力合作和浙商助推发展等行动计划，打造山海协作工程升级版"。同年12月，浙江省政府办公厅印发了《关于进一步深化山海协作工程的实施意见》，进一步明确了"十三五"期间山海协作工程的实现目标和重点任务，通过调整结对关系、落实援建资金、引导浙商参与、规范制度运作等方式，增强26县①生态经济"造血"功能和自我发展能力，推动26县与经济强县同步实现全面小康。

2017年浙江省第十四次党代会再一次提出要"充分发挥山海并利优势，着力打造山海协作工程升级版，进一步拓展协作内涵、完善协作平台、深化协作机制，支持'飞地经济'发展，不断增强山区和革命老区自我发展能力"。

2018年年初，浙江省委省政府出台《关于深入实施山海协作工程促进区域协调发展的若干意见》，旨在推进山海协作向更宽领域、更高层次提升，打造山海协作工程升级版，为促进26县加快发展、推进"两个高水平"建设发挥更大作用。

---

① 见《关于推进淳安等26县加快发展的若干意见》（浙委〔2018〕8号），其中将淳安等26个欠发达县（市、区）简称为26县。

## 二 "山海协作"工程的核心要义

"山海协作工程"是一种形象化的提法,"山"主要指以浙西南山区为主的欠发达地区,"海"主要指沿海发达地区。该工程突破了长期以来以输血帮扶为主的传统扶贫模式,遵照"政府推动,企业主体,市场运作,互利双赢"的原则,以项目合作为中心,通过产业转移和要素流动激发欠发达地区的经济活力,推动区域协调发展。

**一是立足"均衡浙江"目标**。虽然浙江从20世纪90年代就开始开展各类扶贫工程,但是输血的扶贫没能根本解决欠发达地区的落后面貌,而沿海发达地区因受资源制约,又有大量的产业资本走向省外、国外。地区失衡之"痛"成为全省之"痛",是浙江全面建设小康社会必须跨越的障碍。为了缩小地区差距、促进区域协调发展,"山海协作工程"应运而生,并围绕全面建设小康社会、提前基本实现现代化的目标,着眼于全省经济布局优化,积极推进"均衡浙江"建设。

**二是探索"造血强本"模式**。"授人以鱼,不如授人以渔"。山海协作工程突破了长期以来治标不治本的"输血帮扶"式传统模式,改"输血"为"造血",把"山"这边的资源、劳动力、生态等优势与"海"那边的资金、技术、人才等优势有机结合起来,通过发达地区产业向欠发达地区合理转移、欠发达地区剩余劳动力向发达地区有序流动,充分调动山海两头的合作积极性,在优势互补、合作共赢中提升欠发达地区的生产力水平,激发欠发达地区经济的活力,使欠发达地区成为浙江经济发展的新增长点,推动区域协调可持续发展。

**三是坚持"市场主导"方向**。山海协作工程在浙江省委省政府层面全力推动下开启,通过政府引导激发出市场主体的力量,成为山海协作工程的活力之源。在由政府搭建、市场运作、各方参与的开放平台上,由市场机制产生关键作用,利用市场、产业和要素的互补性,"因地制宜"开展协作,实现市场主体对接,让"山"与"海"掌握"联姻"的主动权,提升企业参与山海协作工程的主观能动性,保持协作的长期活力。

**四是把握"陆海联动"趋势**。随着浙江海洋经济发展示范区、舟山群岛新区等上升为国家战略，以海引山、以山促海、陆海联动、山海统筹成为新形势下浙江山海协作的新趋势。通过陆海资源联动保护、要素联动配置，以及内陆山区适当享受海洋经济发展的相关政策，"山上浙江"和"海上浙江"将携手驶上经济发展快车道，从而在更高层次、更广领域、更大范围实现全省区域协调发展。

## 第二节 开展"山海协作"的主要方式

### 一 举办山海协作交流活动

（一）设立山海协作专区

山海协作专区是依托义乌小商品市场等全省各类展会载体来实施山海协作工程的重要形式，是对欠发达地区支持和帮助的一种创新，是推进山海协作工程的一个好平台。一方面，山海协作专区给欠发达地区企业提供了一个直接面向国内外市场的平台，不仅可以让欠发达地区的产品走向国内外市场，还可以使企业接触更多的海内外客商，开阔视野，更新理念，对企业的成长壮大将会产生深远影响；另一方面，山海协作专区帮助更多优秀产品进入义乌市场，丰富了义乌的小商品品种，发展和壮大了义乌的会展经济。早在 2004 年，山海协作就开始融入义博会，首次活动组织了 170 家企业参会，达成购销意向 1.06 亿元，签订来料加工订单 1500 多万元，效果明显。目前省内的西博会、浙洽会、工科会以及长三角地区的一些大型展会也都设立了山海协作专区。

（二）建设山海协作馆

山海协作馆坐落于义乌商贸城，是一个以推进省内经济欠发达地区商品外贸流通为目的，为欠发达地区提供集城市宣传、商品展示、商务洽谈、市场拓展等功能于一体的长期活动平台，以欠发达地区、山区各市为单位设置展示区，以山海协作受援县（市、区）为单位对展馆面积进行均分，对各市展示区位置原则上实行以三年为期的轮换制；同时，在义乌商贸城为欠发达地区企业设置山海协作长期商位，加强义乌市场与欠发达地区、山区各市县在市场、资源、资本、技术、劳动力等方面互补合作，深化推进山海协作工程。

### (三) 举办山海协作系列活动

积极组织开展各类促进活动,每三年举办一次全省性山海协作系列活动,平时每年举办一次全省性山海协作专题活动,以丰富的活动内容、新颖的活动形式推进山海协作工程开展。依托浙商大会暨浙商论坛,引导在外浙商参与欠发达地区建设。

表 5-1　　　　　　　　　山海协作工程重大活动平台

| 活动名称 | 举办地点 | 举办时间 | 活动内容 |
| --- | --- | --- | --- |
| 1. 山海协作工程专题活动 | 有关市 | 每年一次 | 针对某一合作专题开展推进活动 |
| 2. 山海协作工程综合活动 | 欠发达市 | 每三年一次 | 组织企业和有关部门参与山海协作工程系列活动,营造氛围,扩大合作,促进实现全省区域协调发展 |
| 3. 中国义乌国际小商品博览会"山海协作专区" | 义乌市 | 每年 10 月 | 组织浙江欠发达地区企业参展,依托"义博会"拓展山海协作工程平台 |
| 4. 浙商大会暨浙商论坛 | 杭州市 | 每两年一次 | 组织全国各省市区在外浙商参加浙商大会,引导在外浙商参与欠发达地区建设 |

## 二　共建山海协作产业园

山海协作产业园不是单向的"输血"和帮扶,而是互惠互利、合作共赢的协作方式。通过共建产业园,促进生产要素在地区间的合理流动,实现发达地区与欠发达地区资源的有效整合和配置,既有利于发达地区"腾笼换鸟"、拓展发展空间、加快经济转型升级,又有利于欠发达地区加快培育特色优势产业、加快提升内生发展动力。2012年,在衢州、丽水部分有条件县(市、区)启动建设首批 9 个省级山海协作产业园,到 2017 年,已开发土地面积 42.42 平方千米,空间开发率为 80%,可出让土地面积为 13.92 平方千米,累计固定资产投资 457 亿元,基础设施投资 142 亿元,9 个产业园共引进产业项目 353 个,到位资金 398 亿元,工业总产值 275 亿元,税收 9.1 亿元,带动当地就业 1.3 万余人。目前九大省级山海协作产业园现已从"拓空间、打基础"起步实施阶段转向"聚功能、兴产业"提升发展阶段，为当地的产业升级发挥了很好的示范带动作用。

（一）遂昌—诸暨山海协作产业园

诸暨市与遂昌县于2012年11月正式签订山海协作产业园框架协议书，成为全省首对全面协作共建产业园的县（市）。根据协议，两地将投资2.5亿元，以共建、共管、共享的机制，携手打造一个主打生态牌，以高端化、绿色化、集约化为导向，集金属制品、电子、生态农产品加工、节能环保产业生产研发于一体的产业园，园区总规划面积15平方千米，首期开发面积5平方千米。遂昌将有效对接诸暨市铜制品和机电装备制造两大主导产业，依托其山区资源丰富、投资成本低廉、政策相对倾斜等特点，与诸暨的资金、先进技术、高级人才、管理理念等有机结合，并为诸暨优秀企业解决用地紧张问题，实现优势互补、共同发展，致力把遂昌打造成全国知名的金属制品产学研基地。

（二）龙游—镇海山海协作产业园

龙游、镇海两地于2013年1月正式签订共建合作协议，联合打好"特色牌""协作牌"，在省级工业园区——浙江龙游工业园区三期区块（即国家低丘缓坡开发试点区块）启动镇海—龙游山海协作产业园建设。园区规划总面积10.5平方千米，首期开发面积5平方千米，实行两地双方共建共管、共享共赢体制机制，以"环境有保障、开发有空间、产业有基础、合作有意向、发展有前景"为基本条件，坚持政府主导、市场运作、优势互补、特色发展开发模式，明确发展高端装备制造、特种纸及深加工、绿色食品饮料三大主导产业，通过精准招商，推行"大项目—产业基地—产业链"发展模式，谋求跨越式发展。

（三）衢江—鄞州山海协作产业园

衢江、鄞州两地于2013年7月正式签订共建"山海协作产业园"协议，达成"共同投资、共同管理、共同招商、共同受益"的共识，共同出资2亿元，各占50%股份，正式成立衢江—鄞州山海协作产业园。园区重点围绕特种纸、机械装备制造、新能源、水资源利用等产业，大力培育"2+新"产业集群，重点培育特种纸产业、矿山装备制造两大主导产业，以优质存量引增量，开展精准招商，引领衢江经济破冰前行，在全省9个山海协作产业园中逆势"出海"，荣获2014年省级山海协作产业园建设发展一等奖。

（四）江山—柯桥山海协作产业园

江山、柯桥两地于2013年7月正式签订共建"山海协作产业园"协议，在企业合作、项目招商、教育帮扶、扶贫开发等方面加大协作力度，共建产业园。园区规划总面积23.71平方千米，其中启动区块面积5.93平方千米，与省小城市建设试点贺村镇紧密相连，按照"镇园互动、产城共建"的发展理念，主要布局以食品饮品为主的绿色食品产业、以智能输配电为主的装备制造产业、以节能环保为主的节能环保产业、现代家居制造等产业，着力打造工业新城。

（五）柯城—余杭山海协作产业园

柯城、余杭两地于2013年3月正式签订共建"山海协作产业园"协议，按3∶7比例出资，共同成立了国有股份开发有限公司，负责园区开发建设。产业园位于衢州市绿色产业集聚区核心区块，柯城区低丘缓坡综合开发利用试点区范围内，规划面积6.42平方千米，首期实施面积3.79平方千米，规划期内园区产业发展的总体导向为以功能性新材料为主的"3+1"模式。"十三五"期间，双方还将着力在余杭区搭建"柯城未来村"，在柯城区打造"同创智谷"产业服务平台，探索建立"企业总部、研发、销售在余杭，生产加工、仓储物流在柯城"的合作新模式。

（六）常山—慈溪山海协作产业园

常山、慈溪两地于2013年8月正式签订共建协议，双方各出资1亿元共同开发建设。园区规划面积6.1平方千米，主要立足农机、轴承、胡柚三个特色资源，布局"高新精"产业，建设高端装备制造园、新材料新能源园、绿色食品深加工园。2016年，常山县依托山海协作产业园一期基础升级打造以"云计算"为支撑、"耕种收"全系列高端农机为特色的高端装备制造业小镇，并成功入选省级特色小镇第三批创建名单。

（七）龙泉—萧山山海协作产业园

龙泉、萧山两地于2012年启动合作共建山海协作产业园，协议为承接萧山相关产业梯度转移和引导浙商回归企业落户龙泉，在丽水生态产业集聚区龙泉片区（浙江龙泉工业园区）划出一定范围作为共建山海协作产业园区。计划总投资20亿元，重点发展装备制造业、现代物流业、文化创意产业，同步培育农林产品精深加工业、生物医药等相关产业。目前该产业园已初步形成以汽车空调零部件为主的装备制造产业、以青瓷宝剑为特色的文化创意产业、以国镜药业为代表的生物医药产业，以及农林产品精深加工、现代物流产业为一体的综合园区。

（八）松阳—余姚山海协作产业园

松阳—余姚山海协作产业园项目总体规划面积达14.64平方千米，首期开发面积5.1平方千米，是国土资源部低丘缓坡综合开发利用试点，也是丽水生态产业集聚区松阳分区重要组成部分。产业园坚持生态、环保、高效的理念，重点围绕现代装备制造业、新材料新能源产业和绿色食品加工业等主导产业，积极建设以汽配产业和智能电网装备为代表的装备制造产业园、以智能电网和新材料为代表的节能环保产业园、以生产成套钢化门和现代厨卫设备为代表的泛家居产业园、精深农产品加工区和现代商贸物流综合体。

（九）莲都—义乌山海协作产业园

莲都、义乌两地于2013年1月协议共建山海协作产业园，园区规划开发总面积9平方千米，首期开发4平方千米。产业园将重点引进通用设备制造业、电气机械制造业、建筑五金制造业等先进装备制造业、农林产品精深加工业及电子信息、新材料、生物医药等新兴产业；引进义乌优势产业，突出与义乌产业的横向配套和产业链上下游延伸。产业园采用"园中园"的发展思路，重点建设装备制造产业园、健康制造产业园、小微企业孵化园三个子园区，秉承既要金山银山，更要绿水青山的发展理念，严把项目入园门槛，所有入园项目均为二类以上工业。

### 三 打造山海协作升级版

山海协作工程实施以来，浙西南山区与东部沿海地区围绕省委省政府的决策部署，开展宽领域、多层次、全方位的合作与交流，原26个欠发达县集体"摘帽"，区域协调发展走在全国前列。进入新时代，我国社会主要矛盾已经转化为人民日益增长的美好生活需要和不平衡不充分的发展之间的矛盾，区域发展的内外部环境发生了深刻变化，原有山海协作体制机制亟待创新提升。为此，浙江省第十四次党代会再一次提出要"充分发挥山海并利优势，着力打造山海协作工程升级版"，省委省政府也正式出台《深入实施山海协作工程促进区域协调发展的若干意见》，全力推进山海协作内涵、平台和机制升级，为区域协调发展提供浙江经验。

（一）探索"飞地经济"

"飞地经济"是指发达地区与欠发达地区双方政府打破行政区划限制，把"飞出地"方的资金和项目放到行政上互不隶属的"飞入地"方的工业基地，通过规划、建设、管理和税收分配等合作机制，从而实现互利共赢的持续或跨越发展的经济模式，其特点为由点对点的企业转移转变为区对区的产业转移，由单纯的资金承接转变为管理与项目的复合承接。比如，平湖市与青田县于2017年协作打造"飞地"产业园，探索青田"供土地指标、供钱投资、供人管理"，平湖"保障落地、保障招商、保障收益"的模式，即由平湖通过挂牌出让方式将"飞地"产业园用地出让给青田县农村集体经济联合发展公司负责建设，招商以平湖为主，双方共同负责。产业园内将建设科创中心、科技孵化器、众创空间等平台，重点引进符合平湖产业发展规划的农业高科技企业和省八大万亿产业。建成后，青田县农村集体经济联合发展公司每年能收到实际投资总额10%的投资固定收益等收入；同时，青田将调剂一定的土地指标给平湖，以此达到青田壮大薄弱村集体经济、平湖补上用地指标短板的双赢局面，为两地的经济社会发展开拓出互惠互利的合作新机制和新模式。目前，嘉善—庆元—九寨沟"飞地"产业园、杭州—上虞"上虞号·创立方"等"飞地"项目也已正式启动。

（二）打造山海协作生态旅游文化产业园

山海协作生态旅游文化产业园是浙江省委省政府在首批启动建设的9个省级山海协作产业园已取得阶段性成果，山海协作工程深化推进，全省"大花园"建设如火如荼开展的背景下提出的。目前已确定14对合作县市，以经济生态化和生态经济化为主线，以"合作基础好、发展思路清、开发潜力大"为基本条件,以开化—桐乡山海协作生态旅游文化示范区的机制和模式为模板,开展生态旅游文化产业园共建,园区验收合格后,享受省级山海协作产业园政策。开化—桐乡山海协作生态旅游文化示范区依托开化独特的地理环境和桐乡的产业优势,由双方共同出资,在开化注册成立了股份有限公司作为产业示范区投资主体。双方联合成立了产业示范区管委会,负责管理园区建设相关事宜。双方还互派县(市)级领导和工作人员共同开展招商、规划等工作,为进一步加强两地旅游市场互动、实现资源共享最大化奠定了坚实的基础。园区围绕"文化为基,旅游为本,功能多元,融合发展"的项目建设理念,通过"一园多点"的平台建设,发掘开化龙顶茶、根雕、景区景点等特色资源,着力培育生产旅游、文化创意、康体休闲等重点产业,将生态优势转化为经济优势,以生态促转型、以转型保生态,切实推动示范区成为开化县域经济的新增长点。

表5-2　　　山海协作生态旅游文化产业园合作县市

| 序号 | 结对县市 | |
|---|---|---|
| 1 | 永嘉县 | 温州市瓯海区 |
| 2 | 文成县 | 瑞安市 |
| 3 | 泰顺县 | 温州市鹿城区 |
| 4 | 苍南县 | 温州市龙湾区 |
| 5 | 武义县 | 海宁市 |
| 6 | 磐安县 | 舟山市普陀区 |
| 7 | 青田县 | 平湖市 |
| 8 | 云和县 | 宁波市北仑区 |
| 9 | 庆元县 | 嘉善县 |
| 10 | 缙云县 | 杭州市富阳区 |
| 11 | 景宁县 | 温岭市 |
| 12 | 天台县 | 台州市路桥区 |
| 13 | 仙居县 | 玉环县 |
| 14 | 三门县 | 温岭市 |

(三) 签署深化山海协作工程框架协议

为了深化协作交流，进一步携手打造山海协作升级版，相关地市积极响应，建立起纵向统筹、横向联动、定期会商、运转高效的协作机制，促进优势互补、推动共赢发展。嘉兴与丽水签署了深化山海协作工程合作框架协议，明确今后两市将坚持"生态优先、绿色发展，政府引导、市场运作、优势互补、合作共赢、深入融合、全面发展"的原则，着力在生态农业、招商合作、文化旅游、"大花园"打造、教育、金融等领域加强合作。湖州与丽水签署了深化山海协作工程框架协议，明确在生态农业、招商资源、"飞地经济"、文化旅游、"大花园"打造、绿色金融等领域加强合作，打造山海协作工程"升级版"。杭州与衢州签署了深化山海协作工程战略合作协议，明确杭衢新一轮合作由原来的一个市级战略合作协议扩充为"1+17"的战略合作协议，双方将进一步健全完善合作机制，推动基础设施互联互通、产业发展合作共赢、环境保护联防联控、公共服务共建共享、干部人才互培共育，在更大范围、更广领域、更高层次上加强交流合作，构建两市全面合作新格局。

## 第三节 "山海协作"取得的主要成效

### 一 增强了欠发达地区的发展动力

对于欠发达地区，通过山海协作，引进了产业项目，提供了技术和人才，拓宽了人力资源增收途径，加快了新农村建设步伐，有力推进了经济社会的跨越式发展，提升了地方发展的内生动力。

(一) 提升了欠发达地区的经济实力

15年来，26县经济实现了跨越式发展，地区生产总值从2002年的850.2亿元增至2017年的5151亿元；人均GDP从2002年8012元增至2017年的53492元，相当于全省人均GDP的比例从2002年的47.6%提高到2017年的58.1%，提升10.5个百分点。2007年，欠发达乡镇农民人均收入达到4500元，80%以上的欠发达乡镇农民人均收入超过了全国平均水平；截至2014年年底，26县经济总量、财政收入、居民收入等主要经济指标超过全国县级平均水平，居民养老保险、最低生活保障标准也高于全国平均水平，并于2015年正式摘掉"欠发达"帽子，并取消GDP总量考核，转为重点考核生态保护、居民增收等。近3年来，这26个县（市、区）与其他地区的差距明显缩小，其经济总量、财政收入、城乡居民收入水平，已超过全国县域经济的平均水平，成为浙江经济的新增长点。

（二）促进了产业转型升级

山海协作工程有效推动产业由"海"向"山"转移并升级，有力促进了26县特色产业的发展。据统计，2002—2017年，26县共实施山海协作产业合作项目10634个，到位资金4875亿元，其中八大万亿产业和特色小镇项目1750个，到位资金1600亿元，占全部项目到位资金的60%。目前，衢州市初步形成了高档特种纸、氟硅、食品饮料、装备制造、消防器材、电子信息等特色产业；丽水市初步形成了精工机械、金属制品、装备制造、生物制药、生态农产品深加工等特色产业。仅衢州市一地计算，山海协作产业合作项目所创造的经济增加值占全市新增生产总值的25%左右。

（三）完善了产业发展平台

山海协作产业园作为山海协作工程的主战场，截至2017年年底，基础设施投资额126亿元，固定资产投资额402.7亿元，已开发土地面积42.07平方千米，空间开发率为80%，可出让土地面积为13.92平方千米。10个产业园（示范区）共引进产业项目290个，累计完成到位资金273.13亿元，其中，亿元以上项目149个，引进项目平均投资强度为320万元/亩。累计实现工业总产值205.26亿元，实现税收6.12亿，带动当地就业近万人。伊利乳业、娃哈哈、维达纸业、国镜药业、洛阳轴承、国机集团、中国农机院、邢台一拖等一大批"大、好、高"项目落户产业园。

（四）深化了新农村建设

在实施山海协作过程中，充分发挥省级部门、民主党派的作用，有序组织并引导发达地区、省外浙商、企事业单位等与26县开展新农村建设、劳动力就业培训、低收入群众增收以及教育、医疗、卫生、文化等领域帮扶与合作。据统计，2002—2017年，26县通过省财政专项、结对市县援助等渠道获得帮扶资金31.4亿元；通过"山海协作工程·百村经济发展促进计划""省外浙商回归工程·参与新农村建设计划",支持26县农村特色种植、养殖业、来料加工业、农家乐休闲旅游业等特色产业,积极拓宽群众增收渠道。截至目前,已在衢州、丽水地区农村建立起茶叶、中药材等近百个山海协作工程种子种苗基地和生态农业示范基地,直接带动26县近万名低收入农户实现增收。

(五)提高了劳动力水平

山海协作工程是提升欠发达地区劳动力素质、促进农民非农化的重要途径,通过签订各类劳务协作及培训协议,由劳动力输出地和输入地分别组织开展或合作开展技能培训,为广大有就业意向但又缺乏专业技能的求职者提供培训、考核、鉴定、发证、输出等"一条龙"服务。目前经济强县已帮助26县设立20多个山海协作实训基地,累计培训就业劳动力30余万人次。

## 二 弥补了发达地区的发展短板

山海协作工程不仅是推进欠发达地区加快发展的重要载体,同时通过促进合作双方的资源要素流通整合,也缓解发达地区资源要素制约,推动了发达地区的经济发展和转型升级,并加快全省产业结构优化升级和经济发展方式转变。

(一)拓展沿海发达地区产业发展空间

山海协作的实施将资源加工型和劳动密集型产业向26县转移,为沿海发达地区产业转型升级腾出了空间;同时,发达地区通过与26县开展资源与产业合作、园区共建等,获得了宝贵的耕地占补平衡指标。以衢州市为例,2006年以来,为杭州、宁波、嘉兴等地代造、代保、代建农保田近40万亩,为沿海发达地区转型发展提供了有力支持。

(二)促进了发达地区企业的成长扩张

发达地区企业向26县扩张发展,促进了发达地区资本、技术、服务的输出,加深了发达地区对26县的市场渗透,增加了发达地区的贸易机会,有利于企业充分利用欠发达地区的区位、科技、信息、市场、土地等资源,加快企业成长,提高市场运作能力,规范企业行为，加快企业"腾笼换鸟"、转型升级。

(三) 缓解了发达地区劳动力资源的供需矛盾

山海协作工程为欠发达地区剩余劳动力就业提供了广阔舞台，同时也为发达地区和山海协作企业提供了劳动力资源和保障。近年来，欠发达地区引进的一大批山海协作企业吸纳了大量剩余劳动力，自2002年以来共组织培训转移就业劳动力超过30多万人次，如丽水通过与宁波、嘉兴合作共建劳务实训基地，每年组织培训向发达地区输出劳动力超过1万人。

## 第四节　加强对欠发达地区的政策扶持

### 一　加强对欠发达地区的战略指引

浙江省委省政府高度重视欠发达地区发展，把推进欠发达地区加快发展作为全省现代化建设的战略重点，相继出台了一系列政策意见，从区域统筹协调发展的战略高度为欠发达地区的赶超式发展指明了方向。2001年8月、2005年12月和2011年3月，浙江省委省政府先后出台了三个《关于推进欠发达地区加快发展的若干意见》，根据发展阶段与社会经济形势的变化，与时俱进地调整政策支持力度与侧重点，顺应了浙江省区域协调发展、科学发展的要求，指导了欠发达地区的发展。2007年11月，浙江省委十二届二次全会审议通过的《关于认真贯彻党的十七大精神扎实推进创业富民创新强省的决定》，再一次对推进欠发达地区快速发展进行了重点部署；2008年年初，浙江省委省政府提出实施包含"基本公共服务均等化行动计划"和"低收入群众增收行动计划"在内的"全面小康六大行动计划"，着力在基本公共服务和低收入群众增收两个方面加快推进欠发达地区跨越式发展；2009年5月，浙江省委十二届五次全会审议通过《关于深化改革开放推动科学发展的决定》，强调依靠改革动力推进欠发达地区发展，形成区域间分工合理、要素互补、合作共赢的协调发展机制，努力缩小地区发展差距；2012—2013年，相继出台《中共浙江省委　浙江省人民政府关于加快山区经济发展的若干意见》《浙江省山区经济发展规划（2012—2017年）》和《浙江省山区经济发展专项资金和项目管理办法》,为山区改革和现代化建设提供政策支撑;2015年2月,省委省政府出台《关于推进淳安等26县加快发展的若干意见》,激励各县进一步绿色崛起、加快发展。另外,省委省政府及相关部门先后制定和实施了"低收入群众增收行动计划""重点欠发达县特别扶持政策""低收入农户收入倍增计划""绿色发展财政奖补机制"等系列政策措施,形成了涵盖转移支付、生态补偿、异地搬迁、结对帮扶等方面的扶持体系。

**二 加强对重点工程的机制保障**

为促进欠发达地区加快发展,浙江省积极创新以人才、项目和产业为主要内容的合作交流机制,启动实施了"百乡扶贫攻坚""百亿帮扶致富""山海协作"和"欠发达乡镇奔小康"等重大工程,形成了政策推动和帮扶平台建设相结合的有效工作机制。2002年起,浙江先后出台了《全面实施山海协作工程的若干意见》《关于实施新一轮山海协作工程的若干意见》《关于进一步深化山海协作工程的实施意见》《关于深入实施山海协作工程促进区域协调发展的若干意见》等一系列政策意见,明确对口协作的城市和地区通过产业转移、资源产业合作、建立协作园区等方式,开始双边互动全面对接,分层次、分阶段地建立健全规划指导机制、目标考核机制、政策引导机制、督查调研机制等,为增强山海协作动力,助推产业结构调整提供了有力的政策保障。2003年3月,浙江省出台了《关于实施"欠发达乡镇奔小康工程"的通知》,将原"百乡扶贫攻坚计划"的乡镇和2001年农民人均纯收入低于全国平均水平的乡镇列入欠发达乡镇,明确了政策举措和结对帮扶单位,并将欠发达乡镇的发展情况作为乡镇党政主要领导政绩考核的重要内容;2005年7月,浙江省政府又制定《关于进一步加快欠发达乡镇奔小康的若干意见》,加大推动力度;2010年,浙江省委省政府出台了《关于加快推进重点欠发达县群众增收致富奔小康的若干意见》,决定连续三年省财政每年每县安排财政专项转移支付资金2亿元,支持六个重点欠发达县群众加快增收致富奔小康。2003年6月,浙江省政府发布了《关于实施"五大百亿"工程的若干意见》和《浙江省"五大百亿"工程实施计划》,将"百亿帮扶致富工程"作为其中重点建设内容,通过下山移民、乡镇至村公路、水电站等工程建设,改善欠发达地区基础设施状况,增强欠发达地区的自我发展能力。

### 三 加强对平台建设的政策扶持

为全面推动山海协作产业园建设,不仅在省级层面出台了《关于推进山海协作产业园建设的意见》《山海协作产业园管理办法》《山海协作产业园建设发展工作考核评价办法》《山海协作产业园建设专项资金管理办法》等一系列政策文件,全面、规范地为山海协作产业园提供建设引导和支持,而且在市、县级层面出台了针对当地产业园建设提升的实施细则,目标明确,可操作性强。如衢州市出台了《省级山海协作产业园管理办法》,加强和规范衢州市省级山海协作产业园管理,指导做好省级山海协作产业园的组织协调、业务指导、督查督促等工作;余杭区出台了《关于积极推进产业转移促进柯城—余杭山海协作产业园发展的通知》,从加强引导宣传、加大协调服务、实行项目补助、设立专项基金等方面鼓励区内企业到柯城—余杭山海协作产业园的投资发展;镇海区出台了《关于推进"龙游—镇海山海协作产业园"建设奖励暂行办法》,对到产业园投资的镇海区企业(或自然人)给予实际投资额1.5%的奖励,加快区域产业结构转移;义乌市出台了《关于鼓励本地企业参与山海协作产业园的若干政策意见》,对入驻山海协作产业园的企业给予同等技改贴息补助,并根据企业自愿申报,优先列入候选企业,鼓励企业参与义博会;诸暨市出台了《关于鼓励到遂昌—诸暨山海协作产业园投资的意见》,对在山海协作产业园进行投资创业的投资者给予推进经济提升发展的若干政策等相关政策支持。对经省政府授牌的共建产业园,省财政每年给予基础建设资金补助,加大金融政策支持力度,并实施电费综合补贴和用地指标倾斜安排。省级有关部门既有的园区建设和产业发展等政策加大对共建产业园的支持力度。同时,在严格执行国家有关财税政策的前提下,对税收和规费地方留成部分,由合作双方按商定比例分成。对共建产业园中园内新增增值税和所得税省、市、县留成部分,全部由省、市、县财政补贴给园中园,用于园中园滚动发展。产业园共建各方都对共建产业园给予适当的用地计划倾斜,支持共建产业园所在的开发区(园区)扩容。

表 5-3　浙江省关于推进欠发达地区发展的相关政策意见

| | 文件名称 | 文件号 |
| --- | --- | --- |
| 战略思路方面 | 《关于推进欠发达地区加快发展的若干意见》 | 浙委〔2001〕17 号 |
| | 《关于推进欠发达地区加快发展的若干意见》 | 浙委〔2005〕22 号 |
| | 《关于认真贯彻党的十七大精神扎实推进创业富民创新强省的决定》 | 省委十二届二次全会通过 |
| | 《关于深化改革开放推动科学发展的决定》 | 浙委〔2009〕51 号 |
| | 《关于推进欠发达地区加快发展的若干意见》 | 浙委〔2011〕29 号 |
| | 《中共浙江省委　浙江省人民政府关于加快山区经济发展的若干意见》 | 浙委〔2012〕90 号 |
| | 《浙江省山区经济发展专项资金和项目管理办法》 | 浙财农〔2013〕607 号 |
| | 《关于推进淳安等26县加快发展的若干意见》 | 浙委〔2015〕8 号 |
| | 《关于建立健全绿色发展财政奖补机制的若干意见》 | 浙政办发〔2017〕102 号 |
| 重大工程方面 | 《浙江省人民政府办公厅关于转发省协作办实施山海协作工程帮助省内欠发达地区加快发展意见的通知》 | 浙政办发〔2002〕14 号 |
| | 《关于实施"欠发达乡镇奔小康工程"的通知》 | 浙委办〔2003〕14 号 |
| | 《浙江省人民政府办公厅关于全面实施山海协作工程的若干意见》 | 浙政办发〔2003〕54 号 |
| | 《浙江省山海协作工程财政贴息资金管理暂行办法》 | 浙计地区〔2003〕792 号 |
| | 《关于实施"五大百亿"工程的若干意见》《浙江省"五大百亿"工程实施计划》 | 浙政发〔2003〕16 号 |
| | 《关于进一步加快欠发达乡镇奔小康的若干意见》 | 浙政发〔2005〕36 号 |
| | 《浙江省人民政府办公厅关于实施新一轮山海协作工程的若干意见》 | 浙政办发〔2009〕63 号 |
| | 《浙江省人民政府办公厅关于进一步深化山海协作工程的实施意见》 | 浙政办发〔2015〕132 号 |
| | 《关于深入实施山海协作工程促进区域协调发展的若干意见》 | 省委发〔2018〕3 号 |

续表

| | 文件名称 | 文件号 |
|---|---|---|
| 平台建设方面 | 《中共浙江省委办公厅 浙江省人民政府办公厅关于推进山海协作产业园建设的意见》 | 浙委办〔2012〕83号 |
| | 《浙江省对口支援和山海协作领导小组办公室关于印发浙江省山海协作产业园管理联席会议及办公室、成员单位工作职责的通知》 | 浙山海协作办〔2013〕10号 |
| | 《浙江省对口支援和山海协作领导小组办公室关于印发浙江省山海协作产业园管理办法（试行）的通知》 | 浙山海协作办〔2013〕9号 |
| | 《浙江省对口支援和山海协作领导小组办公室关于印发浙江省山海协作产业园建设发展工作考核评价办法（试行）的通知》 | 浙山海协作办〔2013〕8号 |
| | 《浙江省人民政府经济合作交流办公室关于印发浙江省省级山海协作产业园统计制度（试行）的通知》 | 浙经合发〔2013〕54号 |
| | 《浙江省对口支援和山海协作领导小组办公室关于进一步做好省级山海协作产业园产业定位、项目准入和招商选资工作的通知》 | 浙山海协作办〔2014〕10号 |
| | 《浙江省财政厅 浙江省人民政府经济合作交流办公室关于印发浙江省山海协作产业园建设专项资金管理办法（试行）的通知》 | 浙财建〔2013〕424号 |

## 第五节 经验与启示

### 一 既要帮扶更需双赢

山海协作工程作为市场经济条件下结对帮扶的创新型模式，通过两地资源、技术、人才等要素的流动、整合，开展全方位、多领域的合作，以先发带动后发，实现优势互补，联动发展，而山海协作工程能持续保持双方热情和积极性，关键在于合作共赢，以互补促协作，以协作促双赢，全力促进两地经济良性互动。如镇海和龙游，从2013年成立山海协作产业园以来，连续四年考核排名位列前三，其中一等奖三次、二等奖一次，工程成绩斐然，其中龙游县工业平台良好，区位优势明显，各项资源丰富，尤其是土地资源得天独厚，而镇海在产业发展、招商引资等方面的先进做法和成功经验是龙游学习的标杆，双方在资源、经验等方面互补性强，具有广阔的合作空间，未来着力在招商引资、企业管理、产业基金等方面加强两地的对接和合作，继续开展深入合作，实现共赢。

## 二 造血比输血更重要

山海协作工程突破了长期以来以输血帮扶为主的传统扶贫模式，探索建立了符合市场经济条件下扶贫开发以对口造血帮扶为主的新模式，旨在把欠发达地区培育成为新经济增长点，是一项民心工程、德政工程、双赢工程。把"输血"变为"造血"，发展产业是核心，通过加大经济强县产业转移和要素支持力度，深化产业链区域分工合作，帮助26县发展产业链延伸及配套产业，重点帮助26县引进和培育重点产业龙头企业，构建企业主体"造血机制"，带动产业链上下游企业集聚发展。要"输血"更要"造血"，"授之以渔"是关键，湖州和丽水携手全力打造山海协作"升级版"，在给予资金项目援助的同时，湖州还安排了柔性智力支持，主要以"就业、教育、人才"为重点领域，推动丽水当地中等职业学校职业技能实训基地的建设和提升，对当地农村带头人以及符合当地产业发展需求的劳务人员进行职业技能培训，提升其劳动力素质水平。

## 三 推动欠发达地区发展最根本的是内生因素

激发内生发展动力是推动欠发达地区跨越式发展的根本所在。"扶贫先扶志"，培育欠发达地区内生发展动力首先要解放思想，增强欠发达地区自我发展的信心和意愿，改变过去那种安于现状、求稳怕变、严重依赖的思想，充分调动广大干部群众的积极性，树立加快发展的坚定信念，积极主动地参与到山海协作工作中来。"扶贫必扶智"，培育欠发达地区内生动力最核心的就是要改善欠发达地区的社会文化和教育水平，通过支持26县开展义务教育学校标准化建设、教师交流培训、联合办学和远程教育、职业教育办学和"校际结对帮扶"等活动改变知识贫困、技术落后的状况，为自身"造血"提供最重要的动力支撑。"机制强动力"，加强欠发达地区的体制机制创新，通过山海协作园区共建机制、产业化培训机制、组织推进机制、政策激励机制、基础保障机制等的建立完善，提升欠发达地区的特色产业竞争力、"小县大城"集聚力、创业创新驱动力、生态环境支撑力和公共服务保障力，努力使欠发达地区成为浙江经济新的增长点。

### 四　推动山海协作可持续进行必须坚持市场化方向

"山海协作工程"是一个市场化扶贫的大平台，它的成功之处不只在政府层面的全力推动，更重要的是通过政府引导激发了市场的力量，在市场机制的调控下，实现"政府搭台，企业唱戏"，找到效率最高、吸引力最强的合作对象和模式，这是持续发展的重要原则，也是浙江山海协作工程的"活力"所在。在浙江的对口协作过程中，虽然在起步阶段各个地区都按照省里规划的结对地区寻找合作，但是不久以后市场就起了决定性作用。如省里原先确定常山和绍兴市的嵊州是协作伙伴，但由于两地的产业和要素资源不对接，合作起来比较勉强，而常山拥有的丰富的矿产和旅游资源，正是绍兴县和诸暨市一些企业的运作强项，于是双方一拍即合，迅速调整合作战略；又如丽水市的对口市为宁波和湖州，但丽水却积极利用地缘优势，引进了一大批适合在本土成长和扩张的温州、金华企业，政府将主要角色退回到牵线搭桥的引导作用，而企业主动参与山海协作工程的主观能动性越来越强，企业跨区域扩张正在由政府引导下的自发变为市场调节下的自觉自愿，实现欠发达地区与发达地区的全面互动对接，并把合作的触角延伸到长三角和海西地区，使市场在资源配置中的决定性作用得到充分发挥。

# 第六章　省际合作：接轨大上海  融入长三角

　　主动接轨上海、积极参与长三角地区合作与交流，是习近平同志在浙江工作期间推进以上海为龙头的长江三角洲地区经济一体化发展的大谋局和大手笔。2003年，在浙江省委十一届四次全会上，时任浙江省委书记习近平同志提出统领浙江经济社会发展全局的"八八战略"，其中排在第2位的就是"进一步发挥浙江的区位优势，主动接轨上海、积极参与长江三角洲地区合作与交流，不断提高对内对外开放水平"。近年来，浙江与包括上海在内的长三角兄弟省市合作的广度、深度和强度不断加大，接轨上海、长三角一体化日益成为推动浙江经济社会持续发展的重要引擎。

## 第一节　以接轨上海为重点的长三角 区域合作机制的建立和完善

### 一　浙江接轨上海、参与长三角合作的历程

　　浙沪两地地域相连、人缘相亲、文化相通，民间交往联系活跃，经济交往历史悠久。但受制于行政区划，浙沪两地乃至长三角区域合作亟待破解行政分割难题。时任浙江省委书记习近平同志正是从战略高度认识到了长三角区域合作的重要性和紧迫性，于2003年3月，率领浙江省党政代表团赴上海、江苏开展学习考察，成员包括各市市委书记以及省级有关部门一把手共80余人，规模空前。习近平同志的沪苏之行拉开了三省市高层频繁互访的序幕，浙江与上海、江苏分

别签署进一步推进经济合作、技术交流的协议，并就习近平同志提议的建立党政主要领导定期会晤机制的设想达成共识，长三角区域合作骤然升温，2003年也因此被视为"长三角元年"①；同年5月，浙江省委省政府印发《关于主动接轨上海积极参与长江三角洲地区合作与交流的若干意见》；7月，习近平同志提出统领浙江经济社会发展全局的"八八战略"，其中"主动接轨上海参与长三角合作"是"八八战略"的重要组成部分。为此，省委省政府专门召开工作会议，出台相关文件，成立了由省政府领导挂帅的领导小组及其工作机构，并在各市都建立了接轨上海、参与长三角合作与交流领导小组及办公室，制定出台了一系列政策文件和工作举措，把接轨和合作当作长期的战略任务加以推进。

"八八战略"奠定了接轨上海、参与长三角合作的主基调。2003年以来，浙江秉承"主动接轨上海、拥抱上海、服务上海"的理念，无论在领导协调层次还是接轨合作领域，都取得了较大进展，形成了一套接轨上海、融入长三角发展的合作机制，主要体现在：一是从常务副省长参加上升到省委书记、省长参加。2001年由浙江发起在杭州千岛湖召开的"沪苏浙经济合作与发展座谈会"由各省市常务副省（市）长参加，从2005年开始上升到由各省（市）委书记、省（市）长出席，建立了长三角主要领导年度会晤机制。二是从城市间的合作对接扩大至省与省（市）之间的合作对接。浙江参与长三角区域合作从城市间经济合作起步，从1992年开始参加长三角15个城市经济协作办主任联席会议，到1997年升格为由各市市长参加的长三角城市经济协调会，到2001年，随着沪苏浙三省市"沪苏浙经济合作与发展座谈会"制度化，浙江参与长三角区域合作从城市层面跃升到省级层面，至2008年，国务院正式印发《国务院关于进一步推进长江三角洲地区改革开放和经济社会发展的指导意见》，浙江参与长三角合作已经进入区域整体性合作的新阶段。三是从两省一市合作扩大至三省一市合作。2011年起，安徽省正式加入长三角区域合作，

---

① 李昊等：《钱江奔涌向大洋——习近平总书记在浙江的探索与实践·开放篇》，《浙江日报》2017年10月9日第1版。

长三角合作区域范围由原先的沪苏浙两省一市扩大至沪苏浙皖三省一市。随着国家推进长江经济带发展，2017年浙江省政府工作报告明确要求"全面落实国家区域发展总体战略，主动接轨上海、推动长三角一体化，积极参与长江经济带建设"。2017年6月，浙江省第十四次党代会报告指出，今后五年"积极参与长江经济带建设和长三角地区合作发展，支持嘉兴打造全面接轨上海示范区，不断拓展发展空间"。

## 二 长三角区域合作机制的主要架构

经过多年的合作沟通，浙江接轨上海、参与长三角合作取得了阶段性成果，长三角区域合作确立了"主要领导座谈会明确任务方向、联席会议协调推进、联席会议办公室和重点专题组具体落实"的机制框架，已形成决策层、协调层和执行层"三级运作"的区域合作主要架构。2018年3月，浙江与上海、江苏、安徽共同组建了长三角区域合作办公室，在上海实现了集中办公。长三角区域合作办公室将在综合协调和督促落实等方面发挥积极作用，成为上下协同、四方联动的枢纽和平台。

（一）决策层：长三角地区主要领导年度会晤制度

长三角地区主要领导座谈会由时任浙江省委书记习近平同志提议设立，首次会议于2005年12月25日在杭州召开，是长三角区域合作机制中的决策层，沪苏浙皖三省一市省（市）委书记、省（市）长出席，三省一市常务副省（市）长、党委和政府秘书长、党委和政府研究室主任、发展改革委主任和分管副主任参加，每年召开一次，是最高层次的联合协调机制。多年来，长三角主要领导座谈会致力于打破行政界限，推动区域经济一体化、打造世界级城市群，一方面回顾、总结当年的长三角合作成果，另一方面结合宏观形势，讨论来年甚至更长时间内区域发展的战略问题，审议、决定和决策关系区域发展的重大事项，成为"推动长三角地区联动发展"这一国家战略的坚定执行者。

表 6-1　　　　2011—2016 年长三角地区主要领导座谈会情况

| 时间 | 地点 | 主题 | 重点讨论事项 |
| --- | --- | --- | --- |
| 2011.11.20 | 合肥 | 加快转型发展，推动产业转移 | 推动产业有序转移和科学承接、联动实施多个国家区域发展战略、深化重点专题合作等 |
| 2012.9.21 | 杭州 | 联动实施国家战略、共同推进创新发展 | 推动经济转型升级、加快实现新型城镇化、联动实施国家战略、深化重点专题合作、完善合作发展机制等 |
| 2013.12.18 | 南京 | 加快转型升级，共同打造长三角经济"升级版" | 推动经济转型升级、联动实施国家战略、深化重点专题合作、完善合作发展机制等 |
| 2014.12.2 | 上海 | 积极参与"一带一路"和长江经济带国家战略，在新的起点上推进长三角地区协同发展 | 深化重点领域改革、深入推进经济结构调整、加强重点专题合作、完善区域合作协调机制等 |
| 2015.12.3 | 合肥 | 共同谋划"十三五"长三角协同发展新篇章 | 深度融入国家战略、推动经济转型升级、深化重点专题合作、完善合作发展机制等 |
| 2016.12.8 | 杭州 | 创新、协同、融合：共建世界级城市群 | 优化区域发展布局、建设协同创新网络、推进重大事项合作等 |

（二）协调层：长三角地区合作与发展联席会议制度

长三角地区合作与发展联席会议是长三角区域协调机制中的协调层，每年由常务副省（市）长率队参加，主要任务是做好主要领导座谈会筹备工作，落实主要领导座谈会部署，协调推进区域重大合作事项。联席会议一般在每年的第三季度召开一次，按照长三角地区主要领导座谈会轮值顺序轮流承办。2009 年 8 月第一次会议在江苏无锡召开，审议并原则通过了联席会议工作制度和重点专题组工作制度，确定了联席会议每年举办一次，商定明确下一年的合作课题和重点任务，并形成纪要，推动各专题组工作。2016 年 11 月第八次长三角合作与发展联席会议在浙江杭州召开，围绕联动实施《长三角城市群发展规划》，加强顶层设计和系统谋划，联动实施推进创新体系建设等重大战略，联合编制重要规划，积极创新重点改革，推动三省一市共同谋划"十三五"长三角协同发展新篇章。

(三) 执行层：联席会议办公室、重点合作专题组和城市经济协调会

执行层是在主要党政领导座谈会和联席会议领导的指导下，实行重点合作专题协调推进制度，通过召开办公会议和各专题组会议来运作。执行层包括联席会议办公室、重点合作专题组和城市经济协调会。

1. 联席会议办公室：沪苏浙皖三省一市在发展改革委（或合作交流办）设立"联席会议办公室"，其分管副主任兼任联席办主任。

2. 重点合作专题组：各专题组的工作由省（市）业务主管部门牵头负责，目前设立了交通、能源、信息、科技、环保、信用、社保、金融、涉外服务、城市合作、产业、食品安全12个重点合作专题，其中城市合作专题固定由上海市牵头，上海市政府合作交流办具体负责，其他专题由当年轮值方牵头。

3. 长三角城市经济协调会：长三角城市经济协调会为市级层面的协调层，由长三角城市自发组织自愿参加，是长三角城市间横向交流与合作的主要平台，目前已举办了17次，浙江省已有6个城市成功主办。

表6-2　　历次长三角城市经济协调会（市长联席会议）

| 序号 | 时间 | 地点 | 会议主要内容 |
| --- | --- | --- | --- |
| 第一次 | 1997.4 | 扬州 | 确定了由杭州市牵头的旅游专题和由上海市牵头的商贸专题为长江三角洲区域经济合作的突破口，审议并原则通过了《长江三角洲城市经济协调会章程》 |
| 第二次 | 1999.5 | 杭州 | 确定了重点开展加强区域科技合作、推进国企改革和资产重组、研究筹建国内合作信息网和旅游商贸进一步深化等专题研究 |
| 第三次 | 2001.4 | 绍兴 | 提出工作重点为深化专题合作活动，完善运作机制；研究区域发展课题，引导合作方向；加强沟通协调，扩大联合与协作 |
| 第四次 | 2003.8 | 南京 | 以"世博经济与长江三角洲联动发展"为主题，通过了《关于以承办世博会为契机，加快长江三角洲城市联动发展的意见》 |

续表

| 序号 | 时间 | 地点 | 会议主要内容 |
|---|---|---|---|
| 第五次 | 2004.11 | 上海 | 以"完善协调机制，深化区域合作"为主题，讨论通过了《长江三角洲城市经济协调会章程修正案》，签署了《城市合作协议》 |
| 第六次 | 2005.10 | 南通 | 以"促进区域物流一体化，提升长三角综合竞争力"为主题，确定了长三角协调会会徽，成员城市共同签署了《长江三角洲地区城市合作（南通）协议》 |
| 第七次 | 2006.11 | 泰州 | 以"研究区域发展规划，提升长三角国际竞争力"为主题，成员城市签署了《长江三角洲地区城市合作（泰州）协议》 |
| 第八次 | 2007.12 | 常州 | 重点围绕"落实沪苏浙主要领导座谈会精神，推进长三角协调发展"的主题和完善区域合作机制等问题进行了研讨，签署了《长江三角洲地区城市合作（常州）协议》 |
| 第九次 | 2009.3 | 湖州 | 以"贯彻国务院关于进一步推动长江三角洲地区改革开放和经济社会发展的指导意见精神，共同应对金融危机，务实推进长三角城市合作"为主题，签署了《长江三角洲地区城市合作（湖州）协议》 |
| 第十次 | 2010.3 | 嘉兴 | 以"用好世博机遇、放大世博效应，推进长三角城市群科学发展"为主题，同意新增6个协调会会员，批准继续深化"长三角医疗保险合作""长三角金融合作""长三角会展合作"3个合作专题，新设"长三角园区共建"专题和"长三角异地养老合作""长三角现代物流业整合和提升"2个课题，签署了《长江三角洲地区城市合作（嘉兴）协议》，并正式更名为"长江三角洲城市经济协调会市长联席会议" |
| 第十一次 | 2011.3 | 镇江 | 以"高铁时代的长三角城市合作"为主题，批准继续深化"长三角园区共建合作"专题，新设"长三角农业合作"等9个专题，签署了《长江三角洲地区城市合作（镇江）协议》 |
| 第十二次 | 2012.4 | 台州 | 以"陆海联动，共赢发展——长三角城市经济合作"为主题，批准新设"长三角地区专利运用合作体系建设"等10个课题，签署了《长江三角洲地区城市合作（台州）协议》 |
| 第十三次 | 2013.4 | 合肥 | 以"长三角城市群一体化发展新红利——创新、绿色、融合"为主题，新增8个协调会会员 |
| 第十四次 | 2014.3 | 盐城 | 以"新起点、新征程、新机遇——共推长三角城市转型升级"为主题，批准成立了长三角城市经济协调会新型城镇化建设、品牌建设等专业委员会，签署了《长江三角洲地区城市合作（盐城）协议》 |

续表

| 序号 | 时间 | 地点 | 会议主要内容 |
| --- | --- | --- | --- |
| 第十五次 | 2015.3 | 马鞍山 | 以"适应新常态、把握新机遇——共推长三角城市新型城镇化"为主题，批准成立长三角协调会健康服务业专业委员会，设立长三角城市群实施国家"一带一路"战略研究等7个课题，签署了《长江三角洲地区城市合作（马鞍山）协议》 |
| 第十六次 | 2016.3 | 金华 | 以"'互联网+'长三角城市合作与发展"为主题，批准成立长三角协调会创意经济产业合作专业委员会、长三角青年创新创业联盟和长三角新能源汽车联盟，开展构建长三角海洋经济合作机制研究，并提出《"互联网+"长三角城市合作与发展共同宣言》 |
| 第十七次 | 2017.3 | 淮安 | 以"加速互联互通，促进带状发展——共推长三角城市一体化"为主题，发布了《长江三角洲城市经济协调会淮安宣言》 |

### 三 浙江参与长三角区域合作的重点领域

多年来，浙江一直主动接轨上海、拥抱上海、服务上海，积极承接上海的辐射，充分用好上海的溢出效应，坚持与上海差异竞争、错位发展。在习近平同志及历任浙江省委主要领导的积极推动下，浙江接轨上海、参与长三角合作已经取得了很多重大进展，特别是2018年颁布实施《长江三角洲一体化发展三年行动计划》，明确交通、能源、产业、信息、环境、民生、市场七大行动任务，浙江参与长三角区域合作将更加深入有序推进。

一是基础设施建设实现"硬件"接轨。推进与上海、江苏、安徽公路水运通道的对接和建设，2007年建成了杭州湾跨海大桥；积极与上海市联合建设洋山深水港区，已建成洋山深水港及洋山保税港区；加强城际铁路建设，沪杭电气化铁路、宁杭铁路等已建成通车。目前，浙江正着力推进通苏嘉甬铁路、商合杭铁路、沪乍杭铁路等项目建设，打通省界断头路，深化与上海合作开发洋山港区，启动大小洋山规划编制与合作开发。

二是强化规划衔接，努力做到"规划接轨"。积极配合国家发改委完成《长三角区域规划纲要》，会同上海、江苏、安徽，先后完成《长三角地区综合交通规划》《长江中下游水污染防治规划》《长三角人才开发一体化发展规划》《长三角旅游一体化发展规划》等专项规划。推动长三角区域合作办公室成立与运作，已派出3名工作人员驻沪，积极配合编制完成《长三角地区一体化发展三年行动计划（2018—2020年）》，推动落实一批重大项目。

三是推进产业合作和组织重大活动接轨。杭州、宁波、湖州、嘉兴、绍兴等地发挥区位优势，积极承接上海产业转移，目前正着力推进G60科创走廊建设。嘉兴积极共建张江平湖科技园、漕河泾开发区海宁分区、浙沪核电产业共享区等平台，引入临沪盘古数据产业园等多个重大项目；宁波杭州湾新区借助杭州湾跨海大桥优势，成功引入上汽大众宁波基地、上海绿地集团，逐渐成为浙沪合作最紧密地区。此外，杭州市、宁波市充分利用"西博会""浙洽会""服装节"等大型展会平台，将展会平台打造为推进浙江与长三角经贸合作的重要平台。

四是推动区域生态环境共建共保。生态优先、绿色发展是浙江生态环保的首要原则，从"五水共治"到治土治气，浙江在污染防治、生态修复等方面已先行一步，特别是在水环境防治方面，新安江流域生态补偿试点[①]作为我国首个跨省流域生态补偿试点，于2011年启动，目前试点已经进入第三轮，浙皖两省将进一步创新上下游合作方式和内容，加强两省在产业、人才、文化、旅游等方面的合作，新安江流域生态共建补偿模式正逐步成熟。

五是推动设立长三角一体化投资基金。在2018年6月1日举行的长三角主要领导座谈会上，浙江与两省一市就共同设立长三角一体化发展投资基金签署了框架性协议，其中，浙江龙盛集团等企业积极响应参与基金发起设立，该基金总规模1000亿元，首期100亿元，将重点投向跨区域基础设施建设、生态环境治理、科技创新等领域。下一步，还将在国家指导支持下，探索建立跨区域生态补偿等机制。

## 第二节　建立嘉兴全面接轨上海示范区

2004年3月，时任浙江省委书记习近平同志在嘉兴调研时就强

---

[①] 该试点在国家财政部、环保部指导下，由皖浙两省开展。

调:"嘉兴作为浙江省接轨上海的'桥头堡',承接上海辐射的'门户',要在全省'接轨大上海,融入长三角'中发挥更大的作用。"时任浙江省政府主要领导也曾在嘉兴调研时指出:"嘉兴要深入实施'与沪杭同城'战略,打造成为全面接轨上海的示范区,把全面接轨上海这篇文章做深做透,努力实现理念、产业、基础设施、政策'四个接轨'。"2017年3月29日,浙江省政府同意嘉兴市设立"浙江省全面接轨上海示范区"。同年5月26日,浙江省发改委又印发《嘉兴市创建浙江省全面接轨上海示范区实施方案》,在轨道交通接轨、园区建设等八大重点事项以及科技成果转化机制、特色小镇创建、人才引进培养机制等15项创新改革项目支持嘉兴全面接轨上海。2017年7月26日,中共嘉兴市委办公室、嘉兴市人民政府办公室印发《嘉兴市创建浙江省全面接轨上海示范区行动计划(2017—2020年)》,进一步将接轨上海落在实处。

## 一 强化交通体系与公共服务一体化

嘉兴市深入实施"与沪杭同城"战略,将推进综合交通和公共服务一体化作为接轨上海的关键领域,加快与上海同城化步伐,主要做法有:一是推进交通网络一体化。重点聚焦嘉兴市域轨道交通与上海对接,加快推进嘉兴军民合用机场、沪乍杭铁路、杭州湾跨海大桥北接线二期、320国道改线等重点交通建设工程,通过推进张江平湖科技城张江大道快速路及连接线、嘉善经济技术开发区至上海松江9号线通勤巴士等项目,实现与上海的通勤对接。二是推进文教卫资源共建共享。实施"沪嘉教育同行计划""沪嘉医疗三同计划"[①],对标上海基本公共服务标准,加快引入上海优质的教育、医疗、文化等资源,拓展深化与海军军医大学、上海复旦大学医学院、上海交通大学医学院、同济大学医学院、上海中医药大学等高等医学院校附属医院的全面合作,全面提升嘉兴市民对接轨上海的获得感。三是推进区域

---

① "沪嘉教育同行计划"即重点推进教育体制机制、教育理念、教育评价、人才培育等与沪接轨,把嘉兴打造成为"红船旁的江南品质教育城市";"沪嘉医疗三同计划"即沪嘉两地实现医疗技术同城、医疗服务同质、医疗资源同享。

社会服务同城共享。积极破除行政壁垒，以与上海"一卡通"为重点，深化市民卡在上海互通应用，进一步扩大沪嘉两地医保卡"点对点"实时刷卡结算医院范围，争取首批纳入上海异地双向刷卡结算地。深化开展沪嘉多元文化交流，推广嘉兴文化节庆品牌，积极参加上海各类国际性文化会展活动，争取上海高规格体育赛事在嘉兴市设立分站（场）。

## 二 着力推进产业人才资本有效对接

嘉兴市积极实施"121"平台合作计划[①]，加快推进与上海产业、创新、人才合作平台建设，取得成效如下：一是承接高端产业转移。以平台为载体，加强与上海产业合作配套、协同发展，推进张江长三角科技城平湖园与上海加快建立"统一规划、协同招商、同步建设、共享品牌"合作机制，上海自贸区（嘉善）协作区、浙沪毗邻地区一体化发展示范区、上海漕河泾高新技术开发区海宁分区等规划建设顺利推进。以嘉善县为例，目前全县30%以上的工业产品为上海配套，50%的农产品供应上海，70%的游客来自上海，90%的外资和县外内资直接或受上海影响而进入嘉善。二是推进创新平台对接。围绕建设沪嘉杭G60科创走廊，着力培育对沪创业创新平台，深化与上海重大创新平台及高校科研机构的对接合作，嘉兴科技城、秀洲国家高新技术产业开发区、嘉兴智慧产业创新园、中国归谷嘉善科技园、乌镇互联网创新发展试验区、海宁鹃湖（国际）科技城等科技创新平台能级进一步提升。三是推进人才合作对接。制定人才与平台合作支持政策，持续推进"沪·育""沪·挂""沪·联""沪·溢"四大计划，加快推进嘉善上海人才创业园、浙江新型产业研究院（嘉兴科技城—上海大学共建）、海宁沪浙人力资源产业园等人才合作平台建设，先后出台加强创业创新型高层次人才队伍建设、促进人才创业新政"创十条"及"人才新政三十二条"等政策，为创业创新提供政策支持。加强与上海浦江论坛、上海欧美同学会、上海留学生联合会等机构及上海交

---

① 嘉兴市"121"平台合作计划即加快推进嘉兴与上海产业、创新、人才合作平台建设，重点建设10个左右产业合作平台、20个左右创新合作平台和10个左右人才合作平台。

大、复旦等名校合作，成功举办"上海人才嘉善行"等活动。

### 三 创新建立跨区域协同机制

主要做法有：一是政策协同。加强政策共享，进一步梳理嘉兴市政策、规章制度及办事规则与上海的差异，研究制定承接上海非核心功能相关配套政策，充分发挥嘉善县域科学发展示范点体制机制优势，率先复制推广上海自贸区投资便利化、贸易自由化等方面创新政策，并重点在国家级开发区、保税区逐步推广，努力消除与上海政策落差。加强智库共研，深化智库合作研究机制，与在沪知名智库建立紧密型合作关系。二是规划协同。加强规划引领，按照全面融入上海都市圈的目标，在发展战略、空间布局、功能定位等方面与《上海城市总体规划（2016—2040）》进行深度对接。开展全面接轨上海示范区的规划研究，进一步明确城乡发展、基础设施建设、产业布局等内容，强化全面接轨的落脚点与着力点。建立沪浙（嘉兴）规划实施的协调推进机制，探索制定沪浙（嘉兴）规划实施蓝皮书，推动与上海规划全面对接、协调统一、更好地实现融合发展。三是机制协同。建立双层双向对接机制，积极争取省级层面建立省与嘉兴市联席会议等对接协调机制，并争取建立与上海市的协调推进机制。加强与上海开展常态化交流，充分发挥嘉兴市驻沪联络处作用，优化党委政府、部门区域、商会协会等与上海多层面对接协调机制，每年组织党政代表团赴上海学习考察，加强与上海对口部门日常联系，形成接轨上海工作新格局。深化松江、金山等毗邻区域对接合作机制，共同推进落实合作事项，着力在社会治理、生态环保、联合执法等方面开展紧密合作，提升区域融合水平。

## 第三节 经验与启示

### 一 长三角一体化的本质是市场一体化

区域合作的本质在于建立共同市场，实现资源要素的合理流转和优化配置。只有不断克服和消除影响资源要素流动的制度体制机制障碍，才能实现市场充分竞争、区域优化发展。长三角区域合作历史悠久，民间经济联系活跃，可追溯到唐宋时期，改革开放以来，随着长三角区域经济发展规模不断壮大，产业层次不断丰富，区域合作交流的需求也不断攀升，由行政区划障碍导致的区域市场分割问题日益凸显，打破行政区划壁垒、建立区域统一市场显得尤为紧迫。为此，无论是长三角地区主要领导座谈会，还是联席会议办公室、重点合作专题组和城市经济协调会，核心目标一直是打破行政区划界限、推动区域经济一体化发展。2014年12月，三省一市签署了《推进长三角区域市场一体化发展合作协议》，目标就是打破条块分割的政策和体制障碍，加快探索建立统一的区域市场规则体系。特别是结合上海自贸试验区建设，创新区域合作模式，建立起更为紧密的合作工作机制。可以预见，长三角市场一体化正在加快建立和创新发展。

## 二　主动接轨上海是浙江参与全球竞争的必然选择

未来区域发展，越来越需与国际、国内战略相向而行、顺势而为。国际上，货物贸易将保持平稳增长态势、服务贸易将扩面提速，港口竞合发展将加剧；在国内，京津冀一体化、粤港澳大湾区上升为国家战略，区域合作正成为引领区域发展的新趋势。长三角城市群是我国经济最具活力、开放程度最高、创新能力最强、吸纳外来人口最多的区域之一，完全有可能将其打造成为世界级城市群，发展潜力巨大。随着上海四大中心建设在全国的战略定位日益提升，上海自贸区的设立成为其新标志；习近平总书记提出上海还需成为全球科技创新中心。浙江港航物流发达、民营经济活跃、创新开放加速，与上海在国际航运中心、全球科创中心建设以及生态环境共治共享等方面具有较强的共同发展诉求，浙江要参与全球更高水平的竞争合作，需要正确把握全球发展战略格局的变化趋势，正视上海全球城市崛起的客观背景，积极参与上海全球城市建设，才能更加有效地扩大开放、实现转型，在区域竞争中赢得主动和先机。

## 三　促进长三角合作需要深化市场化改革和完善政府间协调"双管齐下"

从国内外区域合作的实践来看，区域合作一般分为非制度化的协调机制和制度化的协调机制,区域合作好的制度安排应该是打破行政区经济壁垒,建立区域一体化市场。长三角区域合作已进入多形式、宽领域、深层次的实质性深化提升阶段,但目前在完善规划互动合作机制、统筹综合交通布局、推进市场一体化机制、生态环境协同保护治理机制等方面仍存在不足,长三角区域合作的市场化改革还需深化,而政府间协调则因区域市场化程度尚未达到一定高度,政府间的行政壁垒还需政府自身来破解。长三角合作的深入推进离不开促进区域市场一体化的改革,如将自贸区建设、通关一体化、"最多跑一次"行政审批制度改革稳步在长三角地区复制推广;长三角合作的深入推进更离不开政府间协调机制的完善,特别是加快国家层面的顶层设计与统筹协调,加强三省一市的部门之间协调以及跨地区合作发展。当前形势下,把握住一体化市场构建和政府间协调机制强化两个方面,才能正确建立合作对接的大格局,才能将长三角合作的协调体制机制落在实处,阻碍人才、资金等资源要素流动的问题也将迎刃而解。

### 四 接轨上海应立足差异、"梯度接轨"

打造世界级城市群,是核心城市功能疏解与重组提升,进而促进周边城市发展壮大、深化调整的过程。通过区域合作,促成辐射、承接、转移、提升,可以在更大的区域范围内达成要素优化配置。对于上海而言,高度集聚的城市能量要求有广泛且联系紧密的腹地空间,尤其倾向于寻找具有产业互补、功能多元、生态宜居的城市,形成边缘增长极,推进城市格局向"圈层"多中心转变。在带动城市群整体提升的同时,又促进了核心城市功能的高级化。近沪地区具有"北密南疏"的空间特征,向南与浙江联动发展具有广阔前景。浙江通过内联外延、接沪融长,引导北部临沪的嘉善、平湖等地,分担上海城市功能,成为新兴增长单元,同时拓展江海联运的北上和西向交通腹地,大幅提升双向及多向的人流、物流、信息流效率,有利于促进长三角城市群时空提效、能级提升。从这个层面上来说,浙江近沪地区的发展也印证了区域经济一体化的梯度转移规律,近沪地区接轨上海的模式与质量,直接影响与浙江接轨上海、融入长三角的合作进程。

# 第七章　基本公共服务：力推城乡均等化

　　基本公共服务是指由政府提供的保障全体社会成员基本生存权和发展权的最低程度的公共服务。从内容来看，主要包括义务教育、公共卫生、公共文化、社会保障、公共安全等。基本公共服务均等化，是指政府及公共财政要为不同利益集团、不同经济成分和不同社会阶层提供一视同仁的基本公共产品和公共服务，包括财政保障、成本分担、收益分享等方面的内容。通常而言，基本公共服务均等化主要面对三个层次的目标：区域公共服务均等化、城乡公共服务均等化和全民公共服务均等化。由于我国长期是在以户籍制度划分的城乡二元结构之上构建的基本公共服务体系，因此城乡公共服务的差距更为突出，城乡基本公共服务均等化的任务也更为紧迫。

　　20世纪90年代之前，浙江在城乡社会政策和公共服务体系建设上的改革发展步调基本与全国保持一致。以2001年出台《浙江省最低生活保障办法》为标志，浙江在政策创新和发展目标上开始领先全国。这一社会政策创新打破了长期以来的城乡二元思维，将最低生活保障全面推向城乡贫困人口，成为全国最早实施城乡一体化的最低生活保障制度的地区。2008年浙江省政府启动了国内首个城乡基本公共服务均等化行动计划（2008—2012），在浙江省国民经济和社会发展"十二五"规划中，又明确提出大力推进城乡基本公共服务均等化建设，加大基本公共服务资源向农村、欠发达地区和困难群体的倾斜力度，扎实推进城乡基本公共服务均等化。从具体举措上来看，浙江在义务教育均衡发展、城市优质医疗资源下沉、构建一体化的社会养老保险制度等方面亮点突出,走在全国前列。浙江经验表明,推进城乡基本公共服务均等化,是优化城乡资源配置,确保全体居民生存和发展的起点平等、机会均等,实现城乡协调发展的关键手段。

# 第一节 城乡义务教育"重投入、补短板"

浙江义务教育均衡发展工作起步较早。21世纪初,浙江省委省政府就开始筹划推动教育均衡。2004年9月,浙江召开全省农村教育工作会议,明确提出要让所有农村孩子念上书、念好书。同年,浙江省政府正式颁布《浙江省人民政府关于进一步加强农村教育工作的决定》,将推进教育均衡发展作为新形势下教育发展的首要任务。随后出台了一系列措施,努力缩小区域、城乡和校际教育差距,为义务教育均衡发展奠定了坚实基础。

## 一 率先进入"免费义务教育"时代

2006年以来,浙江不断强化各级政府对义务教育的保障责任,积极落实义务教育经费保障机制改革的各项工作。2006年开始在农村中小学实施"家庭经济困难学生资助扩面""爱心营养餐""食宿改造"和"教师素质提升"四项工程;2008年又实施了"农村小规模小学调整改造工程"。随着上述工程的持续推进,"十一五"以来浙江的城乡义务教育均等化水平始终处于全国前列。2010年发布的《浙江省中长期教育改革和发展规划纲要(2010—2020年)》进一步提出了"建立健全义务教育均衡发展和城乡一体化义务教育"的目标。在义务教育经费管理与保障方面,自2006年秋季开始,浙江省义务教育阶段中小学生全部免除学杂费。尤其要着重指出的是,此规定也适用于符合条件的外来人口子女。2008年,浙江全省又全面实施义务教育教科书免费制度。同年,浙江省又在全国率先出台农村教师任教津贴制度,大大提高了农村教师的工资福利,增强了农村教师队伍的稳定性。2010年,《浙江省义务教育条例》明确规定"实施义务教育,不得收取学费、杂费、借读费、教科书费、作业本费",浙江正式进入"免费义务教育"时代。

在免除了义务教育阶段学生学杂费和农村寄宿生住宿费之外,浙江还实施了两大工程:一是实施农村中小学家庭经济困难学生资助扩面工程。2005年将资助面扩大至农村人均纯收入1500元以下、城市人均可支配收入3000元以下的低收入家庭子女;2007年又将农村居民人均纯收入2000元以下、城市居民人均可支配收入4000元以下的低收入家庭子女纳入资助范围。二是实施农村中小学爱心营养餐工程。从2005年开始,当时最低标准是每生每年200元;2009年起,将最低标准提高到每生每年350元;2012年,将最低标准提高到每生每年750元;2015年起又将最低标准提高至每生每年1000元。从2005年到2014年,全省累计投入爱心营养餐资金14.5亿元,其中省级投入8.6亿元,让352万人次中小学生吃上了"爱心营养餐"。受益学生比例占到同期义务教育学生总数的6%。

## 二 以"领雁工程"提升农村骨干教师素质

基础教育内容对于受教育者未来的发展起到基础性的作用,基础教育服务主要由政府提供并负责调节,并且应尽可能地为全民提供均等化的基础教育服务。在城乡二元结构的背景下,加强农村地区的基础教育是推进城乡基础教育服务均等化的重要方面。但当前城乡教育在师资队伍方面的差距较大,突出表现为农村师资整体素质不高、骨干教师短缺和优秀教师缺乏并且流失较严重。农村基层师资人才的短板,制约了城乡基础教育服务均等化的进程。必须采取有针对性的举措来补足短板,破解基础教育公共服务均等化中的人才失衡困局。浙江一方面通过"名校集团化""城乡互助共同体"等模式促进优质教育资源共享;另一方面实施农村中小学教师"领雁工程",加大对农村教师的培训力度。

从具体做法来看:一是创新办学模式,促进优质教育资源共享。从2002年开始,浙江就及时总结并推广"名校集团化""城乡互助共同体"、乡村中心校带动等旨在发挥优质教育资源带动作用的办学模式,实行名校带弱校、带新校,城镇学校带动帮助农村学校,有效地扩大了优质教育资源的覆盖面。如杭州早在1999年就开始探索名校集团化办学,希望通过名校输出品牌、办学理念、管理方式、干部和优秀教师、现代教育信息技术等方式，带动新办学校、相对薄弱学校、农村学校共同发展。至2012年12月，全市共建立教育集团241个。六城区中小学名校集团化参与面为71.57%、幼儿园名园集团化参与面为54.29%。杭州市在"城乡学校互助共同体"构建上也做了探索，从教育教学管理、课堂教学示范、教学专题研讨、教育资源共享、干部教师培训、学生交流结对、新课程改革全面实施、农村小班化教育研究等方面构建互动机制。至2012年，全市义务教育阶段共组建城乡学校互助共同体288个，共有751所中小学校参与城乡学校互助共同体，占全市义务教育段学校的98.1%。城乡学前教育共组建315个城乡幼儿园互助共同体，951所幼儿园（园区）参与结对互助，占全市幼儿园的78.9%。"名校集团化"战略和"城乡学校共同体"建设加快了优质教育资源扩张的速度，缩短了学校和教师成长的周期，提高了全市优质基础教育覆盖率，为农村教育的建设提供了新路子，推进了区域之间、学校之间教育的均衡发展。

二是创新教师培训与交流模式，促进师资均衡配置。2008—2010年，浙江实施农村中小学教师"领雁工程"，高强度培训农村骨干教师，每期集中培训2个月，实行理论教学、实践教学双导师制，3年累计投入1.5亿元，完成了对3.9万余名农村骨干教师的培训任务。为促进教师培训专业化、制度化，2011年，又在全国率先建立专业教师培训制度，给教师培训科目、培训地点、培训导师选择的权利；规定各地按中小学教师工资总额的5%，学校公用经费的10%提取培训经费；5年1个周期，满足教师不少于360学时的专业发展培训。近几年，每年省级用于中小学教师培训的资金都在1亿元以上。着眼于从根本上均衡配置教育资源，2013年，启动实施公办初中和小学教师校长交流制度，规定在同一学校校长任职满10年、教师任教满12年都须交流，交流随迁人事关系，其中骨干教师在县域范围内交流，每年交流比例不低于15%。2014年，全省中小学有11732名校长教师参加交流，其中骨干教师2091人。[1]

---

[1] 相关资料来源于浙江省接受国家义务教育均衡发展督导检查汇报材料《扎实推进义务教育优质均衡发展　努力办好老百姓家门口的每一所学校》。

### 三 不断改善农村学校的办学条件

2002年，根据浙江省委省政府"山海协作"战略部署，浙江启动教育对口支援工程，动员大中城市、发达地区以对口支援的方式帮助欠发达地区加快发展教育。先后于2002年、2007年、2011年启动实施三轮省内教育对口支援工程。建立并完善结对帮扶关系，全省54个发达地区累计向29个欠发达地区提供援助资金28463万元，帮助援建校舍24.1万平方米（包括风雨操场和塑胶跑道），捐赠图书资料60.46万册，捐赠教学仪器设备41676台（套），学校间建立结对关系1000多个，结对帮扶贫困学生13880人，双方互派教师18631人。2014年，浙江省政府确定了11个相对薄弱的县作为基础教育重点县以提高浙江基础教育的底部，要求重点县根据学校布局规划，以解决存在的主要问题为着力点，制定为期2年（到2016年年底）的基础教育提升计划，重点是明确相对薄弱学校整改的内容、项目、措施及完成时间，并定期对11个县进行重点督促、重点帮扶。

浙江还实施了一系列工程，大大改善农村学校办学条件。一是从2005年开始，用3年时间投入26亿元，实施农村中小学食宿改造工程，对全省285万平方米农村中小学食堂和宿舍实施改造，使农村中小学每一位寄宿生都拥有了3平方米宿舍面积和1平方米的食堂面积。二是从2008年开始，用2年时间投入11.3亿元，实施农村小规模学校调整改造工程，调整改造农村学校784所。三是从2009年开始，用2年时间投入4.2亿元，实施农村中小学教师集体宿舍维修改造工程，完成维修改造工程项目1056个，维修改造建筑面积107.7万平方米，使教师集体宿舍普遍达到了结构安全、功能配套的要求。四是从2009年开始，实行农村教师任教津贴制度，平均每人每月补助240元；2015年又在此基础上建立特岗津贴制度，实施对象为偏远地区学校教师，平均每人每月不低于300元。五是从2015年起，在全省范围内启动实施全省中小学校塑胶跑道建设工程。目前，全省义务教育学校塑胶跑道覆盖率为71%，计划到2016年，全省中小学校塑胶跑道覆盖率不低于90%；2017年实现全省中小学校塑胶跑道基本全覆盖。此外，还在全省推进实施了中小学校园安全工程、中小学校实验室和专用教室建设工程、校园饮水质量提升工程等，全面提高了城乡学校办学条件均衡化程度。

## 第二节 医疗卫生服务"双下沉、两提升"

一个时期以来，全国发生多起伤医案件，医患矛盾纠纷备受关注。其中一个重要原因，就是医疗资源分布不均，患者大病小病都往大医院挤，大医院人满为患，医护人员疲惫不堪，服务水平与患者的期望值有差距，而基层卫生院则门可罗雀。为了有效破解卫生资源分布不均问题，浙江自2013年起全面开展优质医疗资源"双下沉、两提升"，浙江省人民政府发布了《关于推进"双下沉、两提升"长效机制建设的实施意见》（浙政发〔2015〕28号），提出推动城市优质医疗资源下沉和医务人员下基层、提升县域医疗卫生机构服务能力和群众就医满意度（简称"双下沉、两提升"）。按照"群众得实惠、医院添活力、医改有突破"的要求，坚持需求导向、问题导向、效果导向，以"双下沉、两提升"为突破口，着力解决城乡、区域医疗资源配置不均衡和基层人才短缺等瓶颈问题，推动公立医院综合改革，构建分级诊疗体系，为率先建立覆盖城乡居民的基本医疗卫生制度奠定扎实的基础。截至2015年年底，全省54家城市三级医院已与122家县级医院建立紧密型合作办医关系，既缓解了城市大医院人满为患的问题，又提高了县级医院的服务水平，从而有力地推动了分级诊疗的实施。这项改革举措实施以来，122家县级医院门急诊人次增加45%，出院人次增加30%，手术台次增加38%。合作办医的地区2014年、2015年县域内就诊率分别提高了5个百分点和3个百分点。

### 一 推进城市优质医疗资源下沉

为有效破解城乡卫生资源不均衡问题，浙江省自2013年起全面开展优质医疗资源"双下沉、两提升"，大力推进"医学人才下沉、城市医院下沉"，促进县域医疗"服务能力提升、群众满意度提升"，取得了明显成效。从具体做法来看：

一是强化合作办医。首先是推动人才下沉。全省有54家城市三级医院分别和122家县级医院签订5—8年的办医合作协议，明确由城市医院派出人才进驻合作县级医院，开展紧密型合作。选派人员中，中高级职称技术人员比例为95.2%，副高级及以上职称技术人员比例为53.7%，担任帮扶科室主任比例达99%。2015年，15家省级三甲医院下沉高级职称345人，中级职称315人，全年下沉各类医学人才1990人次。其次是开展技术帮扶。由城市医院按照合作协议接受县级医院医师来院进修，进行人员规范化培训和开展管理干部挂职锻炼，不断提高基层医院医务人员素质。同时，以学科建设为牵引带动基层医院相关科室建设，提升基层医院医疗技术水平，使所帮扶的县级医院平均新建专科、亚专科4个，开展新技术新项目13个，微创手术从几乎未开展到全面开展，部分县级医院实现了省、市级科研立项零的突破。再次是提升管理水平。由城市医院帮扶县级医院加快现代医院管理制度建设，落实公立医院法人主体地位，增强运行自主权。同时，加强相互间的资源整合和文化融合，探索绩效薪酬、医疗费用控制和医院精细化管理等举措，推进县级医院的专业化和规范化管理。最后是实现信息共享。由城市医院帮扶县级医院建设信息网络系统，开通门诊挂号、检查预约、影像、病理、心电会诊、急危重病人会诊、远程教育等功能，实现相互间的信息共享，使患者在家门口就能享受到城市医院的"同城化"优质医疗资源。

二是加强财政保障。在基础投入方面，2013年和2014年，浙江省财政就安排了5.1亿元支持县级综合性医院、妇幼保健院（所）、精神病院和基层医疗卫生机构基础设施设备建设，安排2亿元推动基层卫生人才队伍建设。各级财政根据政策要求也加大投入，不断夯实县域医疗机构基础条件。在专项基金方面，从2013年起，浙江省财政每年安排2亿元专项资金，用于省级医院派出人员报酬和接受基层人员进修培训支出、县级医院的专科能力建设和人才队伍培养等方面支出，支持和鼓励城市优质医疗资源下沉。同时实施量化考核，出台城市优质医疗资源下沉考核办法和省级医院优质医疗资源下沉财政专项资金管理办法，以县域医疗服务能力和群众满意度提升成效为核心导向，制定量化考核标准，建立资源下沉工作考核制度，将考核结果作为浙江省财政专项资金分配的主要依据，充分发挥专项资金对资源下沉工作的激励引导作用。

三是完善政策配套。首先是职称评聘倾斜。为鼓励医学人才下沉，明确规定城市医生晋升中、高级职称，必须有基层服务的经历，时间累计不少于1年。在此基础上，制定进一步鼓励医务人员到基层工作的评聘政策，让下沉工作满2年的城市医生，可提前1年晋升或者优先聘用到高一等级专业技术岗位，使更多的城市医生能安心在基层工作。其次是基层工作激励。明确城市医院在内部收入分配中向派驻人员倾斜，县级医院根据考核情况，对派驻人员给予适当补助或奖励。科学灵活设置基层卫技人员聘用条件，允许边远山区、海岛地区采用直接考核的方式聘用符合条件人员，充实和稳定基层医护人员队伍。最后是医保政策引导。合理拉开不同等级医疗机构之间的医保报销比例差距，逐步提高县级医院门诊报销比例，使参保人员更多选择在家门口看病。严格执行医保外出就医备案制，对未经转诊备案的，提高医保报销自付比例，直至不予报销。对"双下沉"绩效明显、群众满意度高的，在医保年度预算支付额度上予以适当倾斜和奖励，以保障县级医院持续发展。

## 二 加强基层卫生人才培养

推进城乡医疗卫生服务均等化离不开医疗卫生人才队伍建设，浙江强化基层卫生人才培养培训，在基层分院选拔出骨干管理人员和医务人员到城市三级甲等医院进行全员培训，建立重点帮扶专科的骨干医师"导师制"培养制度，在明确人员归属的前提下，探索分院优秀的业务骨干到城市三级甲等医院多点执业，并加强县域医学人才的招聘、培养和使用，以职业发展调动医务人员积极性。具体来看，一是为基层医疗卫生机构定向招聘大专及以上医学适用人才；为基层量身定向培养大专及以上医学生。二是严格执行中高级职称晋升前下基层服务政策，特别是在年轻医师下基层实践服务内容上，明确基本服务模式，即要求年轻医师参与当地医疗卫生机构日常诊疗服务，参与基本公共卫生服务项目实施，参与交流传播规范化培训学习成果，完成当地接收单位安排的其他工作任务，在基层实践服务过程中不断提升和丰富自身能力和水平。三是形成以省、市级医院为主体的医疗卫生人才服务下沉格局，经过住院医师规范化培训合格的年轻医生进驻到各地县、乡医疗机构，鼓励医师在中高级职称晋升前到基层服务，同时定向培养一批大专及以上医学生，为基层招聘一批大专及以上医学人才。浙江省卫计委就《进一步推进"双下沉、两提升"长效机制建设的实施意见》提出，城市三甲医院合计派出医生人数应不低于全院中级（含）以上医生人数的5%，全面托管的单个医院派出管理和业务人员在12人以上，重点托管的在8人左右，专科托管的在2人以上。选派人员中，中高级专业技术职称人数占比不低于80%。

浙江还扎实推进"百千万"医学人才下基层工作。一是推动百名卫生高层次人才到基层开展帮带。"十二五"期间安排100名左右卫生高层次人才，对基层骨干医务人员进行学科、学术结对帮扶，充分发挥卫生高层次人才的传、帮、带作用。二是实施千名卫生人才定向培养，加强相关部门的医教用协同，合理确定各地年度培养计划，完善毕业后规范化培训，满足基层对紧缺卫生人才的需求。三是招聘万名医学院校毕业生到基层工作，落实医学院校毕业生到基层工作的学费代偿、工资福利、职称晋升、职业发展等激励政策，吸引更多医学人才到基层工作。四是继续深入实施"基层卫技人员素质提升工程"，完成基层医院全科医生、社区护士、医学检验人员、医学影像技术人员、心电技术人员岗位培训和乡村医生2年1次注册培训的教育任务。五是构建卫生人才支撑平台，全面推进住院医师和全科医生规范化培训项目，实施"大学生村医"项目；创新编制人事管理，创新公立医院编制管理方式，探索推行公立医院编制备案制管理，加强总量控制，实行动态调整，出台规定对下沉基层服务满2年的城市医院医师，业绩突出的可优先晋升专业技术职务或聘用到高一级专业技术岗位。建立符合卫生行业特点的薪酬制度，在薪酬分配中要向在基层服务的医务人员倾斜。

### 三　实施县域医疗卫生提升工程

推进城乡医疗卫生服务均等化，县域层面的医疗卫生服务是联动城乡医疗卫生服务的重要节点，重点提升县域医疗卫生水平，提高县级医疗卫生资源配置总量，是提供均衡优质医疗卫生服务的重要举措。浙江省实施医疗卫生重点县建设项目，通过强化政策扶持和重点管理，促进薄弱地区基层医疗卫生服务能力全面提升，做强、做优县级医院，深化基层卫生综合改革。

浙江省推进县乡村卫生一体化管理。一是发挥县级公立医院龙头作用，着重建立县域临床检验、影像等共享中心，推进县域卫生人才的县管乡用、乡招村用、统筹使用和柔性流动，以标准化推进基本公共卫生服务均等化。二是加强中心乡镇卫生院住院服务能力建设，扶持特色专科发展，引导乡镇卫生院分类、差异化发展，推动优质医疗资源在县域内延伸。三是完善基层卫生医疗服务体系，全面加强基层医疗卫生机构预防保健、计划生育等基本公共卫生功能，强化常见病、多发病诊治，以及医疗康复护理和转诊等服务；结合中心镇（小城市培育试点镇）建设规划，开展"中心镇卫生院医疗服务功能完善工程"，完成1/3左右的乡镇具备基层特色科室（专科），能提供常见病、多发病、老年病、慢性病等住院服务，开展一、二类手术。四是进一步强化城市二级医院的社区卫生服务、全科医疗、专科服务、老年护理和康复等功能；强化县级卫生监督机构"一达标三配套"建设，全面完成规范化的基层卫生监督派出机构设置。

浙江省力推新增医疗卫生资源向县域医疗卫生提升倾斜，提升县域医疗卫生资源存量和质量。一是着力发展城乡社区卫生事业，每个乡镇（街道）至少办好1所规范化社区卫生服务中心，每个中心按照居民出行20分钟可到达的要求或以中心村（居民区）为基础下设若干社区卫生服务站。二是启动实施健康面对面行动，加快建立居民数字健康档案。普及中医药服务，所有城乡社区服务中心和95%以上服务站能提供中医药服务，加快推进中医药名院、名科、名医进社区、进农村、进家庭，从县域层面，打开城乡医疗卫生服务均等化的局面，提供均衡优质的服务。三是形成在全省县级区域中心城市建成20家左右具有一定辐射带动能力的三级医院，培育形成200个左右具有较大规模和较强服务能力的中心镇卫生服务机构，乡镇卫生院标准化率达到100%、规范化建设率达到70%以上，培育建成4000个左右的标准化中心村卫生服务机构，建立基层医疗卫生服务管理新机制。

## 第三节　社会保障服务"五级联动、三位一体"

2001年浙江省已全面建立全省统一规范的基本养老保险制度，并提出了针对非国有和乡镇企业的"低门槛准入、低标准享受"办法（"双低"政策）。2003年出台的《关于完善职工基本养老保险"低门槛准入、低标准享受"办法意见的通知》进一步补充完善了"双低"参保人员的缴费与待遇规定。2006年发布的《关于完善企业职工基本养老保险制度的实施办法》要求有条件的县市将稳定就业的农民工纳入企业职工基本养老保险，或者按照"双低"办法参保。在农村居民养老保险方面，2005年浙江省提出了"继续探索建立农村社会养老保险制度"的目标，此后各地开始自主探索新型农村养老保险政策，其中尤以德清、慈溪等地推出的城乡居民养老保险最有成效。2009年9月4日国务院颁布《关于开展新型农村社会养老保险试点的指导意见》，浙江随即在9月22日出台《关于建立城乡居民社会养老保险制度的实施意见》，在全国率先将未参加职工基本养老保险的所有城乡居民纳入同一社会养老保险制度。由此，浙江省初步建立起城乡一体化的社会养老保险体系。而近年来，浙江更是通过"五级联动、三位一体"，抓均衡、促公平，进一步推动城乡社会保障服务的均等化。

### 一　省市县乡村"五级联动"精准定位保障服务需求

"十三五"推进基本公共服务均等化规划（国发〔2017〕9号），提出社会保障作为社会公众的一种"社会安全网"，对社会公众可能遭遇的各种风险如疾病、年老、失业等加以保护，是公民应当享有的基本权利之一。近年来浙江省建立健全社会保障体系，切实保障人民群众的基本生活；通过省市县乡村"五级联动"，精准定位人民群众的社会保障服务需求，走出了一条符合浙江实际、具有浙江特色的社会保障体系建设之路，在全国率先初步建立了覆盖城乡、人人享有、功能完善、多层次的社会保障体系，为人民群众提供均衡系统的社会保障服务。

浙江省为确保社会保障服务的质量，首先精准定位人民群众的社会保障需求，以县乡村为基点构建社会保障服务的载体，集中反馈需求，并由省市一级汇集需求及时推出应对服务措施，进一步地通过把需求指导意见反馈到县乡村一级，构筑起由省市县乡村"五级联动"的社会保障服务需求应答机制，精准定位并构建起较为健全的社会保障服务体系：深化完善社会保险体系并实现职工社会保险基本全覆盖、多渠道解决城乡低收入家庭住房困难并实现住有所居、实施分层分类救助制度并实现社会救助制度化、加快构建新型社会福利体系并实现社会福利适度普惠。

浙江省提供均衡系统的社会保障服务。一是健全覆盖城乡的社会保障体系，大力推进全民参保计划，加强海洋捕捞渔民等重点人群的养老保障。加快推进城乡居民基本养老保险、被征地农民基本生活保障等制度衔接，研究建立养老金正常调整机制，逐步提升参保待遇。二是巩固完善全省统一的城乡居民基本医疗保险制度和管理体制。加强基本医疗保险、大病保险与医疗救助制度的衔接，努力使农民群众看得上病、看得起病、看得好病。三是健全低保标准动态调整机制，建立健全最低生活保障与教育、医疗、住房救助等社会救助政策的配套衔接机制，切实将符合条件的农户全部纳入低保。四是以分层分类社会救助制度推动社会救助，对部分精简退职人员实行生活困难补助，加强临时救助，提高养老、教育、医疗、住房、法律援助等专项救助城乡统筹水平，医疗救助财政预算安排标准从人均6元提高到人均10元，低收入群体支出的医疗费用由医疗保险和医疗救助负担的比例不低于50%；完善灾害救助，抓好防灾减灾网络建设，形成长效机制，改扩建避灾工程9500个。五是健全覆盖城乡的社会保障体系。大力推进全民参保计划，加快推进城乡居民基本养老保险、被征地农民基本生活保障等制度衔接，研究建立养老金正常调整机制，逐步提升参保待遇；健全低保标准动态调整机制，建立健全最低生活保障与教育、医疗、住房救助等社会救助政策的配套衔接机制，切实将符合条件的农户全部纳入低保。构建起一个系统均衡的社会保障体系。

## 二 构建社会保险、养老保障、社会救助"三位一体"的社会保障网

公共服务的供给状况，是一个国家和地区经济发展水平的重要标志，也是发展成果人民群众共享程度的重要体现。社会保障公共服务的供给主体是政府，在一定的财政约束下，浙江省构建起以需求意愿为导向的供给，形成覆盖城乡的社会保险、养老保障和社会救助"三位一体"社会保障服务供给制度，随着统筹城乡发展中基本公共服务从种类补缺向城乡差距缩小转变，县级社会保障服务越来越向基层下沉，由基层便民服务中心负责服务落地，为城乡居民提供公平普惠的服务。浙江省"十二五"期间大力完善城乡社会保障制度，一手抓社会保障服务的扩大覆盖和提高水平，一手抓社会保障的制度完善和城乡接轨，使越来越多的城乡居民享有越来越优质的社会保障服务。

浙江省大力推进城乡统筹的社会保险、养老保障和社会救助"三位一体"的高效配置供给体系。一是完善社会保险供给改革，构建起全覆盖、保基本、多层次、可持续的社会保险制度，实施全民参保计划，保障公民在年老、疾病、工伤、失业、生育等情况下依法获得物质帮助。完善城镇居民基本医疗保险制度，并为参保居民免费安排两年一次的健康体检；健全医疗保障体系，完善城镇职工、城镇居民和新型农村合作医疗保险制度，推进医疗保险市级统筹，推动基本医疗保险付费方式改革，完善社会保障"一卡通"制度，完善新型农村合作医疗制度，建立稳定可靠、合理增长的筹资机制，健全失业、工伤、生育保险制度，加强社会保障基金运营监管；积极探索商业保险参与多层次的社会保障体系建设。二是完善养老保障服务供给改革，扩大企业职工养老保险和城乡居民社会养老保险参保覆盖面，全面落实企业职工基本养老保险省级统筹，推动机关事业单位养老保险制度改革，加强各类养老保险转移接续和整合衔接，建立基本养老保险待遇正常调整机制。三是完善社会救助供给改革，推进城乡低保统筹发展，健全低保对象认定办法，建立低保标准动态调整机制，确保农村低保标准逐步达到国家扶贫标准。完善特困人员认定条件，合理确定救助供养标准，适度提高救助供养水平；合理界定医疗救助对象，健全疾病应急救助制度，全面开展重特大疾病医疗救助工作，加强医疗

救助与基本医疗保险、大病保险和其他救助制度的衔接。全面、高效实施临时救助制度。浙江省通过推进社会保险、养老保障和社会救助服务的配置，进行"三位一体"的供给侧改革，实现公平普惠的社会保障服务管理。

## 第四节 经验与启示

城乡、区域间的发展不平衡是我国的基本国情，而"不患寡而患不均，不患贫而患不安"又是我们民族较强的传统意识。所以，解决城乡区域协调发展问题是新时代的重大课题。浙江以城乡基本公共服务均等化为突破口，率先在城乡义务教育、医疗卫生服务、社会保障服务等领域实现城乡之间均等化发展，为区域协调发展打下坚实基础。从这十几年的实践探索来看，主要可得到以下经验与启示：

### 一 基本公共服务均等化是城乡区域协调发展的应有之义

习近平总书记在党的十九大报告中明确提出实施区域协调发展战略，对区域发展作出新部署。随后召开的中央经济工作会议又提出了区域协调发展的三大目标："要实现基本公共服务均等化，基础设施通达程度比较均衡，人民生活水平大体相当。"实施区域协调发展战略，要紧扣基本公共服务均等化这个主目标，去除城乡区域间资源配置不均衡、硬件软件不协调、服务水平差异较大等短板，缩小基本公共服务差距，使城乡居民享有均等化的基本公共服务。由此可见，推进基本公共服务均等化是城乡区域协调发展的核心。通过经济适度发展和加大转移支付力度，缩小城乡区域间公共服务水平差距，使不同区域和城乡居民都能享有基本统一的医疗卫生条件、社会保障待遇、基础教育条件等，从而使不同区域和城乡居民生活的综合质量与水平逐步趋于均等化。从地方实际来看，城乡区域发展差距持续加速扩大的根源在于优质生产要素集聚的持续加速失衡，而优质生产要素集聚的失衡在于基本公共服务供给的失衡。推动基本公共服务均等化，有利于促进全国统一大市场的形成，推动人才、资本等生产要素按照市场经济规律在区域间自由流动，实现要素资源空间配置效率的最大化；推动基本公共服务均等化，可以在相当程度上缓解农村和欠发达地区人口的贫困程度，改善其生存状态，拓展其发展机会，从而使欠发达地区跳出"贫困陷阱"，进而为缩小与发达地区的经济发展差距奠定基础；推动基本公共服务均等化，可以使欠发达地区居民实际可支配收入得到较大幅度的提高，从而对提高其消费能力，刺激国内需求产生积极影响。所以说，基本公共服务均等化既是城乡区域协调发展题中之义，也是城乡区域协调发展的主要引擎。

## 二 基本公共服务均等化水平应与经济发展水平相适应

公共服务体系的建立与完善必须与经济发展水平相协调，必须正确认识公共服务与经济发展的相互作用机制，明确不同时期公共服务发展的重点领域，并界定合理的财政收入水平与最优公共服务规模，从而基于相应的体制机制构建引导提升公共服务水平与经济发展之间的良性互动。增加公共服务供给特别是促进基本公共服务均等化，必须在制度建设上下功夫，建立起与经济发展水平和政府财力增长相适应的基本公共服务财政支出增长机制，创新公共服务提供方式，增强保障能力，让人民群众的基本公共服务需求得到持续有效的保障。就浙江实践来看，主要是完善财政体制，通过分成倾斜、分类分档，促进城乡区域协调。"分税制"改革以来，浙江财政体制在调整完善时，做到收入能放则放，尽量将收入下沉，增加基层稳定收入来源和可用财力，对收入增量部分实现省与市县"二八"分成，增量大部分归属市县，并对少数困难县和海岛县适当照顾。省级财力逐步向市县和基层下沉，省级一般公共预算支出占全省的比重稳定在10%以下。同时从2008年起，以各市县经济发展、财力状况等因素为依据，将全省市县分为两类六档，统一标准系数，财政越困难的市县转移支付系数越高，使转移支付分配进一步向财政困难地区倾斜，缩小地区间财力差距，有效促进了财力均衡和基本公共服务均等化。

## 三 保障和改善民生是各级政府公共财政的根本任务

浙江秉持"保基本、兜底线、建机制"原则，坚持把保障和改善民生作为公共财政的根本任务，优化支出结构，完善民生投入的长效机制。加大各级财政保障力度，优先安排基本公共服务预算，保证各级财政承担的基本公共服务投入足额落实到位，确保一般公共预算新增财力 2/3 以上用于民生支出。自"十一五"以来，浙江积极推进公共财政体制改革，把资金重点投向教育、医疗卫生、社会保障和就业等民生领域，不断探索社会建设投入的长效增长机制。如 2007 年浙江省政府公开承诺"确保新增财力的三分之二用于改善民生"，到 2008 年浙江新增财力用于民生的比重已达到 72.2%。2010 年浙江省用于教育、社会保障和就业、医疗卫生和保障性住房建设的财政支出达到 1188.06 亿元，占总支出的 37%，远高于同期全国水平。发达国家的社会民生支出占总财政支出的比例通常在 40% 以上，可以说目前浙江省的社会政策支出与发达国家的平均水平已经比较接近。同时浙江进一步理顺各级政府事权与财权的关系，明确各级政府基本公共服务的事权、财权和责任。2008 年浙江实施的"基本公共服务均等化行动计划"，系统地部署了"就业促进""社会保障""教育公平""全民健康""社会福利"等十大工程。在具体的实施过程中，各个工程的责任单位、阶段目标和各级政府的财政投入比例都得到明确规定，并且省级财政根据地方财力差异调整转移支付力度，以确保各个工程在全省各地得到落实。

**四 以均等化实现度测评和标准化来激励和规范地方投入**

要实现基本公共服务均等化的战略目标，关键在于推进政府转型，强化各级政府在基本公共服务中的主体地位和主导作用。因此要建立完善以基本公共服务为导向的政府绩效评估体系。把总体实现基本公共服务均等化作为衡量各级政府绩效的一个约束性指标，并建立相应的评估体系。浙江很早就开展了基本公共服务均等化实现度研究，并在"十二五"建立了基本公共服务均等化实现度评价体系，形成了反映政府基本公共服务履责情况的量化载体。通过均等化实现度评价，从定量角度掌握基本公共服务均等化进展，有针对性地分析存在的问题及原因，以确定不同阶段的基本公共服务工作重点。通过建立评价体系，使基本公共服务均等化成为政府可以衡量和考核的工作职责，引导各级政府以基本公共服务均等化为目标，加大工作力度。同时，及时反映公共服务政策的实施效果，对政策措施加以改进或调整。通过发布基本公共服务均等化评估报告，增进社会各界对基本公共服务均等化实施情况的了解，促进社会各界对基本公共服务均等化的关注。浙江在"十三五"对基本公共服务均等化实现度测评指标体系进行了修订和论证，建立了由基本公共服务发展水平主要指标、清单指标、各部门行业规划发展指标等60项指标组成的反映全省基本公共服务均等化实现度评价指标体系，并由统计局根据评价指标体系，收集相关数据后每年发布均等化实现度评价。此外，浙江以标准化推动基本公共服务均等化，健全"浙江民生"标准体系工作。在全面覆盖基本公共教育、基本就业创业、基本社会保障、基本健康服务、基本生活服务、基本公共文化、基本环境保护、基本公共安全等八大方面的基础上，确定了16个浙江基本公共服务标准体系建设的重点领域，实现服务要素配置均等化、服务方法规范化、服务质量目标化，逐步建立以标准化手段促进基本公共服务供给能力持续发展的长效机制。

# 第八章　交通建设：优化区域开放开发的先导

古往今来，交通都是民生所系、国脉所在。交通现代化是国家现代化和浙江现代化的重要组成部分。在改革发展实践中，"经济发展，交通先行"，已融入浙江各级政府的发展理念；"要想富，先修路"，已成为浙江人民的实际行动。浙江经济的持续快速发展是交通大发展的动因所在，而浙江交通大发展又有力地支撑了区域经济社会更好更快发展。多层次的快速交通圈建设促进了城市之间与区域之间协调发展，打破了区域发展的时空限制。以交通为基础架构的义甬舟开放大通道等促进了浙江东部沿海地区和内陆地区的开放发展、联动发展。

## 第一节　构建多层次快速交通圈

交通是实现区域协调发展的重要基础条件。通过各类交通设施的建设，缩短了区域之间的时空距离，推动城乡区域协调发展。浙江省委省政府始终将交通建设作为推动城乡区域协调发展的重中之重。习近平同志在浙江工作期间多次强调，交通建设作为基础设施的重头戏，是经济社会发展的"先行官"。抓好交通等基础设施建设，将对全省现代化建设起到先导作用和带动作用。2002年年底，在杭金衢、金丽高速公路通车仪式上，时任浙江省委书记习近平同志宣布，浙江实现了4小时公路交通圈。"十三五"期间，浙江又提出建设全省"1小时交通圈"，从4小时到1小时，又将是一次飞跃。

## 一　省会杭州到省内主要城市 1 小时高铁交通圈

打造省会杭州到省内主要城市 1 小时高速铁路交通圈，是浙江在"十三五"时期提出的重要目标。近年来，浙江相继开通了甬台温、沪杭、宁杭甬、杭长、新金温等高速铁路，除舟山市涉及连岛建设之外，已经实现了高铁陆域 10 个市快速联通。预计到 2020 年，全省高速铁路运营里程将达到 1590 千米。高铁的建设推进，大大加强了区域间的快速联系和要素流动。

表 8-1　　浙江境内已建成通车的主要高铁线路

| 线路 | 里程（km） | 客运通车时间 | 省内连通主要城市 |
| --- | --- | --- | --- |
| 甬台温铁路 | 282.4 | 2009.9.28 | 宁波　台州　温州 |
| 沪杭高速铁路 | 169 | 2010.10.26 | 杭州　嘉兴 |
| 杭甬客运专线 | 149.8 | 2013.7.1 | 杭州　绍兴　宁波 |
| 宁杭高铁 | 256 | 2013.7.1 | 杭州　湖州 |
| 杭长客运专线 | 927 | 2014.12.10 | 杭州　义乌　金华　衢州 |
| 新金温铁路 | 188 | 2015.12.26 | 金华　丽水　温州 |

通过高铁及公路干线的互联互通，浙江全面提升了主要城市之间及对外通联能力，特别是与长三角的上海、南京、合肥等主要城市实现了快速通达。"十三五"期间，浙江还要加快推进省际省域干线铁路交通建设，强化杭州、宁波 2 个全国性综合交通枢纽城市和沪昆、沿海 2 个国家级高铁主通道的运力，新建更高效的高铁线路，努力打造杭州至省内主要城市 1 小时高铁交通圈，构建都市经济交通走廊，加快建设杭州、宁波、温州、金华—义乌四大都市区之间的对角通道，推动实现四大都市区对角贯通和更高水平的互联互通。以甬金高速公路、金甬舟铁路等为支撑，加快建设贯通金华—义乌都市区与宁波都市区、连接义乌国际陆港与宁波舟山国际枢纽港的义甬舟大通道。以杭绍台铁路、杭温铁路、杭绍台高速公路等为支撑，加快建设贯通杭州都市区与温州都市区的杭（台）温通道，全面提升都市区之间及都市区与省域中心城市之间的互联互通

能力，打造四大都市区之间便捷高效的交通网络。

## 二 都市区1小时综合通勤圈

### （一）推进城市地铁建设

中心城市地铁的建设开通为便捷的通勤和生活提供了有力保障。杭州、宁波城市地铁分别在2012年和2014年开通运行，并进入了大建设时期。截至2017年年底，杭州地铁运营线路共有3条，分别为1、2、4号线，共设车站72座，运营里程共计107.02千米；截至2017年8月，杭州地铁在建线路有10段，包括1号线机场延伸线、2号线二期和三期、4号线南段、5号线、6号线以及城际轨道交通临安线、富阳线、绍兴线、海宁线等，在建总里程约235.7千米。截至2017年10月，宁波地铁运营线路共有2条，分别为1号线、2号线一期、里程总长为74.5千米，在建线路共有4段，包括3号线一期、4号线、2号线二期和5号线一期等线路，里程总长约90千米。预计到2022年，杭州将建成10条地铁线，总里程达445千米以上，形成较为完整的轨道交通网络。到2020年，宁波将建成7条轨道交通，总里程达到271.6千米。城市地铁运行大大提高了都市交通效率，在交通运输部2017年年底发布的报告中，杭州已从上一年的"中国堵城第8位"迅速调整到第48位。

### （二）推进都市区城际铁路的规划与建设

城际铁路是加强都市区联系的重要交通保障。杭州都市区将规划形成"一心八射"的城际轨道网络基本形态。"一心"指杭州市城市轨道交通，"八射"指杭州至海宁方向、杭州至桐乡方向、杭州至德清方向、杭州至安吉方向、杭州至临安方向、杭州—富阳—桐庐方向、杭州至诸暨方向、杭州至绍兴方向共8条轨道快线。"一心八射"城际轨道网中的杭州至海宁、杭州至临安、杭州至富阳、杭州至绍兴4条城际轨道交通线路目前均已启动建设，预计"十三五"时期内建成投入使用。

宁波市规划了到余姚、慈溪、奉化、象山的城际铁路。2017年6月，浙江宁波至余姚城际铁路开通试运营，这是全国首条利用既有铁路开行城际列车的线路，全长48.7千米，是既有萧甬铁路的一段，全程运行时间约为 35 分钟。此外,宁波至慈溪、奉化的城际铁路也在建设中。温州都市区和金华—义乌都市区也相应规划建设城际铁路。温州市域 S1 线一期和 S2 线一期将分别于 2018 年和 2020 年开通,台州 S1 线和 S2 线也在加紧建设;金华—义乌—横店城际铁路、义乌火车站至义乌城际铁路也将分别于 2020 年和 2019 年建成。

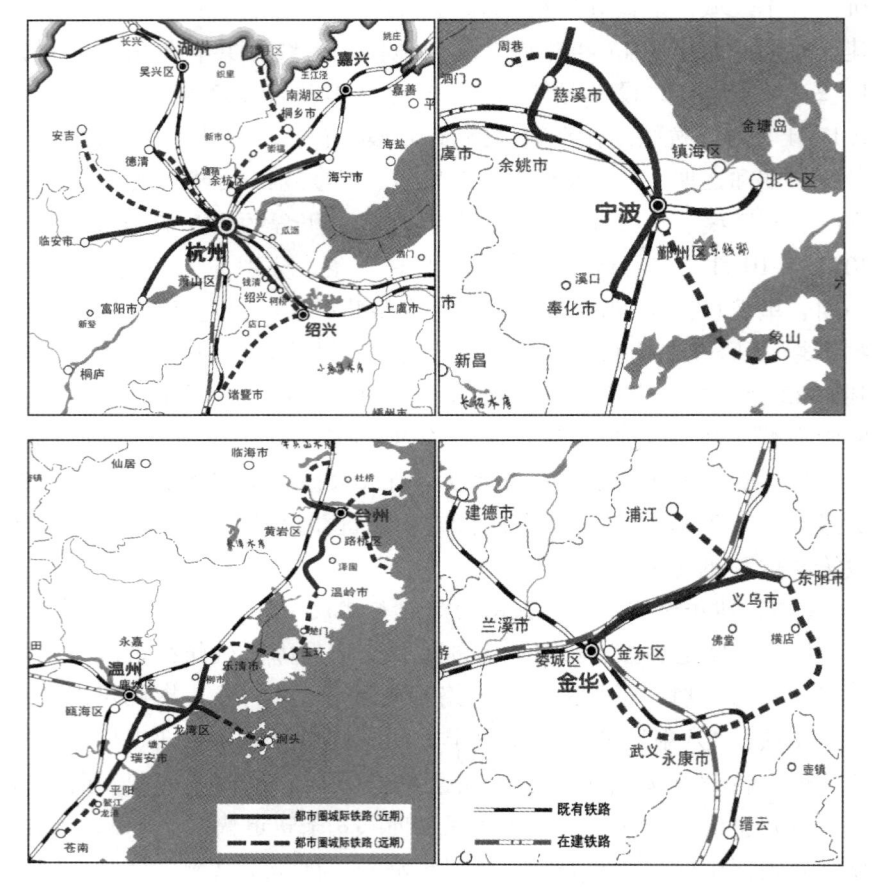

图 8-1 浙江四大都市区城际铁路规划

(三)构建都市区"1 小时"综合交通体系

实现都市区"1 小时"互联互通是项系统化的集成工程,要充分发挥轨道交通、城市快速道路、高速公路乃至高速铁路的综合效用,例如杭州近年来通过各类路网和枢纽的规划建设，初步形成了便捷的立体交通网络。

杭州将围绕打造亚太地区重要国际门户枢纽总目标，重点实施航空拓展工程、轨道成网工程、枢纽融合工程等工程。根据杭州市"十三五"交通规划，杭州将完成综合交通固定资产投资5000亿元，构建"1小时通勤交通圈"，形成以萧山机场、杭州东站、杭州西站等三大门户枢纽为主的综合交通枢纽体系。杭州都市区将形成以杭州为中心，以城际高速、高速环路、城际轨道交通为骨架，干线公路网及城市间常规公交线网为补充，覆盖整个都市区县级以上节点的"高铁半小时交通圈""高速1小时交通圈"。

目前，杭州都市区正在推进杭州市绕城高速西复线（简称"杭州二绕"）建设，其中杭州至绍兴段工程正式开工，途经余杭、临安、富阳、萧山和诸暨，将于2018年年底建成通车。目前，全长约188千米的城市组团环线（杭州三环）已经完成线位规划方案论证，建成后沿线将串起临平副城、瓶窑组团、良渚组团、余杭组团、临浦组团、瓜沥组团、大江东新城、副中心城区以及绍兴、海宁等的30多个街道（镇、乡）。根据规划，城市组团环线（杭州三环）将于"十三五"时期内基本建成。

### 三 省域范围1小时通航交通圈

在浙江境内，已通航的有7个民航机场，分别是杭州萧山国际机场、宁波栎社国际机场、温州龙湾国际机场、义乌机场、衢州机场、舟山普陀山机场和台州路桥机场，纳入规划计划建设的有嘉兴机场和丽水机场。2015年，全省机场旅客吞吐量突破4500万人次大关，货邮吞吐量59万吨，共通国内外航线392条，运输生产水平指标保持在全国前6位。

浙江省于"十三五"期间提出构建全省"空中1小时交通圈"，实现全省各机场间空中1小时到达，全省所有县（市、区）到机场1小时车程全覆盖，全省人均乘机次数超过1次。全省枢纽城市之间、枢纽城市与市、县节点城市之间、主要旅游景区之间、主要海岛之间的公务通勤、水上飞机运输、通用飞行、旅游观光、医疗救援将力争空中 1 小时到达。

**打造以杭州萧山机场为主基地，宁波栎社机场、温州龙湾机场、义乌机场为副基地的浙江空港枢纽。**将杭州萧山、宁波栎社、温州龙湾建设为三个千万级机场和综合交通枢纽。杭州萧山机场枢纽门户地位进一步提升，初步建成亚太地区重要国际门户机场和全国航空快件中心，旅客吞吐量进入四千万级机场行列，国际及地区业务规模突破550万人次，力争货邮吞吐量进入全国前六；宁波栎社、温州龙湾迈入千万级大型国际机场行列，使浙江成为全国首个拥有三个千万级大型机场的省份。建设杭州、宁波、温州三个机场综合交通枢纽，实现各种交通方式的互联互通，机场集疏运体系不断完善。

**以舟山为主基地，杭州、温州、湖州为副基地，打造"水上飞机运输空中 1 小时交通圈"。**针对水上旅游基础较好的区县，借助水上飞机的空中观光优势，大力推进空中旅游业；针对岛际短途通勤量较大的地区，可形成区间的水上飞机通勤航线；针对特色产品或货物进出频繁的地区，可发展水上飞机物流业务，尤其是生鲜产品物流。此外，将水上飞机应用到海上救援与城市救援，纳入应急救援体系之内。发挥舟山水上飞机项目的突出优势，形成以舟山为浙江省水上飞机运营保障的主基地，杭州的千岛湖、温州瓯江和湖州太湖为水上飞机运营保障的副基地，打造全省"水上飞机运输空中 1 小时交通圈"。

**以一类通用机场为主网络，开展固定翼通用飞机飞行，二、三类通用机场为补充，开展直升机飞行，打造"通航飞行空中 1 小时交通圈"。**根据《浙江省通用机场发展规划》，至 2030 年浙江省通用机场呈"9730"总体布局，即 9 个运输机场，7 个一类通用机场，30 个二类通用机场，若干个三类通用机场（含设有标识可供直升机临时起降的航空应急救援点）。一类通用机场具体布点为杭州建德千岛湖（已投运）、宁波宁海、温州苍南、湖州德清、绍兴滨海、金华东阳横店、丽水龙泉。布局二类通用机场 30 个（包含水上机场），主要为工农业生产、旅游资源开发、航空教育培训、海上交通及救助、应急救援等飞行活动提供加油和起降保障。三类通用机场布局若干个，满足经营作业和公益飞行需求，为海防、医疗卫生、抢险救灾、旅游观光、岛际交通、公安巡逻、电力巡线或临时性飞行任务提供起降服务。

**以 5A 级及部分重要 4A 级景区为主网络，其他景区为补充，打造"旅游观光空中 1 小时交通圈"。** 低空旅游也被称为空中观光、空中游览，主要包含三方面的内容：一是游客乘坐通航飞机在低空进行城市观光或旅游景区观光；二是从中心城市到旅游景点、景点到景点之间的低空旅游飞行路线；三是飞行体验。先期开通杭州西湖、杭州千岛湖、湖州太湖、嘉兴乌镇、宁波东钱湖、舟山普陀、舟山嵊泗、温州楠溪江、温州雁荡山、衢州江郎山、金华东阳横店等著名景区的空中旅游线路，随着市场的发展逐步发展多类型、多功能的低空旅游产品和线路，因地制宜，形成低空旅游环线和网络。

**以重要三级医院为主网络，其他医院为补充，打造"医疗救援空中 1 小时交通圈"。** 从发达国家已形成的航空医疗救援网络看，主要的模式有两种：一是以医院为中心的网络布点模式，二是以人口聚居区为中心的网络布点模式。根据浙江实际，争取在全省重要的三级医院建设直升机救援起降点，争取每个县（市）至少有一个医院建设直升机救援起降点；在高速公路重要区域布设直升机救援起降点。救援响应时间在 15—40 分钟之间，每个点的覆盖范围在 50—80 千米。构建三级医院直升机起降点网络，并纳入城市应急救援服务体系，打造浙江省"医疗救援空中 1 小时交通圈"。

## 第二节　谋划义甬舟开放开发大通道建设

推动区域协调发展，开放发展是重要的途径之一。浙江既有宁波舟山港港口优势，又有义乌国际小商品之都的商贸优势，如果能实现两大优势的结合，将有力地促进浙江东部沿海地区与浙西内陆地区的协调联动发展。义甬舟开放大通道刚好处在浙江中间的位置，把宁波、舟山和义乌这三个对外开放的重要城市节点用一条线串起来。通过义甬舟开放大通道的建设，打通宁波和舟山地区与内陆腹地联系的便捷通道，并通过沪昆铁路、渝怀铁路、兰渝铁路、欧亚大陆桥通道等"陆上丝绸之路"沟通中东和欧洲国家，将内陆腹地外贸物资通过宁波舟山港及"海上丝绸之路"运往世界各地,是宁波舟山地区以及全省更快融入"一带一路""长江经济带"等国家经济发展战略的需要。同时,该通道的建设,也成为浙江东西部地区实现协调发展的重要依托。

## 一 义甬舟开放大通道建设的合作重点

(一) 推动义甬舟沿线开放城市和重大开放平台的联动

义甬舟开放大通道建设,打通了区域之间通道,增强了区域之间的协调发展。特别是义甬舟开放大通道建设将沿线的重要开放城市和重大开放平台连接起来,不仅集成提升了开放能级,而且有效推动沿海与内陆地区在开放中实现联动发展。推动沿线开放城市合作,义甬舟开放大通道沿线有宁波、杭州、义乌等在国际上具有知名度的开放城市,开放大通道将城市有机联系起来,将高水平开放城市功能向沿线周边城市辐射,提升了沿线城市的开放水平。如以义乌国际陆港为内陆开放支点,推进金华市区和义乌市双核联动提升、双向聚合发展,增强浙中城市群开放发展的内生动力和协同性。推动重大开放平台的联动,义甬舟沿线有中国(浙江)自由贸易试验区、宁波"一带一路"建设试验区、综合保税区、中外合作园等一批高能级的开放平台,通过义甬舟开放通道建设推动各开放平台的联动发展。如整合利用口岸监管设施资源,推动将义乌纳入宁波舟山港口岸监管一体化,建立国际陆港和海港之间的大通关机制。全面推广国际贸易"单一窗口",通过"单一窗口"平台实现"信息互换、监管互认、执法互助",建立和完善推进边检机关港口管理信息共享机制。

(二) 推进与长江经济带沿线地区深度合作

义甬舟开放大通道建设既是推动省域东西部协调发展的重要载体,也是浙江与长江经济带沿线地区实现协调发展的重要依托。通过义甬舟开放大通道的建设,浙江与长江经济带沿线地区的协调发展进入新的阶段。积极参与建立长江经济带区域地方政府之间协商合作机制。积极开展长江经济带产业协同,全面提升与长江经济带沿线区域之间的物流、贸易和投资合作水平。发挥浙商投资的成都国际商贸城、阿里巴巴重庆电子商务国际贸易中心等共建园区的示范带动作用。推进宁波舟山港与长江沿线港口之间的"大通关体系"建设，扩大腹地范围。加强产业、科技、教育、医疗、文化等各个领域国际交流与合作，落实养老、医疗等社会保险关系转移接续政策。深化长三角地区合作，创新港航合作开发、产城融合发展和轨道交通联动建设模式，加强浙沪合作开发洋山区域。建立生态环境协同保护治理机制，探索建立浙皖闽赣国家东部生态文明旅游区。

（三）加强与"一带一路"沿线国家全面合作

作为浙江参与"一带一路"建设的重要支撑，义甬舟开放大通道在浙江与"一带一路"沿线国家协调合作中发挥了重要的作用，助推了浙江与世界其他国家和地区的协调发展。支持龙头骨干企业在"一带一路"沿线国家主要城市及地区建立一批境外经贸合作区、生产基地、海外孵化器和研发设计基地。支持企业参与境外重大产能合作项目，打造一批优势产业、高效产能、商产融紧密协作、跨国并购等"走出去"服务平台。组织好传统市场、新兴市场和"一带一路"沿线重点市场国际性展会，提高"一带一路"沿线国际市场出口比重，提升浙洽会、义博会、中东欧投资经贸博览会等省内重大展会质量。以中欧（义乌）、中欧（宁波）班列为基础，加强与沿边口岸、丝绸之路经济带沿线国家的协调合作，健全铁路联运口岸通关协作机制，进一步拓展和完善国际铁路通道。支持和推动义乌与"一带一路"沿线国家部门和重要经贸节点城市等签署经贸合作协议和备忘录，建立沿线贸易节点城市定期对话机制，互设贸易往来常设机构，夯实沿线国家贸易合作基础。加强与国际港口之间的战略联盟，力争在宁波建成国际港口联盟秘书处。加强与新疆阿拉山口等内陆口岸的合作，增强浙江服务丝绸之路经济带的能力。推动与"一带一路"沿线国家主要城市及地区全面合作，建立文化、教育、卫生、科技、产业、旅游等各个领域的交流合作机制。

## 二　义甬舟开放大通道建设的保障机制

为了保证义甬舟大通道战略的顺利实施，区域之间、省市部门之间的实施保障也甚为重要。一是强化组织领导。充分发挥义甬舟开放大通道建设联席会议作用，协调宁波、舟山、义乌、金华、绍兴以及发改、交通、商务、口岸、经信、科技、国土、教育、外事、金融、环保、旅游、卫生、工商等领域的相关职能部门，负责义甬舟开放大通道建设的规划落实、政策制定、组织协调等工作，联席会议办公室设在省发改委。设立由著名跨国公司总裁、民营企业主、科研院所、金融机构及知名专家组成的"义甬舟开放大通道建设咨询委员会"，完善研究义甬舟开放大通道发展战略以及重大方针政策的工作机制，提高对重大问题的科学决策、科学管理水平。二是强化政策支持。加强与国家发改委、商务部、交通部、工信部等相关部委的衔接，争取最大限度的指导支持。争取一批事关长远发展的重大项目，列入国家级重大项目储备库和国家重大工程包。推动自由贸易试验区等政策效应的共享叠加，打造对外开放与创新发展的区域共同体。深化外商投资审批体制改革，分层次、有重点地放开服务业领域外资准入限制，进一步放开一般制造业。继续深化境外投资管理体制改革，推进以备案制为主的对外投资管理方式，进一步强化企业投资主体地位和企业境外投资的自主权。鼓励金融机构加大对义甬舟开放大通道建设支持，支持和引导企业充分利用开发性金融机构的资源，建立区域内重点项目与世界银行、丝路基金、亚投行等重点金融机构的交流合作工作机制，加强对"一带一路"重大项目的支持，鼓励以项目为平台开展境外资本市场的融资。发挥好财政资金的杠杆和引导作用，加强省级相关专项资金、基金对义甬舟开放大通道重大项目的支持。加大土地要素支持力度。根据各地建设需要，支持调整修编土地利用规划，所需规划指标省里视情况给予支持。加大特色小镇创建力度，对义甬舟开放大通道空间范围内的特色小镇，只要符合建设标准，均列入省级特色小镇创建名单，享受相关政策。三是强化改革引导。积极推进"两关两检"全面互认。支持杭州关区与宁波关区、浙江检验检疫与宁波检验检疫的合作，建立健全国际贸易"单一窗口"管理服务模式，推进"两关两检"全面互认，提高运行效率，支持通关便利化所需的审批权限向"义甬舟"沿线重要节点城市下放，降低制度性成本。积极推进"两港"互通。支持宁波舟山港和义乌陆港建立一体化运行机制，理顺内部管理体制，加快实现统一调度、统一管理、统一运营。建立健全市场主导的多元化投融资机制，鼓励采取特许经营、公建民营、民办公助、PPP等多种方式，吸引各类社会资本参与义甬舟开放大通道建设。深化行政审批制度改革。进一步简政放权，除跨区域的重大项目、需上报国家的项目、涉及省级层面要素分配的项目外，其他项目的审批全部下放或委托到相关市县。加快推进企业投资项目高效审批，积极推进"多规合一"改革，建立健全"区域能评、环评＋区块能耗、环境标准"取代项目能评、环评的工作机制。四是强化监督落实。各相关职能部门、各地方应根据本规划制定相应行动方案，明确责任分工和时间节点，建立工作推进机制。加强依规行政的监督检查，重大政策的出台和调整，要有规划依据。加强工作考核，重点任务分工落实情况纳入省政府对各地、各有关部门年度考核内容。定期开展督促检查，跟踪各项工作落实，及时协调解决实施过程中的困难和问题。各地、各部门要认真研究解决义甬舟开放大通道建设中的新情况、新问题，及时报送工作推进情况，认真总结、推广或复制行之有效的经验和做法。

表8－2　　　　　　　义甬舟开放大通道建设"五个重大"

| 名称 | 主要内容 |
| --- | --- |
| 重大平台 | "6大发展平台"。重点包括中国（浙江）自由贸易试验区、舟山江海联运服务中心、义乌国际贸易综合改革试点区、宁波梅山新区、国家自主创新示范区，以及国家级开发区与国际产业合作园 |
| 重大产业 | "5+1+4"产业体系。以绿色石化、信息技术、高端装备、新材料、时尚产业为重点，跨区域推进建设五大世界级创新型产业集群，在开放发展中做强金融产业集群，提升发展水产品加工贸易、旅游、健康、文化创意等四大特色产业集群 |
| 重大工程 | "7大工程"。实施一批具有全局影响力和带动力的重点示范性工程，着力推进实施国际化特色小镇创建工程、中欧和中亚班列工程常态化运行工程、宁波舟山港集装箱海铁公多式联运工程、跨境电子商务综合试验区复制推广工程、境外经贸合作区建设工程、国际产能合作示范区创建工程、海上丝绸之路国际港口城市联盟创建工程 |
| 重大改革 | "4项改革"。大通关体制改革。积极推进"两关两检"全面互认，宁波舟山港与义乌陆港"两港"互通。对外贸易改革。大力发展跨境电子商务、市场采购等新型贸易方式。义甬舟协同发展体制机制改革。推进义甬舟沿线区域政策效应共享叠加和推广复制。行政审批制度改革。进一步简政放权，加快推进企业投资项目高效审批 |

续表

| 名称 | 主要内容 |
| --- | --- |
| 重大政策 | "3+1配套政策"。金融支持政策。建立区域内重点项目与世界银行、丝路基金、亚投行等重点金融机构的交流合作工作机制，鼓励以项目为平台开展境外资本市场的融资。财政支持政策。加强省级相关专项资金、基金对义甬舟开放大通道重大项目支持。土地要素支持政策。支持调整修编土地利用规划，所需规划指标省里视情况给予支持。加大特色小镇创建力度。对义甬舟开放大通道空间范围内的特色小镇，只要符合建设标准，均列入省级特色小镇创建名单，享受相关政策 |

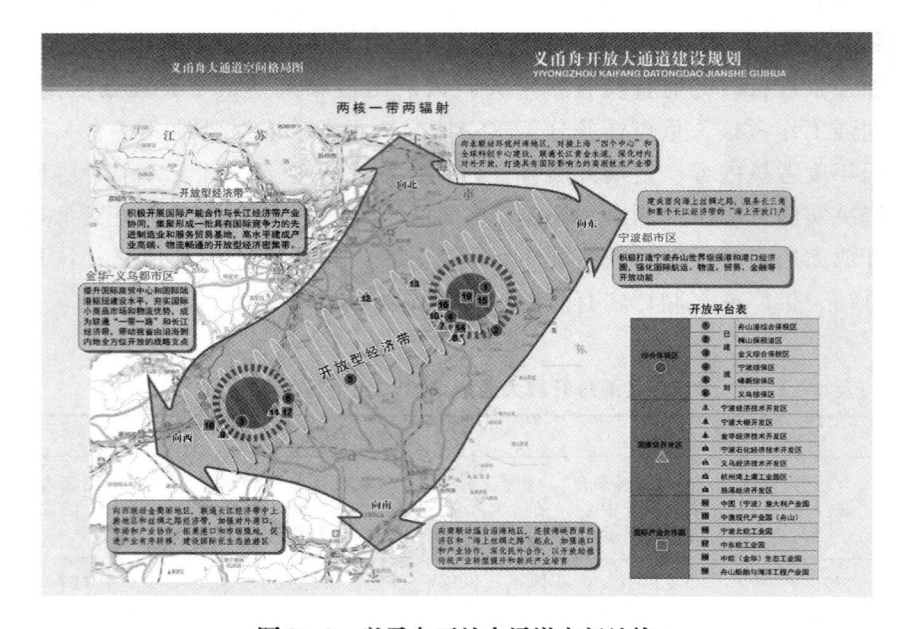

图8-2　义甬舟开放大通道空间结构

## 第三节　经验与启示

### 一　交通建设是区域发展的"先行官"

交通是指在一定的区域范围内有目的人或物的空间位移。纵观人类社会的发展进程，自从人类产生，就产生了人与货物的位移，无论是原始的农业社会还是现代化的工业社会，每一个社会阶段都离不开交通运输的支撑。随着人类社会的发展，交通体系已成为区域经济系统的重要组成部分，在整个区域经济大系统中所起的桥梁和纽带作用随着经济发展变得日益突出，它进一步把区域内生产、分配、交换和消费的各个环节有机联系起来，使人流、物流、资金流和信息流最大化地实现了以资源优化配置为目标的空间转移，极大地促进了区域经济的发展和进步，改变了区域经济的分布形式和空间格局，促进了区域协调发展。因此，交通是区域经济发展的基础，直接影响到一国或地区经济社会发展的水平。完善的交通运输体系能为一国或地区经济发展带来巨大的经济效益。反之，当交通基础设施落后，交通体系发展缓慢时，就会阻碍经济发展。因此，从某种意义上说，社会经济发展就是人类利用各种运输工具来减少或摆脱空间距离的束缚，实现空间位移以扩大自身活动范围的过程。交通体系建设就是通过推动运输技术的进步，发展多元化的运输方式来最大限度地提高运输能力，改善各区域之间的运输联系，推动区域之间的协调发展。

从浙江推动协调发展经验看，交通一直发挥着先行和基础功能。交通的区域发展"先行官"作用主要体现在：首先，交通建设增强了区域经济联系。区域经济联系是提高区域竞争力的基本要求。交通设施传输性实现了人与货物的流动，推动了区域贸易发展。而浙江不同区域之间资源禀赋有差异，产业类别有差别，需要通过便捷的交通网络体系将不同区域之间的优势互补。交通设施以其渗透性强、机动灵活的优势，极大地提高了区域间的可达性，降低了空间交易的成本，推动区域协调发展。其次，交通建设为城乡一体发展提供了前提条件。城市或集镇是社会劳动力分工与商品经济发展的产物，城镇首先是物资及人员的集散地，需要有方便的交通运输条件。古代城市大多在大道的交叉点、内河或航运的起讫点和水陆交通衔接点上发展，正是"天下商埠之兴衰，视水陆舟车为转移"。近代的城市则无不同近代交通事业的发展共生共荣。交通干线建成后，为使其充分发挥集散功能，必然要在沿线一些条件优良的地点建设不同等级的站点及相应的服务设施，以满足沿线货物、旅客在不同地点的集散要求及增进各地点间相互联系的需要。站点的规模、性质、分布密度、客货流量及流向连接干线方向数等都成为影响沿线城市形成和发展的重要因素，其结果是形成公路枢纽城市、新城镇，使原有城镇得以进一步发展。浙江一直将推动城乡一体发展作为重大战略，良好的交通条件促进城乡一体发展。最后，交通推动了浙江与省外区域协调发展。作为开放型的省份，浙江需要加强与省外乃至国外其他区域的交流与合作。浙江为此投入大量精力优化对外交通网络体系，通过航空、高铁等设施的能级提升，促进了浙江快速融入区域发展格局，推动与其他区域协调发展。

## 二 把增强交通通达性与提升区域开放度紧密结合起来

开放是经济发展的重要途径和根本动力，从产生商品交换开始，国家之间、区域之间的开放就没有停止。而当前，经济全球化和区域经济一体化的趋势越发明显，各国、各地区之间的经济联系与经济合作更加广泛和日益深入，任何一个地区都无法在封闭和孤立中求得发展。一个国家或地区通过开放获取域外资源要素，并参与国际分工，融入较大范围的经济体系，不仅能使自身内部结构优化、效益增加，而且能够获取外部经济利益。随着开放水平的提高，区域的开放度、经济总量、内部的经济协调程度、资本的供给水平和自我发展能力均得到显著提高。开放发展最直接的表现特征就是人才、技术、资源等要素在空间上实现快速移动和交流。而这些双向的流动最终依赖于通达的区域交通条件。

从浙江经验来看，浙江开放开发的历程，也是交通大建设的历程。改革开放以来，浙江经济从一个相对封闭、传统的农业经济体发展成为一个相对开放、现代的工业经济体并从一个资源和经济小省发展成长为经济大省。这既得益于浙江自身的努力，也受惠于全球开放经济发展的大趋势。习近平同志在浙江工作期间，对开放有深刻的诠释，"对外开放这个问题，各个地方都要去努力，跟国际接轨，提高国际竞争力。加入世贸组织后如何应对，不管是东部地区还是西部地区，不管离辐射中心远还是近，都要强化，这是对外开放的内在素质问题"；"要以扩大开放促发展，省内省外、国内国外，一切对我们加快发展有用的生产要素，都要大力地吸收和引进，同时也要千方百计地走出去发展"；"发展开放型经济不是权宜之计，而是一个长远战略，要抢抓当前发展开放型经济的历史性机遇"①。而推动开放发展必须要打破地理空间限制，以交通建设打开开放大门。

### 三 把完善交通网络与优化区域空间格局紧密结合起来

人口和产业在空间上的聚集和扩散不仅导致区域经济结构的变化，同时也影响了区域空间结构的演变。1966年，弗里德曼提出了描述区域空间结构演变的空间一体化理论，将其概括为四个阶段：第一阶段，独立的地方中心，前工业化社会特有的典型空间结构。每个城市坐落于一个小面积地区的中央，腹地范围较小，交通基础设施建设处于初级阶段，经济停滞不前。第二阶段，单一强中心，工业化初期所具有的典型结构。产业在一个单一的大城市上聚集，形成增长极，交通基础设施开始逐步发展。第三阶段，次级中心出现，这个阶段是工业化中后期的典型结构。增长极不断地发挥扩散效应，区域次中心得到开发，区域边缘范围缩小，交通基础设施逐步发展成熟。第四阶段，形成功能协调的多中心城市体群阶段。一般为后工业化或信息化社会的典型结构。在这一阶段所形成发达的交通运输网络体系使得区域之间的界限与边缘逐渐消失，区域发展成为合理有序的空间组织综合体。这种依托交通网络化的空间组织综合体与克里斯塔勒的中心地市场网络结构不谋而合。多中心的城市群是工业化后期区域空间发展的最终目标。多中心的互动使得城市逐步融入更大范围的区域经济活动中，在这一阶段中，区域的一体化基本实现，空间布局合理有序，区域经济增长潜力不断增强，区域差异缩小得以实现。交通基础设施的建设对区域空间结构的演变有着促进作用。一方面，区域空间结构的形成和发展都依赖于交通条件，人口和产业更多地集聚于交通设施周边地区。另一方面，交通设施也促进和优化人口和产业布局，推动空间结构的优化重组。

从浙江经验来看，浙江经济空间结构与交通设施有着密不可分的联系。浙江经济"两头在外"的特征，决定了浙江产业交通运输指

---

① 李杲等：《钱江奔涌向大洋——习近平总书记在浙江的探索与实践·开放篇》，《浙江日报》2017年10月9日第1版。

向的空间结构。俗话说："要想富，先修路。"浙江经济发达地区多沿交通主干线分布，可有效节约运输成本，扩大市场半径。浙江空间布局结构随着交通条件不断优化，也逐渐发生调整和变化。改革开放之前，浙江重点发展杭嘉湖、宁绍、温黄平原与金衢盆地等商品粮基地。改革开放以来，随着交通条件的改变，浙江区域空间结构及产业分布经历了从"四区"向"三区三带"转化和集聚的过程。20世纪80年代中期主要为四个经济区，即以杭州为中心的浙北区，以宁波为中心的浙东区，以温州为中心的浙南区，以金华、衢州为中心的浙西区。20世纪90年代以来，随着高速公路建设，围绕交通大动脉构建的产业和空间优化布局的结构逐步发生调整和变化，形成"三区三带"的分化过程。随着高铁和航空时代的来临，浙江又步入了以杭州、宁波、温州、金华—义乌四大都市区为主的空间结构优化阶段。因此，浙江经验表明，在推动区域协调发展中，需要将不断优化交通网络与区域空间结构紧密结合起来。

# 第九章 空间规划：探索区域协调发展的"顶层设计"

区域协调发展需要"顶层设计"。多年来，浙江顺时应势、因地制宜地调整区域发展战略，在尊重市场规律基础上发挥政府规划引导作用，基本形成了区域协调发展格局。同时，针对空间发展无序和地区发展不平衡日益突出等问题，浙江对主体功能区进行了科学划分，并开展了试点示范，取得了较好效果。为坚定不移实施主体功能区制度，浙江开展了"多规合一"的具体实践，较早在开化县、嘉兴市、德清县等地开展了"多规合一"试点，并对省级空间规划编制作出了积极探索，为全国提供了生动案例。

## 第一节 从"两片四区"到"三区三带"

### 一 "两片四区"布局

改革开放初期，浙江在计划与市场双轨体制条件下，根据自身资源禀赋，充分利用省内外两个市场与两种资源，走出了一条以农村工业化为途径，加工贸易为特征的经济发展道路，形成了以轻工业为主导的产业结构。浙东北地区依托毗邻上海的区位优势以及交通、资源等其他优势，乡镇企业快速成长。浙西南地区则通过劳动力输出、商品贸易等方式进行原始积累，家庭工业开始起步。20世纪80年代中期，根据地理区位、区内经济联系和大城市分布，浙江确立了"两片四区"的经济区划和布局导向。

"两片"即浙东北片区和浙西南片区。浙东北包括杭州、嘉兴、湖州、宁波、绍兴和舟山六市，浙西南则包括金华、衢州、丽水、温州、台州五市。

浙东北地区位于长江三角洲南翼，陆域土地面积占全省的44%，是浙江省经济比较发达的地区，基础设施系统相对较完善，对外开放度较高，科技人才相对集中，产业结构水平较高。20世纪80年代后，浙东北发展的主题是工业化。本区域自古以来拥有的光、热、水、土组合，成为享誉中外的"鱼米之乡、丝绸之府"。中华人民共和国成立后依托农业优势建立了一批以农产品为原料的轻纺工业企业，自60年代开始逐步确立了工业在国民经济中的主导地位，奠定了轻型加工工业格局，形成了"轻小集"的产业特点。80年代，在乡及乡以上工业总产值中，轻工业产值长期占六成左右，丝绸、棉麻、毛纺、食品、造纸、皮革、工艺品等特色轻工业发达；小型企业数量和产值占绝对优势，1992年本区小型工业企业总产值占乡及乡以上工业总产值的62%以上；集体工业体量和发展速度较国有工业占优势，到1992年，本区集体工业总产值占全部工业总产值的56%以上。整个80年代，本区经济以年均20%以上的速度高速增长，以工业化为标志的社会生产力成为推动区域发展的中坚力量，尤其是农村工业化、城市化浪潮的兴起，对促进区域经济城乡一体化发展产生了深刻的影响。90年代初期，浙东北国内生产总值已占到全省七成。

浙西南地区地貌类型以山地为主，发展重心在于市场机制引导的专业商品市场和家庭工业，经济社会发展相对落后于浙东北。然而浙西南待开发资源相对丰富，并在80年代形成了在全国具有鲜明特色的市场经济。一方面，浙西南拥有一些在省内甚至全国占优势的自然资源，如大量低丘缓坡、海涂等资源尚待开发，伊利石、明矾石、萤石等非金属矿产资源在省内占重要地位，水能资源理论蕴藏量、可开发装机容量及可开发年发电量均超过全省的70%，森林资源相对富集。另一方面，浙西南地区山多地少、人地矛盾较突出，虽然从区位条件看，这样的地区不适宜开展大规模贸易，但浙西南地区紧邻发达地带，易直接受到发达地区商品经济辐射和扩散，加之长期计划经济体制导致产品结构不全、消费品生产不足等缺陷，浙西南地区得以在全国经济大转轨的时代找到小商品生产的结构空隙，在对全国经济

"拾遗补阙"中找到了发展动力，小商品生产以家庭工业的形式在市场引导下半自发地展开壮大，"小商品加专业市场"模式繁荣兴起。正是对于这种"计划外空间"机遇的把握，浙西南特别是温台沿海先发制人，大胆引入市场机制，商品经济空前活跃。到20世纪90年代初，仅温州一地就有500多个各类市场，义乌小商品市场规模排名全国第一，浙西南集市贸易规模超过浙东北。尽管如此，浙西南与浙东北相比发展水平还有较大差距。1994年数据显示，浙东北的国内生产总值是浙西南的1.9倍，工业总产值是浙西南的1.54倍，农业总产值是浙西南的1.4倍，财政收入是浙西南的1.95倍，人均国内生产总值是浙西南的1.9倍。从区域宏观来看，两大片区发展是不均衡的。

在浙东北和浙西南"两片"中，围绕中心城市又构成了"四区"。"四区"是指以杭州为中心的浙北区、以宁波为中心的浙东区、以温州为中心的浙南区和以金华、衢州为中心的浙西区四个次区域。在各区内，虽然不少县域也开始迅速成长壮大，但经济活动同时呈现出向杭州、宁波、温州等首位城市集聚态势，劳动力资源向经济中心大量迁移，出现了空间上的核心效应，初步形成了区域增长核心极。到了1994年，仅杭州、宁波、温州三市市辖区经济总量就已占到全省的1/5，成为各大片区的经济极核。

## 二 "三区三带"布局

（一）"三区三带"的提出与谋划

"两片四区"总体上是综合经济区的划分方案，这一方案无论是在当时还是在此后一段时期内都对全省区域经济布局产生了较强的现实指导意义，特别是对构筑全省城镇体系和交通通信网络具有宏观指导作用。然而，经济建设也需要一种以经济发展水平和经济运行机制为主导原则划分的经济区域，因为这类区域的划分更有利于分类指导地区经济，为制定区域性的经济政策提供依据。

20世纪80年代之后，经济发展水平以及经济运行机制的区域分异越来越明显。在两大片区内，由于历史、地理、基础设施和开放水平等禀赋不同，逐渐产生了分化的生产力布局。浙东北地区外向型经济和乡镇企业快速发展，浙西南温台地区民营经济快速成长，金华地区依托专业市场和农村工业化"冲出盆地"。伴随着中心城市的发展壮大，整个浙江的产业发展在地域空间形态上开始由"两片"向以杭州、宁波为中心的沪杭甬高速公路沿线地区，以温州、台州为中心的温台沿海地区和以金华、衢州、丽水为中心的浙赣和金温铁路沿线地区三大区块演变。特别是随着改革开放的深入开展，生产要素的组织和产业关系的安排已经不满足于在小的区域范围内运行，主干交通日渐成为集聚生产要素和影响经济布局的重要因素。1990 年以后，全省生产总值的 80% 以上集中在沪杭甬高速公路沿线地区、温台沿海经济区和浙赣及金温铁路沿线地区，逐步形成了以上述三大经济区为主体的集中化发展格局。

总体来看，浙江区域经济进入了"点轴开发"阶段，生产力布局沿发展轴分布的趋势不断加强。其中，沪杭甬高速公路沿线地区高度集中于沪杭和杭甬铁路沿线，温台沿海地区则沿 104 国道两侧呈密集分布，浙赣和金温铁路沿线地区也出现了集聚态势。针对这些情况，有研究报告在 1993 年提出将浙江省划分为沪杭甬高速公路沿线地区、温台沿海地区与浙赣和金温铁路沿线地区三大经济区域的方案[①]，后被浙江省第九次党代会报告采纳。1996 年印发的《浙江省第九个五年计划和 2010 年远景目标纲要》也采纳了这个方案，明确要求要采取"中心集聚、轴线拓展、内外接轨、分类推进"的方针，按照市场经济规律和经济内在联系以及地理自然特点，逐步建立以杭州、宁波、温州三大中心城市和沿海港口为依托，以交通运输大通道为主轴线的集约开发格局，形成沪杭甬高速公路沿线、温台沿海、浙赣和金温铁路沿线"三区三带"区域经济布局。

**沪杭甬高速公路沿线地区**位于长江三角洲南翼，包括杭州、宁波、嘉兴、湖州、绍兴和舟山六市，经济发展与"苏南模式"类似，基础设施建设系统相对完善，对外开放度较高，科技人才相对集中，

---

① 参见黄勇、马德富《浙江三大经济区域发展构想》，《经济地理》1994 年第 5 期。因三大区域主轴分别呈现"V"字、"I"字和"T"字形态，因而也被称作"VIT"空间布局。

产业结构层次明显高出全省平均水平，是沿海开发开放的领航地区。浙江省委省政府指出，沪杭甬和杭宁高速公路沿线地区要按照国务院对长江三角洲及长江沿江地区经济规划要求，拓展开发开放格局；积极培育高技术和新兴产业，逐步形成以机械、电子、石油化工新型材料等为主的产业群；引进一批国际上成熟的先进技术，充实、改造现有传统产业，促进其向高度化发展；举办一批科技先导型企业和若干科技型工业园区，形成高技术产业带。同时，浙江已经意识到将自身发展融入长三角经济圈整体框架的重要性，提出沪杭甬和杭宁高速公路沿线地区要着力开发与上海优势互补的产业，发展区域经济之间的联合和协作。加强长江口及杭州湾海域港口资源综合开发，特别是加快宁波—舟山水域港口与上海港的联合，逐步发展成为国际远洋集装箱中转基地、进口铁矿砂中转基地、原油及成品油中转储存基地和沿海中部重要的煤炭中转储运基地。

**温台沿海地区**是浙江黄金海岸线的重要组成部分，最显著的特点是专业市场和个体、私营经济比较发达，曾有媒体和学者概括为"温州模式"[①]。温台沿海地区依托中心城市，建设了周边和内陆腹地的出海通道，进一步争取开放型经济有一个大发展。产业方面，发展以电力工业和机械、电器、化工、医药、轻工等贸易加工制造业为主要特色的产业群，逐步形成面向国内外市场，以"轻小精"为特色的优势产业区，增强综合经济实力和中心城市辐射功能。此外，在积极发展粮食生产经营、扩大海水养殖、提高远洋捕捞能力、加快海洋资源开发利用和配合东海域油气田的勘探和开发等方面，浙江都对温台沿海区域作出了有力部署。

**浙赣和金温铁路沿线地区**包括金华市、衢州市和丽水地区，相对于沪杭甬高速公路沿线地区和温台沿海地区，是浙江次发达的内陆型经济区域，工业化程度和对外开放度较低，但资源相对丰富，开发潜力较大。本区域拟强化基础设施特别是交通建设，改善投资环境，加速工业化进程，并向沿线城镇集聚，把交通走廊建成经济走廊。产业

---

① 1985年5月12日，《解放日报》头版头条刊发题为《温州33万人从事家庭工业》的长篇报道，"温州模式"概念第一次见诸媒体。

方向上，要求注重产业创新，既要充分利用优势资源和现有基础，又要拓宽产业领域、提高产业层次。具体来说，要合理开发和利用非金属矿产资源，大力发展氟化工、建筑材料和非金属矿制品业，积极发展轻纺、机械、医药等工业，建设金衢粮食基地和浙西南林业基地，做好低丘缓坡开发农业，发展特色农副产品加工业。内外贸易上，重点是加强与沪、浙、闽、赣、皖城市及边界地区的横向经济联系，大力发展省际边界贸易并逐步形成地区性经济贸易中心。

（二）21世纪"三大产业带"发展的深化谋划

"十五"期间，浙江继续推进上述"三区三带"建设，并对环杭州湾、温台沿海和金衢丽地区三大产业带的发展进行了总体规划。

1. 环杭州湾产业带发展规划

21世纪初，随着经济全球化的加速推进，新科技革命和信息化社会的来临，浙江省委省政府意识到大都市带已经成为全球城市体系发展的重要趋势。环杭州湾地区无疑成为浙江最有潜力的都市和产业带。截至2002年，环杭州湾地区人口2304万人，陆域面积近4.54万平方千米，分别占全省的51%和44%；国内生产总值5485亿元，占全省的64.8%，人均国内生产总值23806元，是全省平均水平的1.4倍，成为浙江现代化进程最快的区域。同时，日益崛起的长三角及"上海一日经济圈"的形成发展，推动环杭州湾地区产业带和城市群发展排上议事日程。习近平同志在浙江工作期间，对建设杭州湾产业带及城市群高度重视，他指出"规划建设环杭州湾产业带和城市群，是充分发挥浙江在区位、产业、机制等方面优势，推进主动接轨上海、打造长三角金南翼和建设先进制造业基地战略决策的重要步骤，对于推进长江三角洲地区经济一体化，全面提升环杭州湾地区竞争力和推动浙江省经济社会发展实现新的飞跃，具有极为重要的意义"。

2003年12月，浙江省人民政府发布了《浙江省环杭州湾产业带发展规划》，将该区域定位于先进制造业基地核心区、世界第六大城市群重要部分、改革开放与新型工业化先行区、科技创新先导区和生态建设示范区。总体目标是，依靠接轨上海与扩大开放、体制创新与科技创新的动力，突出园区和城市、民资和外资、制造业和服务业融合发展，实施大集群战略，培育标志性产业集群，扶持成长性产业集群，完善支撑体系，优化发展环境，构筑新型产业体系，形成以先进制造业集聚区、城市连绵带和绿色生态网、基础设施网为主体的"区—带—网"的开发格局，建成产业集群优势明显、生产力布局合理、科教支撑有力、生态环境优良，产业区、城市群、物流网有机融合的长三角南翼"黄金产业带"。重点培育电子信息、现代医药、石化、纺织、服装五大标志性产业集群，使之成为浙江省参与国际经济竞争的支柱力量；大力扶持交通运输设备、先进装备制造、新型金属材料及制品、造纸业及纸制品、家用电器及设备、食品加工制造六大成长性产业集群，联动发展现代服务业和农业，形成产业之间、产业群之间开放协同、整合创新、动态优化、高效低耗的新型产业体系。

2. 温台沿海产业带发展规划

温台地区地域相邻、经济类型相似、城市化模式相近，是浙江省具有明显地域文化与经济特色的地理单元与经济区域。这一地区整体是浙江仅次于环杭州湾地区的第二个城市与经济、人口密集区，也是全省三大经济增长区域的重要构成部分。进入21世纪，绝大多数企业已从资本原始积累转向企业扩展、升级阶段，一些骨干企业开始大步"走出去"，跳出温台寻求发展，同时传播了"温台模式"。同时，温台地区拥有丰富的海洋资源、旅游资源、滩涂资源、非金属矿产资源等，是全省自然资源较为丰富的地区之一，开发潜力较大。

2004年12月，浙江省人民政府印发《温台沿海产业带发展规划》，规划指出，温台沿海地区要充分发挥区域优势，抓住重要战略机遇期，实现产业、城市、生态融合发展，建设成为能够联动环杭州湾地区、辐射金衢丽地区、呼应长三角与珠三角开发的国际性产业集群集聚区、民营经济创新示范区、陆海联动开发先行区。温台沿海产业的发展格局是"一轴两群三带"，"一轴"即以沿甬台温铁路、台温高速公路和沿海大通道三大交通干线为依托的区域发展主轴；"两群"优势显著的国际性产业集群（特色装备制造型产业集群、轻加工型产业集群以及现代医药与保健食品、新型材料产业等新兴产业）和功能完善的沿海城市群（温州大都市区、台州都市区及小城市小城镇）；"三带"即以国际性产业集群为核心、沿海城市群为依托，形成沿甬台温铁路、台温高速公路和沿海大通道集聚发展的先进制造产业带（"金色产业带"），以临港工业、海产品精深加工、海洋渔业、海洋旅游业为重点，形成以海岸带、主要岛屿、港区、沿海城镇为平台的海洋产业带（"蓝色产业带"），以绿色农产品生产及加工、休闲观光旅游、生态型工业为重点，统筹城乡发展，形成以内陆山区小城市、中心镇为依托的生态型产业带（"绿色产业带"）。

3. 金衢丽地区生产力布局与产业带发展规划

金衢丽地区是浙江北接轨沪宁杭，东呼应甬温台，西、南辐射皖赣闽的长三角南部重要区域。本区域是全省经济社会发展相对滞后的区域，区内发展不平衡性较大，同时待开发资源较为丰富、生活环境相对优越、发展潜力较大。

2004年12月，浙江省人民政府印发《金衢丽地区生产力布局与产业带发展规划》，将金衢丽地区定位于经济走廊和生态屏障，目标是建设浙江省新的区域经济增长点、最大的人与自然和谐发展区、新兴的特色制造业基地、重要的绿色农产品生产基地和著名的生态旅游休闲基地。金衢丽地区生产力空间布局呈"两区三核多点"格局，即两类发展区、三个增长极核、多个增长点。"两区"一指区位条件、空间条件较好的杭金衢、金丽温高速公路和铁路沿线区域，是人口与经济进一步集聚的重点发展区域，可以形成产业带；二指环境资源丰富、生态要求较高的广大山区，既要承担生态功能，又要积极合理发展经济，是人口需要继续适度外迁的区域，列为生态型经济发展区。通过构建上述人口与经济"一密一疏"两类发展区，实现金衢丽地区区域协调发展。"三核"指产业带内逐步形成浙中城市群、四省边际中心城市和浙南山区中心城市三个增长极核。同时，鉴于生态区地形多为中低山区，空间上呈大分散、小集中特征，要重视多点开发和生态空间建设。产业选择上，由于与环杭州湾和温台沿海产业带相比，杭金衢和金丽温高速公路沿线产业带产业发育程度较低，产业发展具有更大的弹性空间和较强的可塑性，生态要求较高，需要因地制宜合理选择产业发展方向与重点。在产业空间布局上，积极引导"三个集聚"，即金衢丽地区产业向产业带集聚，产业带内产业向三个增长极核集聚，三个增长极核内产业向重点开发区集聚。根据金华、衢州和丽水不同的开发条件和发展水平，分别形成网状、"Y"型和点轴三种空间布局形态。此外，还对生态区、基础设施、社会支撑体系等方面的建设进行了总体部署。

（三）"三区三带"战略布局的进一步拓展

20世纪90年代到21世纪初谋划实施的"三区三带"区域经济布局是浙江合理空间布局和推动集约发展的大事，具有重要的阶段性标志意义。虽然在粗放型经济增长和行政分割条件下，要取得实质性快速推动有相当大困难，但对浙江此后的集聚发展和合理布局产生了深远影响。

经济发展的增长极理论指出，发展中国家要实现工业化和经济发展，必须建立增长极，在区域经济中通过增长极的发展和其他地区的影响，带动整个经济的发展。资本与技术高度集中、具有规模经济效益、自身能对邻近地区产生强大辐射作用的城市会逐步形成城市经济圈，从而推动区域经济成"点""面"互动、良性循环的"极化"发展格局。浙江经济的起飞得力于农村工业化和小城镇的快速发展，因此产业以"小"为标志，布局以"散"为特征。20世纪八九十年代，浙江经济基本上还是呈现平面式扩张格局而非极化发展，城市孤立壮大，相关区域产业前后向联系还是很少，辐射能力及影响范围不大，经济增长的扩散效应不能发挥作用，"非极化"的发展又带来了发展空间的局限性，地区间传导机制和产业联系弱化。20世纪末到21世纪初，浙江生产力和区域经济组织上出现了质的转折，即从分散式平面化布局向以城市为中心、以干线为重点的极化布局转变。特别是杭、甬、温等中心城市的经济集聚和辐射功能进一步增强，区域布局逐渐呈现出圈状和带状集聚态势。因而浙江着眼全省经济的协调发展，谋划"三区三带"布局，并在把省内若干个一级增长极做大的同时，以城市为中心组织区域经济，形成城市化发展水平较高的、层次分明、功能协调的圈层结构。

因此，在"九五"计划提出"三区三带"基础上，"十五""十一五"时期浙江不断深化"三区三带"区域战略布局。特别是明确了以城市为中心组织区域经济，加大经济极化程度。"十五"时期，浙江提出"三极辐射、三带集聚、两域拓展"的发展思路，进一步强化以城市为中心的区域发展模式，突出城市的集聚和带动作用，增强杭州、宁波、温州三极，把城市群作为推进城市化的主体形态，培育杭、甬、温三大都市经济圈，推进浙中城市群的资源整合和经济融合；加快发展沪杭甬和杭宁高速公路沿线、甬台温高速公路沿线、杭金衢和金丽温高速公路沿线三大经济带，同时促进山区和海洋两大区域的合理开发。经过战略深化，演变成为建设环杭州湾地区、温台地区和金衢丽地区城市群和产业带，以及浙中城市群发展战略。

"十一五"时期，浙江提出要突出经济区域、生态优先、城市核心、交通关联和双重协调等原则，进一步打造"三带三圈一群两区"的空间发展架构，即积极构筑环杭州湾、温台沿海、金衢丽高速公路沿线三大产业带，培育形成杭州、宁波、温州三大都市经济圈，推进浙中城市群资源整合和经济融合，形成以主要森林资源和重要江河源头保护区为重点的"绿色屏障"，以及以海洋自然保护区和海洋特别保护区为重点的"蓝色屏障"。

从"五个中心城市"到"三极辐射"，从"两片四区"到"三区三带"，浙江经济战略空间不断集中化，空间布局逐步从无重点全域均衡向有重点率先发展，形成环杭州湾、温台沿海和浙西南三大区域，这有利于全省经济活动的分类组织。在产业布局上，尊重市场规律，持续围绕交通干线集聚要素，组织经济活动，提升了产业素质。在极核与外围联动发展上，谋划提出杭州、宁波、温州三大都市经济圈，逐步实现强核心与兼顾外围并举。通过一系列战略举措，浙江逐步迈入更高水平的区域协调发展新阶段。

## 第二节　主体功能区的划分和实施

### 一　主体功能区划分

（一）背景和过程

我国是一个人地矛盾十分突出，资源不足且空间分布不均衡，经济发展水平落后，各地区发展极不平衡的发展中国家。随着经济的快速增长，资源环境恶化、空间发展无序和地区发展不平衡问题日益突出，严重影响到经济社会的可持续发展。为此，中共中央和国家"十一五"规划提出,编制国家和省级主体功能区规划,要根据不同区域的资源环境承载能力、现有开发密度和发展潜力,统筹谋划未来人口分布、经济布局、国土利用和城镇化格局,将国土空间划分为优化开发、重点开发、限制开发和禁止开发四类,确定主体功能定位,明确开发方向,控制开发强度,规范开发秩序,完善开发政策,逐步形成人口、经济、资源环境相协调的空间开发格局。

主体功能区按照是否适宜进行大规模高强度的工业化城市化开发为标准,划分优化开发区域、重点开发区域、限制开发区域和禁止开发区域四类主体功能区。

表9-1　　　　　　　　主体功能区类别与概念内涵

| 类别 | 概念内涵 |
| --- | --- |
| 优化开发区域 | 是经济比较发达、人口比较密集、开发强度较高、资源环境问题更加突出,从而应该优化进行工业化城市化开发的区域。优化开发区域一般是具备以下条件的城市化地区:综合实力较强,能够体现区域竞争力;经济规模较大,能够支撑带动区域经济发展;城镇体系比较健全,有条件形成具有影响力的都市圈;内在经济联系紧密,区域一体化基础较好;科技创新实力较强,能引领并带动区域自主创新和结构升级 |
| 重点开发区域 | 是有一定经济基础、资源环境承载能力较强、发展潜力较大、集聚人口和经济条件较好,从而应该重点进行工业化城市化开发的区域。重点开发区域一般是具备以下条件的城市化地区:具有较强的经济基础,一定的科技创新能力和较好的发展潜力;城镇体系初步形成,有条件形成新的区域性城镇群;能够带动周边地区发展,促进全省区域协调发展 |
| 限制开发区域 | 是指关系生态安全和农产品供给安全、不适宜大规模高强度工业化城市化开发的区域,根据限制开发区域的功能属性,进一步划分为农产品主产区、重点生态功能区和生态经济地区。农产品主产区是指具备较好的农业生产条件,以提供农产品为主体功能,以提供生态产品、服务产品和工业品为辅助功能,在国土空间开发中限制进行大规模高强度工业化城市化开发,以保持并提高农产品生产能力的区域。重点生态功能区是指生态敏感性较强,生态系统十分重要,关系到全省乃至更大区域范围生态安全,需要在国土空间开发中限制进行大规模高强度工业化城市化开发,以保持并提高生态产品供给能力的区域。生态经济地区是指生态服务功能较为重要,具有一定的资源环境承载能力,在保护生态的前提下可适度集聚人口和发展适宜产业的地区 |
| 禁止开发区域 | 是依法设立的各类自然文化资源保护区域,以及其他禁止进行工业化城市化开发、需要特殊保护的生态区域,是有代表性的自然生态系统、珍稀濒危野生动植物物种的天然集中分布地、有特殊价值的自然遗迹所在地和文化遗址以及具有重要生态安全价值的区域等,需要在国土空间开发中禁止进行工业化城市化开发的区域 |

为顺利有效地开展主体功能区规划工作，根据《国务院办公厅关于开展全国主体功能区划规划编制工作的通知》（国办发〔2006〕85号）、《国家发改委办公厅关于开展省级层面主体功能区划基础研究工作的通知》（发改办规划〔2006〕2361号）和《浙江省人民政府办公厅关于开展全省主体功能区规划编制工作的通知》（浙政办发〔2007〕3号）等文件，浙江省政府成立全省主体功能区规划编制工作领导小组和编制工作小组，着手开展《浙江省主体功能区规划》的编制。

《浙江省主体功能区规划》自2006年开始开展前期研究。作为国家发改委确定的8个先行开展省级主体功能区规划基础研究的省份之一，开展了《浙江省主体功能区规划基础研究》《主体功能区规划与生态功能区划的关系研究》《重点开发区域和禁止开发区域专题研究》等。2007—2008年，按照国家发改委要求，浙江省又开展了主体功能区试划研究，此外，还专题开展了以乡镇为基本单元的主体功能区划分方案研究、限制开发区域的细分研究，进一步优化主体功能区划分方案。2009—2010年，根据国家发改委《省级主体功能区域划分技术规程（试用）》，逐步调整优化全省主体功能区划分方案优化，开展主体功能区规划研究报告编制。2010—2011年，在前期研究的基础上，组织起草《浙江省主体功能区规划》文本，先后多次组织专家论证。2011年11月4日，浙江省政府第82次常务会议，审议并原则通过《浙江省主体功能区规划》。2011年12月19日，省委常委会审议通过《浙江省主体功能区规划》。2013年8月18日，省政府以浙政发〔2013〕43号文发布实施《浙江省主体功能区规划》。

（二）浙江省主体功能区的划分结果

优化开发区域。浙江省域范围的优化开发区域是长三角国家级优化开发区域的重要组成部分，主要分布在环杭州湾地区的杭州、宁波、嘉兴、湖州、绍兴、舟山市的部分县（市、区），面积为16317平方千米，占全省陆域国土面积的16.0%。

重点开发区域。浙江省域范围的重点开发区域，面积为17271平方千米，占全省陆域国土面积的17.0%，包括海峡西岸经济区国家重点开发区域温州部分和省级重点开发区域。海峡西岸经济区国家重点开发区域温州部分包括温州市沿海部分地区，面积2660平方千米，是浙江海洋经济发展示范区的重要组成部分。省级重点开发区域由沿海平原地区、舟山群岛新区和丘陵盆地地区三部分组成，面积分别为7548平方千米、1125平方千米和5938平方千米，是浙江海洋经济发展示范区的重要组成部分和舟山群岛新区建设的主平台，也是义乌国际贸易综合改革试点的核心区及辐射带动区。

限制开发区域。限制开发区域分为农产品主产区、重点生态功能区和生态经济地区，面积为68212平方千米，占全省陆域国土面积的67.0%。其中，农产品主产区面积为5429平方千米，占全省陆域国土面积的5.3%；重点生态功能区面积为21109平方千米，占全省陆域国土面积的20.7%；生态经济地区面积为41674平方千米，占全省陆域国土面积的41.0%。浙江省域范围的农产品主产区主要为国家确定的产粮大县，由嘉兴部分和衢州部分组成，分别包括嘉兴市的海盐县、平湖市和衢州市的衢江区、江山市、龙游县等5个国家产粮大县。浙江省域范围的重点生态功能区包括浙西山地丘陵重点生态功能区、浙南山地丘陵重点生态功能区和浙中江河源头重点生态功能区，其中浙西山地丘陵重点生态功能区包括杭州市的淳安县和衢州市的开化县，总面积6551平方千米；浙南山地丘陵重点生态功能区包括温州市的文成县和泰顺县，丽水市的云和县、庆元县、景宁畲族自治县、龙泉市及遂昌县的部分地区，总面积13263平方千米；浙中江河源头重点生态功能区包括金华市的磐安县，总面积1195平方千米。浙江省域范围的生态经济地区包括浙西山地丘陵生态经济地区、浙南山地丘陵生态经济地区、浙中浙东山地丘陵生态经济地区和浙东海岛生态经济地区，其中浙西山地丘陵生态经济地区包括杭州市、湖州市、衢州市的部分地区，总面积10307平方千米；浙南山地丘陵生态经济地区包括温州市、丽水市的部分地区，总面积11288平方千米；浙中浙东山地丘陵生态经济地区包括宁波市、绍兴市、金华市、台州市的部分地区，总面积19865平方千米；浙东海岛生态经济地区包括宁波市、温州市、舟山市、台州市的部分海岛，总面积214平方千米。

图 9-1 浙江省主体功能区划分

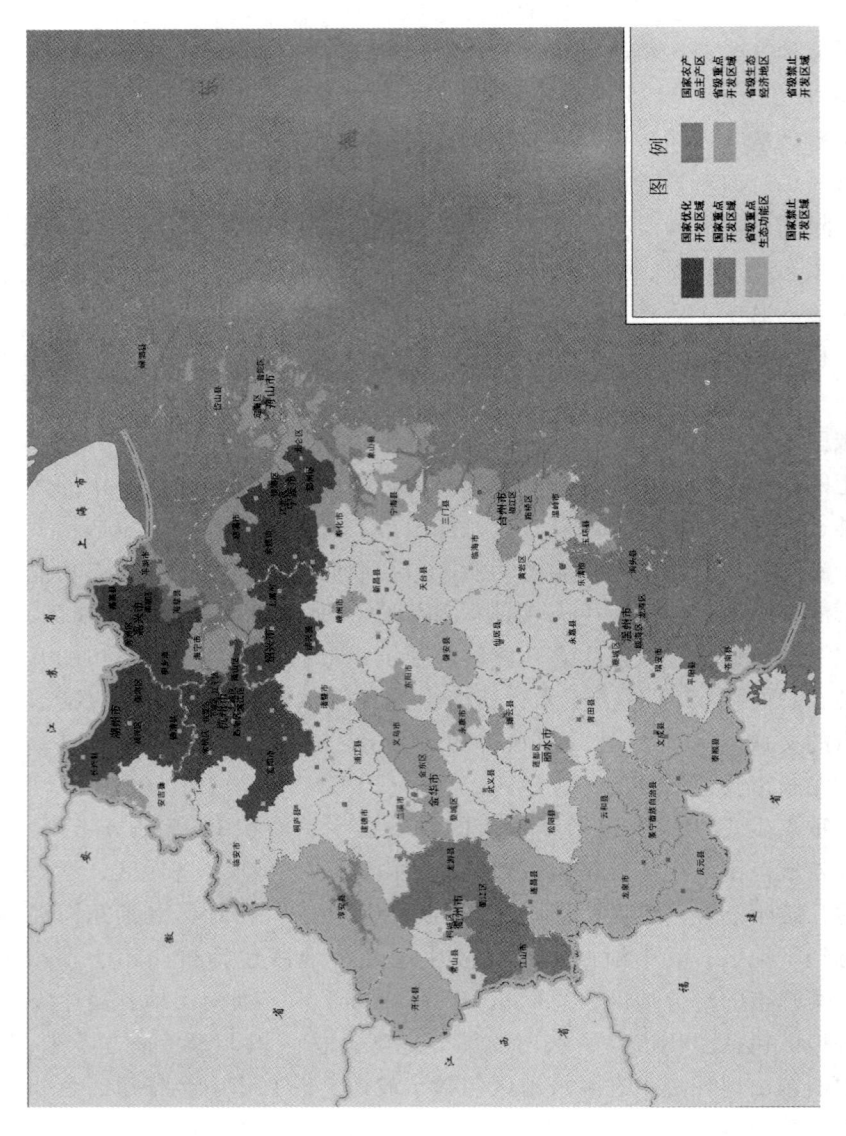

禁止开发区域。浙江省域范围的禁止开发区域分为国家禁止开发区域和省级禁止开发区域。国家禁止开发区域包括世界遗产、世界地质公园和国家级自然保护区、国家级风景名胜区、国家森林公园、国家地质公园；省级禁止开发区域包括与国家禁止开发区域对应的省级及以下自然保护区、风景名胜区、森林公园、地质公园等各类自然保护区域，文物保护区、重要湿地及湿地公园、饮用水水源保护区和海洋保护区等区域，以及省人民政府根据需要确定的其他禁止开发区域。根据法律法规和有关方面的规定，国家和省级禁止开发区域总面积约为9724平方千米。今后新设立的世界遗产和各类自然保护区、风景名胜区、森林公园、地质公园、文物保护区、重要湿地及湿地公园、饮用水水源保护区、海洋保护区等，增补进入禁止开发区域相关目录。

表9-2　　　　　　　　各县（市、区）主体功能定位

| 主体功能区类型 | 主体功能区分布 ||
|---|---|---|
| | 设区市 | 具体区域 |
| 国家优化开发区域 | 杭州市 | 上城区、下城区、江干区、拱墅区、西湖区、滨江区、萧山区、余杭区、富阳市 |
| | 宁波市 | 海曙区、江东区、江北区、北仑区、镇海区、鄞州区、余姚市、慈溪市 |
| | 嘉兴市 | 南湖区、秀洲区、嘉善县、海宁市、桐乡市 |
| | 湖州市 | 吴兴区、南浔区、德清县、长兴县 |
| | 绍兴市 | 越城区、绍兴县、上虞市 |
| | 舟山市 | 定海区 |
| 国家重点开发区域 | 温州市 | 鹿城区、瓯海区、龙湾区、洞头县、平阳县、苍南县、瑞安市、乐清市 |

续表

| 主体功能区类型 | 主体功能区分布 ||
|---|---|---|
| | 设区市 | 具体区域 |
| 省级重点开发区域 | 宁波市 | 象山县、宁海县、奉化市 |
| | 绍兴市 | 诸暨市、嵊州市 |
| | 金华市 | 婺城区、金东区、兰溪市、义乌市、东阳市、永康市 |
| | 舟山市 | 普陀区、岱山县 |
| | 衢州市 | 柯城区 |
| | 台州市 | 椒江区、黄岩区、路桥区、玉环县、温岭市、三门县、临海市 |
| | 丽水市 | 莲都区 |
| 国家农产品主产区 | 嘉兴市 | 平湖市、海盐县 |
| | 衢州市 | 衢江区、龙游县、江山市 |
| 省级重点生态功能区 | 杭州市 | 淳安县 |
| | 温州市 | 文成县、泰顺县 |
| | 金华市 | 磐安县 |
| | 衢州市 | 开化县 |
| | 丽水市 | 遂昌县、云和县、庆元县、景宁畲族自治县、龙泉市 |
| 省级生态经济地区 | 杭州市 | 桐庐县、建德市、临安市 |
| | 温州市 | 永嘉县 |
| | 湖州市 | 安吉县 |
| | 绍兴市 | 新昌县 |
| | 金华市 | 武义县、浦江县 |
| | 衢州市 | 常山县 |
| | 舟山市 | 嵊泗县 |
| | 台州市 | 天台县、仙居县 |
| | 丽水市 | 青田县、缙云县、松阳县 |

## 二 重点生态功能区建设试点示范

2014年年初，为加快实施主体功能区制度，浙江省人民政府分别印发浙政办〔2014〕7号和浙政办〔2014〕19号文件，选择在开化县和淳安县开展重点生态功能区示范区建设试点。

（一）试点内容

1. 试点总体要求和原则

根据试点方案，开化县和淳安县的试点总体要求是，牢固树立"绿水青山就是金山银山"理念，坚持以转变经济发展方式为主线，以建设重点生态功能区为目标，大胆探索、改革创新，建立健全生态文明制度体系，加快形成生产生活生态融合、人口资源环境和谐的体制机制。

试点方案主要在森林覆盖率、出境断面水质、污染物排放、生态文明制度体系等方面明确了试点的具体目标，其中要求开化县到2017年，森林覆盖率保持在80%以上，出境断面水质Ⅰ类、Ⅱ类水天数保持在90%以上，化学需氧量、氨氮、二氧化硫、氮氧化物等污染物排放量均下降10%，生态系统完整性和物种多样性得到有效维持，率先建立生态文明制度体系。要求淳安县到2017年，森林覆盖率（剔除湖面水面计算）保持在80%以上，出境断面水质Ⅰ类水天数保持在90%以上，化学需氧量、氨氮、二氧化硫、氮氧化物等污染物减排全面达标，生态系统完整性和物种多样性得到有效维持，基本建立最严格水资源管理制度，率先建立生态文明制度体系。

2. 试点主要任务

试点的主要任务包括绿色产业体系发展、生态型城镇体系建设、全域景区化建设、环境治理和生态修复、管理体制改革五方面。

在健全绿色产业体系发展机制上，要求开化县大力发展生态循环农业，重点发展一批绿色农产品和生产基地，大力发展现代林业，壮大林下经济，积极发展生态工业，加快淘汰改造高能耗、重污染企业，大力发展以休闲旅游、文化创意、健康服务等为重点的现代服务业；要求淳安县大力发展以休闲旅游、文化创意、健康服务、会议会展等为重点的现代服务业，全力打造华东休闲度假集散地、国家级生态旅游示范区，大力发展生态农业，重点发展一批绿色农产品和生产加工基地，积极发展生态工业，加快淳安中国水业基地建设，并大力推进三次产业在生态平台上融合发展，重点培育农林产品精深加工、休闲观光农业园区、工业旅游等业态，成为浙江生态产业融合示范区。

在加快建设生态型城镇体系方面，要求开化县按照"一城多镇"的城镇格局，把县城建设成为山水园林休闲城市，把马金、池淮、杨林、苏庄、齐溪等打造成为"风情小镇"；要求淳安县加快推进以千岛湖镇为核心，汾口、威坪等五大中心镇为支撑，旅游风情小镇为特色的"一核五心多特"城镇体系建设，按照重点生态功能区小城市的标准建设千岛湖镇，打造宜居宜游的秀水名城。

在建立健全全域景观改造机制方面，要求开化县积极推进花卉主题公园等十大公园建设，加强森林公园建设，推进高速公路、国省道等十条主干道及沿线山体景观改造，打造"百里黄金水岸线"；要求淳安县积极推进千岛湖国际商务度假中心等六大旅游综合体建设，建成国内一流的环千岛湖景观绿道，构建环湖休闲度假圈。

在完善环境治理和生态修复机制方面，要求开化县和淳安县从农村生活污水治理、农业面源污染治理、城镇污水治理体系建设、强化大气污染防治、加强饮用水水源地建设、河道治理、城乡垃圾无害化处理、废弃矿山修复和地质灾害点整治、绿化造林和山体植被修复、生物多样性保护等方面开展环境治理和生态修复。

在积极推进各项改革方面，要求开化县和淳安县精简政府机构，优化职能配置，加强环境保护综合执法力量，合理调整部分行政区划，形成与重点生态功能区相适应的行政管理体制。

3. 试点配套支持的政策

试点配套支持的政策包括财政扶持、生态环境财政奖惩制度、支持基础设施建设、加强要素保障、推进各项改革五方面。

一是加大财政扶持力度。在做好产业发展"治旧控新"工作的基础上，对开化县、淳安县实行工业税收收入保基数、保增长政策，即以2012年工业税收收入实绩为基数，从2014年起，每年按全省工业税收收入平均增长比例计算补偿的数额；工业税收收入实际执行数低于基数的，差额部分按体制计算补足。同时，省财政安排开化县重点生态功能区示范区建设试点资金。

二是探索建立生态环境财政奖惩制度。对开化县、淳安县每年排放的化学需氧量、氨氮、二氧化硫、氮氧化物，浙江省财政按每吨

3000元收缴。对出境水水质，按照Ⅰ类、Ⅱ类占比，浙江省财政每年每个百分点分别给予120万元、60万元补助；按Ⅳ类、Ⅴ类、劣Ⅴ类占比，每年每个百分点分别倒扣20万元、60万元、120万元。对Ⅰ类、Ⅱ类水占比比上年提高的，每提高1个百分点分别奖励1000万元、500万元；对Ⅰ类、Ⅱ类水占比比上年下降的，每下降1个百分点分别倒扣1000万元、500万元。对森林覆盖率，每高出全省平均水平1个百分点奖励200万元，每低1个百分点倒扣200万元；对林木蓄积量，比上年每增加1万立方米，奖励50万元，比上年每减少1万立方米，倒扣50万元。

三是加快基础设施建设。支持开化县、淳安县加快重大基础设施项目建设，省里给予安排地方政府债券适当倾斜，优先考虑且按相关政策补助。

四是加强要素保障。引导金融机构加大对开化县、淳安县重点生态功能区建设的支持力度，探索生态公益林林权抵押制度创新。对国家和省重大基础设施建设项目以及省政府确定的重大项目用地实行省市县统筹耕地占补平衡。支持开展碳排放权和林业碳汇交易试点，开展农民住房财产权抵押、担保、转让试点。鼓励省属国有企业到开化县、淳安县投资开发。

五是积极推进各项改革。支持开化县、淳安县加快中心镇发展和改革，开展省级小城市培育试点。建立重点生态功能区考核体系，取消对地区生产总值的考核。

（二）试点进展与成效

浙江省重点生态功能区示范区建设试点工作实施两年以来，在省、市两级政府以及各部门的支持下，开化县和淳安县牢固树立"绿水青山就是金山银山"的基本理念，深入贯彻"两美"浙江建设战略部署，坚持转变经济发展方式，稳步推进重点生态功能区示范区建设试点工作。对照试点方案确定的主要目标，2015年年底开化县和淳安县森林覆盖率分别为80.7%和87.26%，比2013年年底分别提高0.4个和0.14个百分点；出境断面水质Ⅰ类、Ⅱ类水天数达到既定目标，化学需氧量、氨氮、二氧化硫、氮氧化物等污染物排放量逐年下降。生态系统完整性和物种多样性得到有效维持，生态文明制度体系初步建立。总体而言,试点目标任务有序推进,环境保护成效突出,生态经济稳步发展,试点政策效应显现,初步构建起科学合理的城市化格局、产业发展格局和生态安全格局,基本形成了人与自然和谐相处、城乡统筹协调、生态环境安全、生态经济转型发展的局面。

1. 环境治理多措并举,生态环境品质继续领跑全省

空气质量进一步提高。开化县划定高污染燃料禁燃区,完成黄标车淘汰和高污染燃料锅炉改造任务。淳安县全力推进各项大气治理举措。2015年,开化和淳安两县空气优良率达到99.4%和93.9%,远高于省市平均水平。开化县化学需氧量、氨氮、二氧化硫、氮氧化物等主要污染物排放量在2013年基础上分别削减8.1%、8.9%、10.6%和11.2%;PM2.5浓度均值为26微克/立方米,比2013年下降11微克/立方米。2015年淳安县空气质量指数①达到50,比2014年下降10;PM2.5浓度均值为33微克/立方米,比2013年下降14微克/立方米。

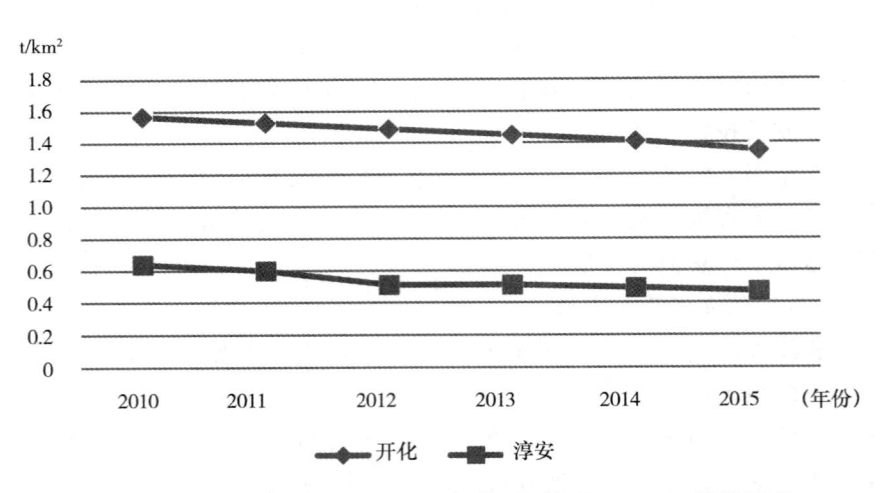

图9-2 试点地区2010—2015年主要污染物(COD)排放强度

---

① 空气质量指数,即针对单项污染物的还规定了空气质量分指数。参与空气质量评价的主要污染物为细颗粒物、可吸入颗粒物、二氧化硫、二氧化氮、臭氧、一氧化碳6项。

水环境质量保持在较高水平。两地持续推进"五水共治"。开化县累计投入5.6亿元，通过新建城市污水处理厂、农村污水治理行政村全覆盖、关停、拆除生猪养殖场等措施，水环境进一步优化。淳安县探索形成治污全覆盖网络：在城镇，完成了171家企业排污口整治，城区生活污水截污纳管率由75%提高到95%，污水处理厂处理标准由一级B提高到一级A；在农村，实现全县污水处理设施全覆盖，农村生活污水截污纳管率由30%提高到88.2%；在湖区，积极引导湖区退出网箱养殖，实行湖面垃圾打捞市场化运作，景区景点、游船艇污水全部实现收集上岸处置。开化县Ⅰ类、Ⅱ类出境水达标天数占比保持在98%以上，淳安县保持在100%，试点确定的生态环境质量目标获得全面保障和提升。

固废治理和生态修复有效推进。开化县制定出台《国家公园山水林田河管理办法》，实施生态家园共建行动，全面开展"垃圾革命"，行政村垃圾源头分类处理实现全覆盖；对121处废弃矿山（井）进行源头治理，全面禁止野外焚烧秸秆等农作物废弃物；关停整治木材加工厂，削减采伐指标，划定限伐区，确保生态公益林面积占全县林地面积一半以上。淳安县探索形成原生态保护方式，明确了"四个严控、三个一批"要求，即"严控开山挖石、严控填湖填湾、严控河道采砂、严控湖内垂钓，有序退出一批小型水电、建设一批生态湿地、修复一批山体山坡"，有效保障了生态环境品质的持续提升。

2. 着力优化城乡空间，生态型人居环境逐步呈现

城乡空间格局逐步优化。开化县按照"一城多镇"格局，统筹推进"四美"城乡建设①，持续深化"六城联创"②，生态型城镇体系初步形成。淳安县加快千岛湖小城市培育，按照"东集、南展、西跃、北拓、中优"的布局，全力打造"国际旅游小城市"，大力推进富丽乡村建设，以点示范，全域覆盖，有效推进城乡特色发展。

---

① "四美"城乡建设，即美丽县城、美丽集镇、美丽乡村、美丽庭院建设。
② 成功创建美丽中国示范县、国家园林县城、省级卫生县城、省级卫生强县及省级森林城市。

新型城市化不断推进。开化县和淳安县坚持实施"小县大城"战略；积极完善下山脱贫搬迁政策，两年来开化和淳安分别新增下山移民10660人和2403人。两个县城建成区人口密度不断提高，2015年分别达到7100人/平方千米和7900人/平方千米，比2013年提高了11.0个和8.2个百分点。提高新增常住人口的基本公共服务保障覆盖率，促进转移人口市民化，2015年开化和淳安的基本公共服务支出占财政总支出比重分别达到83%和65.44%，常住人口城市化率分别达到35.9%和32.8%，与户籍人口城市化率差距呈现出缩小的态势。

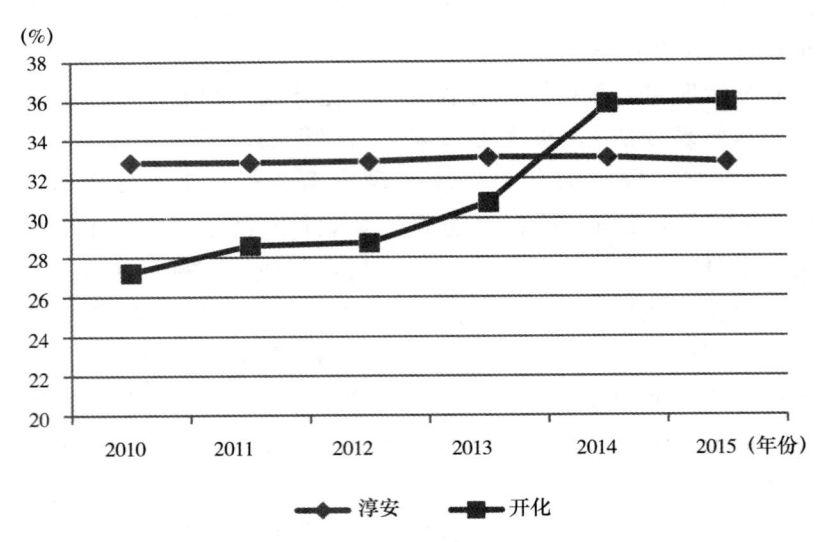

图9-3 试点地区2010—2015年常住人口城市化率

城乡人居环境显著改善。通过城市修补和旧城区更新改造，提升设施环境的硬件水平，人居环境治理全面推进。开化县以创建无违建县为目标，大力推进"三改一拆"，出台农民建房管控制度，创成"无违建村"190个，占行政村（居委会）总数的71.3%。淳安县因地制宜推进"三个改造"，强势推进无违建县创建工作，实现拆得更彻底，控得更高效，创得更融合，累计完成拆除违法建筑170余万平方米，收缴有偿使用费5400余万元，有力提升了城市建设品质。

## 3. 构建生态经济体系，居民增收取得良好成效

经济结构不断优化。开化和淳安两县第三产业增加值比重持续提高，至2015年分别达48.3%和47.6%，增幅比两县所在市增幅分别高出9.0个和6.1个百分点。拉高产业准入红线、提高环保标准，推动工业企业转型升级。2015年开化县和淳安县万元GDP能耗分别下降至0.56吨标准煤和0.31吨标准煤。开化县以环境成本倒逼企业加快技术革新，近两年投入1.05亿元关停整治企业68家，并建成了"四园一中心"①。积极推进老空间"腾鸟换凤"，新兴产业加速兴起。开化县加快工业园区"优二进三"步伐，腾退低效工业用地1000多亩。淳安县累计盘活存量建设用地7609.9亩，利用老旧工业办公用房等引进了康迪新能源汽车总部、修正药业健康饮品等新兴业态，并将由此诞生两幢税收亿元楼，吸引了一批康美、文创、总部、民宿、高端制造等新兴业态项目落户。生态农业提质增效，两县成功创建省级生态循环农业示范县。开化县完成有机农产品认证16个，实施龙顶茶全产业链提升重大产业项目，"开化龙顶"品牌价值达到16.58亿元。淳安县创新农产品品牌宣传，推进"千岛湖"区域公用品牌建设，新增6家企业的16个产品通过QS认证。

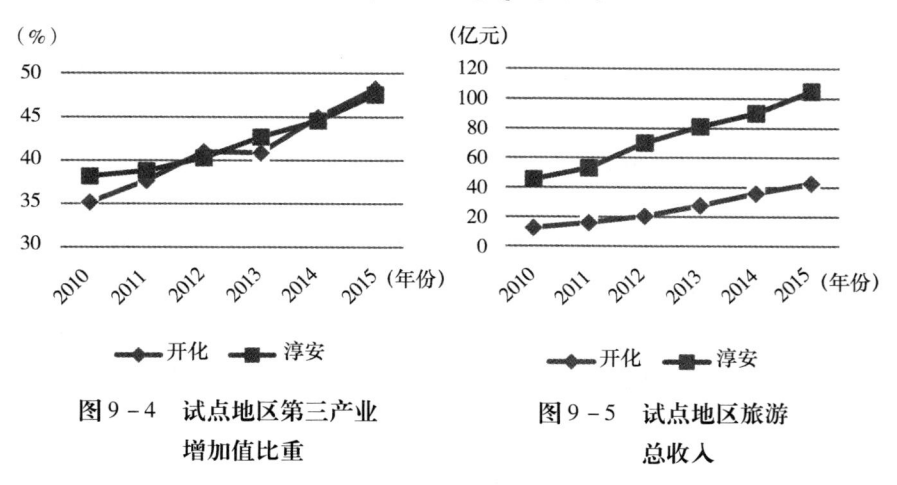

图9-4　试点地区第三产业增加值比重

图9-5　试点地区旅游总收入

---

① 开化"四园一中心"，包括凌云电子商务创业园、易云电子商务创业园、就业孵化园、"淘实惠"农村电商产业园、电子商务公共服务中心。

生态旅游蓬勃发展。开化县全力推进全域景观改造和建设，打造百里黄金水岸线，创建国家3A级以上景区7个，成功创建"钱江源国家生态旅游示范区"。2015年共接待国内旅游者689.79万人次、实现国内旅游总收入42.29亿元，完成旅游业投资20.92亿元，增长55.8%，创历史新高。淳安县大力发展环湖"绿道经济"，建成了一批旅游风情小镇，2015年旅游经济实现了接待游客超1000万人次、旅游经济总收入超100亿元的"两个一"突破，被央视列为最受全国游客喜爱的旅游目的地。

居民收入增长显著。两县积极创新致富路径，以产业带动就业，以就业促增收，试点开展两年来，开化城镇和农村居民人均可支配收入分别提高8.5%和23.9%，淳安则分别提高20.9%和22.8%。

4. 深化行政管理体制改革，生态建设导向进一步凸显

行政机构组织不断优化。开化县围绕"两减两调"[①]的要求，将全县行政区划由9乡9镇和1个工业园区撤并、整合成8镇6乡，重点将原城关镇并入华埠镇，打造小城市培育试点；按照"大部制"改革要求调整优化机构设置，将63个县级党政机构调整到35个，并强化生态保护职能部门，初步建立了与重点生态功能区建设要求较为适应的行政区划管理体制。淳安开展部门内部机构综合设置，整合职责相近或相似、工作量不大和职责交叉重复的内设机构，涉改部门内设机构减少3个，中层领导职数减少3名，着眼于示范区建设，通过内部调剂，进一步强化环境监测专业力量和环保执法力量配备。

执法和审批改革不断推进。两地优化工作流程和服务品质，积极清理、调整审批事项，建设完善"一站式"审批服务平台，行政审批效率不断提高。2015年开化县和淳安县审批中心审批事项集中办理率分别达到95.90%和91.88%，比2013年提高6.9个和1.0个百分点，综合行政执法机构具有执法资格的人数分别增加到50人和39人。下放到县级的权限逐步增加，两地综合行政执法机构拥有综合执法事项分别达到519项和852项。淳安研究制定综合行政执法工作实

---

① "两减两调"，即减员增效、减村并镇、调整区划、调整职能。

施方案，拟将县城市管理局与县综合执法局合署为县政府工作部门，纳入综合行政执法的852项行政处罚权力事项将于2017年年底前分步划转到位。

5. 认真落实配套政策，各项改革积极推进

财政扶持力度加大。积极发挥中央和省级财政资金在生态保护和建设方面的保障、支撑和引导作用。省财政厅认真落实工业税收收入"保基数、保增长"、生态环境财政奖惩等一系列政策，配套支持两地生态保护和建设。两年来，开化获得省财政重点生态功能区示范区建设试点专项补助2亿元，生态环境财政奖励专项补助2.4532亿元。淳安县获得省财政对于重点生态功能区示范区试点专项补助2亿元，生态环境财政奖励专项补助3.8354亿元。2015年，开化和淳安污染物排放上缴分别为2223万元和1198万元，浙江省财政按50%比例进行返还补助，其中分别有1112万元和599万元留县财政，一定程度倒逼和激励了地区的生态环境保护行为。

加快基础设施建设。省水利厅积极争取、安排水利专项资金支持两县水利项目建设。两县共完成山塘综合整治45座、渠道改造253.4千米、排水沟改造2.06千米，发展高效节水灌溉0.28万亩。省交通厅在路网规划上加大对开化县、淳安县的支持力度，研究编制国、省道干线公路网调整方案时，重点向淳安、开化等地区倾斜。同时，还加大了资金补助扶持力度，有效支持和缓解了开化县、淳安县交通项目建设资金压力。

加强要素保障。在金融要素方面，设区市政府积极引导金融机构加大对重点生态功能区建设的支持力度。比如杭州市和淳安县鼓励金融机构开展林权抵押登记贷款，引入农业产业基金，探索生态公益林林权抵押制度创新，等等。在土地要素方面，浙江省国土资源厅在全省首批及第二批"坡地村镇"建设用地试点项目中，批准了一批工程建设项目，优先保障项目用地指标，包括淳安县千岛湖龙川湾景区改造提升等5个项目，以及开化县实验中学新建工程等3个项目。在组织要素方面，2014年以来，先后选派了5名处级干部到开化县、淳安县挂职担任副县级干部，选派了11名优秀年轻科级干部到开化县挂职锻炼。挂职干部立足自身岗位，带去先进的发展理念和管理经

验，积极发挥桥梁纽带作用，服务当地经济社会发展，有力地推动了示范区建设。

积极推进各项改革。杭州市和衢州市都建立了重点生态功能区考核体系，分别给予淳安县和开化县单列考核。淳安县进一步改革县对乡镇部门业绩考核体系，重点突出生态保护、生态经济、民生保障三大核心指标，取消对偏远乡镇的工业考核，增设服务业增加值、高新技术产业发展、农民人均可支配收入增长率、电子商务、集体经济等特色指标，引导乡镇更加重视特色产业发展和农民增收。

### 三 实施产业准入负面清单制度

实施国家重点生态功能区产业准入负面清单是落实国家主体功能区战略的重大制度创新，是党的十八届五中全会确定的重大任务，也是国家"十三五"规划确定的完善主体功能区制度，建立空间治理体系的重大举措。《负面清单》一经审议、备案、发布实施，将成为今后引导和约束重点生态功能区内产业发展，推动主体功能区规划落地，实现重点生态功能区主体功能目标，统筹生态环境保护和经济社会发展的重要抓手。其执行情况的跟踪检查结果，还将作为考核地方政府生态保护成效和责任追究，进一步完善国家重点生态功能区财政转移支付政策的重要依据。

根据2016年9月国务院发布《关于同意新增部分县（市、区、旗）纳入国家重点生态功能区的批复》的要求，浙江省11个县（市）（淳安县、文成县、泰顺县、磐安县、常山县、开化县、龙泉市、遂昌县、云和县、庆元县、景宁畲族自治县）要尽快制定产业准入负面清单，2017年2月国家发展改革委办公厅下发的《关于明确新增国家重点生态功能区类型的通知》进一步明确浙江省11个县（市）为水源涵养型国家重点生态功能区。依据以上文件，省发展改革委于2016年11月便组织开展《浙江省国家重点生态功能区产业准入负面清单》编制工作。在对国家、省、地市相关政策的系统梳理和前期研究，以及对11个国家重点生态功能区县（市）的深入调研的基础上，明确现有产业政策和环境政策底线，摸清各县（市）产业发展概况，评估各县（市）生态环境问题，编制形成了《浙江省国家重点生态功能区产业准入负面清单》。

《浙江省国家重点生态功能区产业准入负面清单》的编制的主要内容主要依据国家发改委下发的《重点生态功能区产业准入负面清单编制实施办法》（以下简称《实施办法》）。根据《实施办法》，纳入《浙江省国家重点生态功能区产业准入负面清单》的产业门类包括现状产业和规划发展产业，涉及农林牧渔业、采矿业、制造业、电力、热力、燃气及水生产和供应业、交通运输、仓储和邮政业、房地产业以及水利、环境和公共设施管理业。其中农业种植业统一表达到大类，畜牧业表达到中类，其他产业统一表达到小类。根据水源涵养型主体生态功能要求，《浙江省国家重点生态功能区产业准入负面清单》基本将石油化工、印染、制浆造纸、制革、电镀、金属冶炼、水泥制造等高耗水、高污染、高风险的行业全部纳入禁止类，其他涉及农田垦造、林木采伐、畜牧养殖、采矿、可能造成污染的制造业，以及水力发电等影响水源涵养功能的产业纳入限制类。纳入《浙江省国家重点生态功能区产业准入负面清单》的行业管控要求以现有政策为底线进行制定，纳入限制类的产业，农业对农田垦造、开荒性农业开发项目、退耕还林等作了限制性要求；林业重点对林地采伐、水土保持、速生林种植提出管控要求；畜牧业重点对牲畜和家禽养殖的规模、区位、污染物排放提出管控要求；渔业重点对投饵型网箱养殖进行了限定性要求；采矿业主要对采矿区位、规模、工艺等提出要求；制造业重点对区位、规模、生产工艺、用水效率、废弃物排放、清洁生产水平等方面提出管控要求。纳入禁止类的产业要在全域范围内禁止发展，现有产业（企业）在《指导目录》和《清单草案》淘汰范围内的要立即关闭，其他现有产业（企业）也要提出不超过 3 年的时限要求和具体措施。

## 第三节 "多规合一"的探索实践

"多规合一"是全面深化改革的一项重要任务，是实现区域统筹规划和建设的重要基础。浙江较早在开化县、嘉兴市、德清县等地开展了"多规合一"国家试点，并对省级空间规划编制作出了有力探索，为全国提供了生动案例。

## 一 市县"多规合一"国家试点

为坚定不移实施主体功能区制度，开展市县空间规划改革，国家发展改革委、国土资源部、环境保护部、住房城乡建设部等部委于2014年8月联合开展市县"多规合一"试点工作，选择了包括浙江省的开化县、嘉兴市、德清县等全国28个市县作为试点地区，推动市县经济社会发展规划、城乡规划、土地利用规划、生态环境保护规划"多规合一"，形成一个市县一本规划、一张蓝图。在三年多的探索实践中，开化县、嘉兴市、德清县已完成市县"多规合一"试点工作的相关成果，并取得富有成效的实践经验。

（一）厘清体系框架，形成了一套规划成果

针对当前各类规划交叉、重叠的种种乱象，厘清思路，明确一致的目标导向和路线框架，是指导具体行动的当务之急。从开化、嘉兴和德清三地实践看，围绕试点目标、试点任务、试点要求，遵循"一本规划管到位"的要求，以主体功能、资源整合、体制创新、实用管用理念为引领，着力推进编制一本空间规划、绘制一张布局总图，边探索、边试验、边改进，总结形成了一套统一的空间规划框架支撑。在一本规划的统筹引领下，再优化调整其他专项规划，有效缩减规划数量，只编制部分落实性的详细规划或实施方案等，从根源上破解多头规划难题。如开化县通过规划体系的调整和梳理，专项规划从"十二五"时期的55个缩减至21个，减幅超60%。

一本空间规划是空间规划体系的统筹核心，以"三区三线"为核心的一张蓝图是形成发展一盘棋的纲领性指导。在一本市县空间规划中，主要以2020年、2030年为规划期限，对市县全域发展目标与定位、空间结构与布局、三区三线划分、重大平台布局、土地集约节约利用、生态环境保护、重大设施布局等内容作了全面的规划与布局安排，形成了指导各部门、各领域的纲领性规划文件。"一张蓝图"主要是通过开展国土空间全域精细化适宜性评价，结合人口变动趋势和经济社会发展需求，科学判断哪些区块需要严格保护、哪些区块适宜农业生产、哪些区块可供城镇建设，从而划定生态、农业、城镇三大空间，形成"三区"。同时，科学划定生态保护红线、永久基本农田红线和城镇开发边界"三线"，真正形成空间规划底图。在空间规划底图的基础上，叠入各类空间要素，最终形成管控全局的"一张蓝图"。

通过"一本规划、一张蓝图"，不仅有效地梳理了市县的空间框架，而且有力地推动了多头规划向统一规划转变。将发展规划确定的"要做的事"和空间规划确定的"在哪里做"，统一在"一本规划"和"一张蓝图"上。通过协调规划差异，落实主体功能定位，整合提升空间资源利用效率。在开化，通过规划盘活存量土地1307亩，新增建设用地指标3050亩（含低丘缓坡盘活指标1234亩），腾出发展空间，实现节约集约开发。在德清，对全县8镇4街道城镇建设用地、151个行政村农村居民点用地、1934宗农村集体经营性建设用地、1790宗独立产业用地、15类基础设施用地、9类公共服务设施用地等六大建设领域的用地进行梳理，优化落实各类建设用地布局，协调处理差异图斑2.9万块，盘活建设用地31平方千米；对山体、河湖水系、农业、林业四大非建设领域的用地进行梳理，明确划定各类非建设用地功能区，落实山水林田湖是一个生命共同体的保护要求。

通过划定"三区三线"、合理确定"三类空间"比例，统一空间管控，进一步加强生态保护力度，实现了粗放发展向科学布局的转变。开化县充分利用"多规合一"试点成果，淘汰落后产能，从生态保护角度出发淘汰搬迁企业123家，生态移民1万余人。进一步明晰产业布局，严格红线管理，在不同空间分区布局与之相适应的产业项目，优先发展生态旅游、生态农业、生态工业等"生态+"产业。在全县范围内集中开展环境大整治，着力把开化打造成美丽浙江先行区、生态经济示范区和"两山"理论实验区。德清在空间用途管控上，强化底线思维，落实保护和开发的边界，建立覆盖全域的"多规合一"控制线体系。研究划定19%的城镇空间、63%的农业空间和18%的生态空间，形成"三类空间"规划图，实现城乡发展从注重"增量"转向"存量"，从注重"外延扩张"转为"高效适度"，提高了空间利用效率，增强了空间管控能力。

## （二）统一技术平台，形成一致的技术指引

制定一套技术规程、建设一个信息平台，是引导各类规划统筹协调的技术支撑。在三地的实践中，主要通过部门协调对接，破除技术壁垒，加强规划衔接，促进信息的共建共享。一方面，制定一套统一衔接的技术规程，着力构建一套标准的工作机制，统一空间要素，摸清家底。按照"将全域当一个城市来规划"的原则，制定用地分类标准、差异处理标准、数据入库标准等一套标准，统一比例尺、坐标、分类等规划语言，统一各类空间要素，在此基础上全面梳理建设用地、生态资源、农田水系等，摸清了家底。比如，将规划期限统一到2030年，用国家大地2000坐标系统一各类基础数据，以"三区三线"有机整合各类管控分区，形成了开发强度测算、三类空间划定、空间管控、用地分类标准、基础信息平台建设等多项技术规程。

另一方面，建成便捷高效的管理信息平台。主要是在整合原有地理信息平台和政务服务平台的基础上，建设由基础平台、管控平台和审批平台并联运行的"多规合一"管理信息平台，协同开展行政审批流程再造。比如，嘉兴市构建多规合一信息平台，基于统一的标准规范体系，对发改、规划、国土、环保各部门规划、审批业务等数据进行整合，形成"多规合一"数据支撑中心，已建成规划协查平台、项目辅助选址平台与决策辅助平台，正在建设并联审批平台。同时，加强基础地理信息技术应用，强化监督检查。积极推进"地理信息+"战略，加强地理国情普查对一张图的监督管理作用。德清县建立并运行"1+1+N""多规合一"信息平台，即规划协同平台+审批服务平台+部门服务平台，将目前建设部门54坐标数据、国土资源部门80坐标数据及其他部门空间数据统一到2000坐标系，统一空间信息管理数据，做到各部门信息资源的共享和在线审批，实现"多规"信息"一平台"集成、部门业务"一站式"办理。目前，规划协同平台已开展选商引资和工业技改项目的合规性审查，一键生成项目"体检报告"，极大简化项目前期流程。该平台自2016年5月起运行，截至2017年5月底，已累计录入727个项目，其中技改项目437个，选商引资项目290个，通过426个（总用地面积10899亩，总投

资金额536.4亿元），否定34个，暂缓18个，极大地提高了审批效率，实现协同共享。

（三）创新一套体制机制，形成复制推广的改革经验

规划的实施管理是规划得以发挥效力的有效保障。在试点市县的实践中，探索管理体制的改革是推进"多规合一"的重要环节。通过改革联动，统筹规划、建设、管理三大环节，提升城市治理体系和治理能力现代化。

结合实践看，主要有以下几大值得推广的做法。一是着力构建一盘棋的机制，确保规划总纲领。也就是研究建立规划的主管机构，理顺相关规划的协调管理模式。比如，嘉兴市按照时间协同、部门协同、市县协同、技术协同、进度协同"五个协同"的要求，建立"多规合一"领导小组。全市建立了以市委书记、市长任组长的"多规合一"试点工作领导小组，由住建、发改、国土、环保四个部门组成工作组集中办公。另一方面，各县（市、区）统一做法，成立或调整与市级对应一致的"多规合一"领导小组，确保了上下联动，统筹推进实施。同时，各县（市）依据空间发展与保护规划同步开展"多规合一"工作，确保全市空间的统一，实现了规划总纲领。开化县成立县规划委员会，办公室设在发展和改革局，负责规划立项管理、统筹协调、审议发布、监督实施及评估修订等工作。探索规划体制机制改革路径，设计规划编制、实施、监督既相对独立又相互制约的规划管理机制，并适时推进符合空间规划管控要求的政府机构改革。

二是着力构建一张蓝图的统筹机制，确定差异化考核目标。嘉兴市的"多规合一"试点是全市域统筹的实践案例，包括市区和下辖的嘉善、桐乡、海宁、海盐、平湖5个市县。为了推行市域一本规划，需要打破县（市）、城镇行政界限，根据不同空间发展要求、生态保护原则、功能定位分工确定差异化的考核目标。全面协调邻近设施布局，调整原有行政边界内的各类功能冲突点与开发保护的矛盾点。德清县在探索中建立一套考核体系、一个协调机制，做到长效管控"一盘棋"。县里将"多规合一"工作纳入年度综合考核的重要内容，根据"多规合一"政策分区对全县各镇、街道、部门进行分类

考核，有效引导不同区域和部门实现科学发展。同时，建立协作联动长效机制。完善"德清县规划管理委员会"运行机制，统筹推进"多规合一"成果编制与管理实施、开展法定规划的联动修改和动态更新。建立多规协作联动和长效管理运行机制，明确统一衔接规划编制的时间节点、内容、实施评估等，做到各级专项规划与县域总体规划相统一。

三是创新规划审批机制改革，建立有利于规划和项目落地的政策。一方面，实现从"部门审批"向"综合审批"转变。充分利用"多规合一"成果，探索项目审批流程再造，通过调整审批事项办理阶段、合并部分审批环节、跨部门联合评审等项目审批流程再造机制，实现一个窗口、一个平台运行，实现了项目审批的标准化、扁平化、规范化管理，促进资源共建共享，做到让群众、业主少跑腿。通过精简行政审批流程，以审批事项、审批环节、审批时间"三减少"换来审批速度、审批效率和办事效率"三提升"，促进项目快落地，不断优化投资环境。目前，结合"最多跑一次"改革"应减必减、能放则放"的要求，又进一步减少审批前置、精简审批材料、压缩审批时间、创新服务方式。另一方面，推动单项试点向多改联动转变。如开化县以"多规合一"试点为契机，深化大部制改革，实现政府职能转变。全县各类机构总数从63个减少到37个，18个乡镇、1个工业园区撤并整合成14个乡镇。下一阶段还将进一步深化以"退、合、并、减"为重点的大部制改革，优化组织机构，理顺责权关系，特别是加快推进涉及有规划职能的部门合并，着力提升政府的治理能力。

## 二 省级空间规划国家试点

国土空间是区域和城乡生产、生活等活动的基础载体。空间规划，主要是通过创造一个更合理的土地利用和功能关系的领土组织，调整未来活动空间分布的方法，它的目的是平衡保护环境和开发建设两个需求，以达成社会和经济发展总的目标，实现不同区域之间、城乡之间的协调互动。2017年1月，为贯彻落实党的十八届五中全会关于以主体功能区规划为基础统筹各类空间性规划、推进"多规合一"的战略部署,深化规划体制改革创新,建立健全统一衔接的空间规划体系,提升国家国土空间治理能力和效率,在市县"多规合一"试点工作基础上,中共中央办公厅、国务院办公厅印发《省级空间规划试点方案》,明确将浙江省列入全国9个省级空间规划编制的试点省份。这既是对浙江省级层面空间规划编制和管控已有实践的肯定,也给予创新实践新的机遇,为探索推进区域和城乡功能协调、资源统筹,引导区域要素合理配置提供了空间。

(一)省级空间类规划的现状与问题

空间规划是以一定地域空间为主体的功能组织和布局行为,现行省级层面的空间类规划主要有主体功能区规划、城市总体规划、土地利用总体规划、环境功能区划、海洋功能区划等。这些规划内涵、管控和空间区划等内容都有一定的差异,对于区域和城乡要素的合理配置产生了差别化的指引。

1. 现行主要空间类规划综述

经过多年探索实践,浙江省规划类型不断丰富发展,初步形成包括主体功能区规划、土地利用总体规划、环境功能区划、省域城镇体系规划、城乡总体规划、海洋功能区划等在内的类型多样、功能多元、层次多级的规划框架,各类规划逐渐成为各级政府、各主管部门实施空间开发行为管治的重要手段。按规划的主体功能和突出特色可将现有空间规划分为三类:一是以构筑科学、合理、高效的国土空间开发格局为主题,立足于界定国土空间功能分区、总体框架和开发方向的基础性、战略性、本底型规划,如主体功能区规划和海洋主体功能区规划。二是促进区域城市化发展,立足于优化城市发展格局的综合性、促进型规划,如省域城镇体系规划和城乡总体规划。三是以优化配置战略资源为主题,立足于强化国土资源、自然资源、生态环境开发利用保护的约束型规划,如土地利用总体规划、环境功能区划、林地保护利用规划、海洋功能区划和流域规划等。

(1)战略性规划

主体功能区规划。主体功能区规划是国土开发的战略性、基础性和约束性规划,是明确开发方向,完善开发政策,控制开发强度,规范开发秩序，人口、经济、资源环境相协调的国土空间规划。根据《国务院关于编制全国主体功能区规划的意见》，省级主体功能区规划由各省（区、市）人民政府组织市、县级人民政府编制。目前主体功能区规划只编制到国家和省级层面，其主要内容是将国土分为优化开发区域、重点开发区域、限制开发区域和禁止开发区域四类政策区域，并针对每类区域制定原则性的空间管控要求。省级主体功能区规划由国务院审批，其实施主要是通过制定实行分类管理的区域政策和绩效考核评价、财政奖惩政策和生态补偿政策进行落实的，其中区域政策包含财政、投资、产业、土地、农业等9类政策，政策类型较为宏观和综合。

海洋主体功能区规划。海洋主体功能区规划是主体功能区规划的重要组成部分，是科学开发和调整优化海洋空间的行动纲领。《浙江省海洋主体功能区规划》由浙江省海洋局组织编制，目标是界定海洋主体功能定位、统筹海洋空间开发活动、优化海洋产业结构、保护海洋生态环境。内容包括分析浙江省海洋空间开发的资源基础、发展优势、问题和挑战，提出海洋主体功能区建设的指导思想、基本原则、主要目标，确定海洋主体功能分区中优化开发区域和限制开发区域的区域范围、功能定位、重点任务以及禁止开发区域的区域范围、功能定位、空间管制原则。《浙江省海洋主体功能区规划》由浙江省人民政府审批发布，由浙江省和沿海市、县政府共同组织实施，海洋主管部门通过制定适应不同海洋主体功能区要求的海域政策和环境政策，管控用海指标促进规划的实施。

（2）综合性规划

城镇体系规划。城镇体系规划是一个区域内城镇发展战略的研究，主要目标是明确不同层次的城镇地位、性质和作用，综合协调相互的关系，以实现区域经济、社会、空间的可持续发展。浙江城镇体系规划报国务院审批。将城镇体系规划作为下层级城乡总体规划的编制依据进一步落实，并依靠大型基础设施的建设进行空间引导。目前由于城镇体系规划对城乡总体规划缺乏刚性管控指导，下级城乡总体规划编制基本各自为政，城镇体系规划与城乡总体规划缺乏上下传导，也没能发挥综合协调作用。

城市总体规划。城市总体规划的主体管理部门是县级以上住建部门依据《中华人民共和国城乡规划法》《城市规划编制办法》实施细则以及相关技术标准依法编制的，其目标是加强城乡规划管理，协调城乡空间布局，改善人居环境，促进城乡经济社会全面协调可持续发展。浙江在城乡规划的探索优化上开展了积极研讨，有法律保障的创新性实践是2010年10月实施《浙江省城乡规划条例》。在这份条例中，强化了城乡规划在实施新型城市化战略中的作用，进一步强调"先规划后建设，无规划不建设"的原则；进一步完善城乡规划空间管制制度，落实城乡统筹、区域统筹发展的要求，发挥城乡规划对空间资源的配置作用，增强城乡规划的权威性和严肃性。《条例》在国家城乡规划体系上，创新设立县（市）域总体规划，包括县（市）域城镇体系规划、县人民政府所在地镇（或者中心城区）的总体规划或者不设区的市的城市总体规划内容，编制后可不单独编制县人民政府所在地镇的总体规划或者不设区的市城市总体规划。这一创新，在一定程度上提高了县城镇总体规划的审批层级，解决了县城镇改街道以及县城覆盖多个镇的问题。

（3）约束性规划

土地利用总体规划。土地利用总体规划主要是为了加强土地管理，维护土地的公有制，保护、开发土地资源，合理利用土地，切实保护耕地。其主要内容是确定土地利用总体结构，确定土地用途管制，明确农田保护目标及布局，在划定"四区三界"的基础上制定具体的空间管控措施。土地利用总体规划的实施主要依靠土地利用指标自上而下的管控，并通过土地利用年度计划进行土地指标的年度分解，通过土地整治专项规划等空间性政策进行落实，然后通过土地利用年度变更调查来实施监督。

环境功能区划。环境功能区划是生态环境资源开发利用的基础性、约束性空间管制区划，是划定生态保护红线、优化国土空间开发格局的重要举措。设区市人民政府负责城区环境功能区划编制，并协调所辖县（市）开展区划编制。县级人民政府负责本县（市）域环境功能区划编制工作。其主要内容包括制定环保政策、环境功能区划以及生态保护红线划定等。环境功能区划通过明确建设开发项目的负面清单，作为各类规划环评和建设项目环评编制、审查的基本依据，强化排污总量控制和环境执法监管。

林地保护利用规划。林地保护规划主要目标为严格保护林地、节约集约利用林地、提高林地保护利用效益。主要内容为确定省域范围内林地保护利用战略目标和任务，明确林地保护利用的规模、措施及相应工程，制订林地分级、分等、分类、分区保护利用方案，确定县级林地保护利用调控指标，提出规划实施的保障措施。林地保护利用规划的实施是通过林地登记发证制度和林地用途管制制度实施的，其中，属于省级自然保护区的，须报省人民政府批准；属于国家级自然保护区的，须报国务院批准。

海洋功能区划。海洋功能区划是科学开发和有效保护海洋空间的行动纲领和远景蓝图，其范围包括浙江省所辖及依法管理的海域和无居民海岛。目标是增强海域管理调控作用、改善海洋生态环境、有效保障渔业用海需求、合理控制围填海规模、保留海域后备空间资源以及整治修复海域海岸带，其主要内容包括明确海洋开发与保护战略布局，划分海洋功能分区，提出管理要求。国家海洋局负责指导、协调和监督省级海洋功能区划的实施。省级海洋行政主管部门负责指导、协调和监督市、县级海洋功能区划的实施。

流域规划。流域规划是水利部门根据《中华人民共和国水法》《中华人民共和国防洪法》《浙江省河道管理条例》等有关法律法规、管理政策和技术规范依法编制。流域规划是指导流域治理开发和保护管理的纲领性文件，主要目标为研究提出流域防洪减灾、水资源开发利用、水生态与环境保护的限制条件和控制性指标。流域规划应当确定防护对象、治理目标和任务、防洪措施和实施方案、地坪标高、断面流量、跨河可建桥梁地点，划定洪泛区、蓄滞洪区和防洪保护区的范围，规定蓄滞洪区的使用原则，明确提出水资源开发利用控制、用水效率控制和水功能区限制纳污"三条红线"的主要目标等约束性指标。流域规划由县级以上地方人民政府水行政主管部门会同同级有关部门和有关地方人民政府编制，报本级人民政府或者其授权的部门批准，并报上一级水行政主管部门备案。

## 2. 存在的突出矛盾和问题

当前各类空间性规划种类繁多,编制和管理各自为政,存在规划内容交叉重复、空间布局矛盾冲突等问题。

(1) 规划体系纷繁复杂,缺乏统领。浙江现行空间规划体系主要与行政层级和部门管理紧密相关。从纵向看,分省级、市级、县级、镇级、乡村级规划;从横向看,各层级的发改、住建、国土、环保、海洋、林业等都有部门主导规划。各个部门的规划还进一步细分出多种类型,自成体系。空间规划纵横交织,导致规划越编越多、越编越乱。由于顶层规划"缺位",各类规划相互"争位",但都难担统领性重任。如城乡规划、土地规划主要解决"在哪里干"的问题,但战略指引性不强;环境、林业等规划专业性强,但综合统筹力弱。规划体系"群龙无首"、纵横铺陈,既浪费人力、物力和财力,又造成规划实施和管理上的混乱,迫切需要建立一个统领性规划,实现通盘考虑和全域统筹。

表9-3　　　　　主要空间性规划编制依据及审批监测

| 名称 | 体系构成 | 主体规划 | 编制依据 | 规划期限 | 编制和审批 | 监测手段 |
|---|---|---|---|---|---|---|
| 主体功能区规划 | 包括国家主体功能区规划和省级主体功能区规划,分国家和省级两个层次编制 | 主体功能区规划 | 2006年中央经济工作会议关于"分层次推进主体功能区规划工作,为促进区域协调发展提供科学依据"的要求;《国民经济和社会发展第十一个五年规划纲要》确定编制全国主体功能区规划 | 本轮编制一般到2020年 | 由本级政府主导编制(省级规划由国家发改委审核),本级人民政府发布实施 | 规划评估与空间动态监测管理 |
| 城乡规划 | 包括城镇体系规划、城市规划、镇规划、乡规划和村庄规划。城市规划、镇规划分为总体规划和详细规划 | 城市总体规划 | 《中华人民共和国城乡规划法》强调"城市总规应当依据国民经济和社会发展纲要(规划),要求与土地利用总体规划衔接" | 20年 | 由地方政府主导编制,由国务院或上级政府审批 | 规划实施评估 |

续表

| 名称 | 体系构成 | 主体规划 | 编制依据 | 规划期限 | 编制和审批 | 监测手段 |
|---|---|---|---|---|---|---|
| 土地利用规划 | 按等级层次分为国家、省、地市、县（市）、乡镇5级 | 土地利用总体规划 | 《土地管理法》第二十二条"城市总体规划、村庄和集镇规划，应当与土地利用总体规划相衔接，城市总体规划、村庄和集镇规划中建设用地规模不得超过土地利用总体规划确定的城市和村庄、集镇建设用地规模" | 10—15年 | 由地方政府主导编制，由国务院或上级政府审批 | 规划中期评估 |
| 环境功能区划 | 分为全国、省、市（市本级）和县（市）陆续推开 | 环境功能区划 | 2009年启动了国家环境功能区划编制研究与试点工作，在十三个省（区）开展环境功能区划研究和编制试点。要求与试行的生态环境功能区规划、主体功能区规划（方案）、土地利用规划和城乡规划等其他相关空间管制规划相衔接 | 未设规划期限 | 由地方政府主导编制，经专家论证后按程序逐级上报上级政府 | 配套管控措施及负面清单，原则上3—5年不得调整 |

（2）规划内容矛盾冲突，缺乏边界。由于规划编制主体"职能连着利益"，为争夺话语权，各类空间性规划"以我为主"的趋势愈演愈烈。一些规划空间范围力求全覆盖、内容力图全方位，导致空间重叠、内容重复，或者指向矛盾、功能抵触，甚至同一空间"一女多嫁"，严重影响城乡要素的优化配置。如有的地方出现城市总体规划和土地利用总体规划在用地配置上"南辕北辙"的状况；还有的地方在开展"两规"图斑对比中发现，1/3左右的用地存在矛盾，地方发展缺少统一的开发指引，迫切要求明确发展总纲，协调共建各类规划的约束性框架，引导形成科学的规划编制格局。

（3）规划标准自成体系，缺乏统一。各类空间性规划的具体编制，一般都采用系统内的技术标准。除了基础数据、规划期限、目标指标等不统一外，空间划分、地块属性等核心内容往往也存在差异，相互之间较难转化和衔接。如土地利用总体规划、城市总体规划、环境功能区划，对于空间管控分区分别都有内涵相近但实际有别的多个标准，使得项目选址、开发建设难以有效推进，加剧了城乡发展的资源供求矛盾，严重影响了规划实施效力。一些地方虽然开展了规划用地规模、用地属性等环节的对比调整工作，但仅是冰山一角，治标不治本。解决技术难题，迫切要求摸清标准差异、厘清源头矛盾，并通过建立基础性规划框架，形成统一的技术协调方案。

（4）规划管理各自为政，缺乏协调。各类空间性规划一般采取"政府负责、部门牵头"的编制形式，规划成果大多由上级主管部门审批或同意，"条线要求"和"职能需要"是开展规划管理的核心。由于缺乏统筹约束和横向监督机制，规划编制中即使有部门之间意见征询等环节，也往往流于形式。一些地方尝试建立各种形式的规划协调委员会，但协调手段有限，缺乏统一刚性制度约束，较难发挥实际效用，迫切需要建立更为有效的统筹机制，加强规划各环节的协调衔接。

（二）优化省级空间规划的理论性探索

通过现状和问题的解析来看，当前各类空间性规划矛盾冲突的症结，在于缺乏一个"顶层规划"的统筹引领，解决问题的关键是要把空间领域的"总纲领、总格局、总管控"，有机地统一在"一本总规"和"一张总图"上，形成地区发展的"规划龙头"。在此基础上，进一步建立分工清晰的空间规划体系和权威高效的规划协调机制，对各类规划进行统筹细分和衔接协调，从而实现"多规合一"。

目前来看，设立一本"顶层规划"统筹各类空间性规划，在学术界已经达成一定的共识。但由哪个规划来担当仍是众说纷纭、意见不一。有的主张用经济社会发展规划作为顶层规划，有的建议提升某类空间规划为顶层规划，还有的力推新编空间性总体规划。早在21世纪头十年，省内学术界以县（市）域总体规划编制为先行探索，以期形成一个地区的一本"总体规划"，并通过省级规划条例来予以支持和实施。在十年的县（市）域总体规划编制和实践中，对县（市）主体的空间统筹起到一定作用。但总体上看，县（市）域总体规划更偏于城市规划的衍生，缺乏基于空间功能的基础性评价分析和空间区划，对于各类空间性规划的统筹力度较为有限。而且从省级层面看，也缺乏相应的总体规划予以统筹，上下规划没有对应衔接。

针对这一现实，省内规划研究机构开展积极探索。尤其是自2013年年底习近平总书记在中央城镇化工作会议上提出"在县市通过探索经济社会发展、城乡、土地利用规划的'三规合一'或'多规合一'，形成一个县市一本规划、一张蓝图，持之以恒加以落实"后，以浙江省发展规划研究院课题组为代表，在推进"多规合一"、优化空间规划体系等领域开展积极研究。研究团队在设立省级空间性规划"顶层规划"的探讨上认为，发展规划经过60多年的实践，已经形成比较成熟的编制实施机制和规范，并有宪法为依据，但它以五年发展目标和任务为核心，是与空间规划体系相对并行的两大规划体系，无论从规划期限，还是从规划内容看，都难以成为空间顶层规划。而城乡规划、土地利用规划、环境功能区划等空间性规划，其出发点和立足点都是侧重解决某一方面的空间布局问题，在其相关法律法规中，都提到要以"国民经济和社会发展规划"为依据或以"主体功能区规划"为基础，表明这些规划自身作为空间专项性规划，也有顶层规划来统筹引领的需求。至于另起炉灶新编一个空间性总体规划，虽然可行，但不太符合规划数量精简的改革方向。因此，早在2016年年初就提出，将主体功能区规划作为空间性规划的"顶层规划"较为可行。一方面，主体功能区规划已有较高的权威认同，自《中共中央关于制定国民经济和社会发展第十一个五年规划的建议》第一次提出主体功能区理念，历届党中央国务院始终强调把主体功能区作为空间开发的基础性制度；另一方面，主体功能区规划的战略性、基础性特点决定了能够统筹空间总体布局的地位，可以成为编制城乡规划、土地利用规划、区域规划、重大建设项目规划等在空间开发和布局方面的基本依据[①]。

基于这一认识，结合一本空间性"顶层规划"的要求，省内研究提出了深化完善的思路和方法。主要有以下几点：一是在内容上宜划分三类空间、划定三条红线，并对重要空间利用作出统筹安排。即按照生态、生产、生活三大主体功能，进一步划分生态空间、农业空间

---

① 参见黄勇、周世峰、王琳、倪毅、罗成书等《用主体功能区规划统领各类空间规划——推进"多规合一"可供选择的解决方案》，《发展规划研究》2016年第10期。

和城镇空间以及生态保护红线、永久基本农田和城镇开发边界三条主要管控边界线，最终形成统筹保护与开发的基础性格局。可以说，"三类空间、三条红线"是落实主体功能区制度的延伸和拓展，也是一本"顶层规划"空间区划的基础。从空间内涵看，生态空间，是主要承担生态服务和生态系统维护等功能的地域。以自然生态景观为主划定。该空间配套严格的保护规程，明确禁止的开发建设行为，确保建立高标准的保护格局。农业空间，是主要承担农业生产和农村生活等功能的地域。保障农业生产安全，包括农业生产用地（基本农田、一般农田等）以及集镇、村庄等农村生活用地。该空间要形成严格的农田保护体系，明确保留的乡村居民点布局导向，以及允许适度的开发建设内容，维护田园生态格局。城镇空间，是主要承担城镇建设和发展城镇经济等功能的地域。包括适宜集聚非农产业和人口的区域，包括已建和规划建设的城镇区域、产业集聚区块，以及开发建设需要管控的区域。该空间要明确城市化空间布局，提出产业、基础设施、公共服务配套等建设导向，形成高效生产力布局。生态保护红线，是指依法在重点生态功能区、生态环境敏感区和脆弱区等区域划定的严格管控边界，是国家和区域生态安全的底线，对于维护生态安全格局、保障生态系统功能、支撑经济社会可持续发展具有重要作用。永久基本农田红线，是需要永久性保护的基本农田区域。城市开发边界，是城市周边独立、连续的"刚性"界线，用以限制城市无序蔓延、管理城镇用地，应包括城镇建设用地规模控制区域和城镇潜在增长空间，为城市各类开发和建设规划提供空间布局基础。二是层级上，分省级规划和市县规划，省级规划以指标管控为主，市县规划要形成"一张总图"。即省级规划以三类空间比例等指标管控为主，同时划定由省级管控的保护和开发边界。省级空间属性复杂，且存在多个市县级行政单元，需要遵循"粗细结合"的原则。提出以三类空间比例为核心，开发强度、建设用地总规模、基本农田总量等指标为支撑的定量管控，并且确定省级管控的主要边界，能够适宜地发挥省级空间的管控要求和尺度，有利于形成空间规划的层层递进，有利于建立城乡发展的合理的弹性和刚性管控。到了市县层面的"顶层规划"，可在"三区三线"基础上进一步有机叠合重要的空间性要素，形成城乡空间发展的"一张总图"。三是在方法上,应将自然本底评价与发展战略分析相结合,目标定位引领与空间布局安排相结合,传统规划编制方法与现代信息化手段相结合。注重定性与定量相结合,综合运用国土空间评价、大数据分析、空间预测分析等方法,使规划既基于现状本底,又符合发展趋势,既有战略定位,又有具体布局,满足规划兼具统领性、基础性和可操作性要求。

可以看出,浙江省在推进"多规合一"、优化一本"顶层规划"的理论探索上,已经有了很深的理论探索。在结合开化等市县试点的实践中总结创新的理论性成果,得到了国家发改委等部委的研究认同。2017年年初,中央两办发文《省级空间规划试点方案》,其中明确新编一本省级空间规划,将之作为空间性规划的顶层规划,对于规划的内容、编制方法、要求等与省内的既有研究成果有一定的契合性,这也对浙江省在省级空间规划编制探索中起到了很好的鼓舞作用。

(三)省级空间规划编制实践探索

2017年4月14日,中共浙江省委办公厅、浙江省人民政府办公厅印发了《浙江省级空间规划试点工作方案》,明确要求编制统一的省级空间规划,为实现"多规合一"、建立健全国土空间开发保护制度积累经验、提供示范。按照国家和省级的方案要求,浙江省正式启动了省级空间规划的编制实践。

1. 明确了目标任务,部署了一套成果研究方案

浙江省两办印发的《浙江省级空间规划试点工作方案》对省级空间规划编制提出了非常明确的目标任务:一是编制省域全覆盖的空间规划,这是首要任务;二是要在建设空间规划管理平台上探索经验;三是在空间规划管理实施机制方面先行先试。围绕以上任务的要求,浙江省首先部署了一套与空间规划相关的研究方案。主要包括:一是针对省级空间规划编制的核心内容,研究部署12项专题。其中前期研究专题9项,包括浙江省国土空间基础评价研究、浙江省主体功能区调整研究、基于主体功能定位的三类空间比例研究、生态保护红线划分及管控研究、永久基本农田划定及管控研究、城镇开发边界划定及管控研究、"三区三线"差异化管控措施研究、人口与城镇体系及

都市区布局研究、开发强度测算与分解研究，规划初稿形成后的后期研究专题3项，包括完善空间规划管理体制的思路与建议、调整空间规划法律法规的思路和建议、省级空间规划编制办法和技术规程，为规划成果提供核心内容支撑。二是部署开展国土空间基础评价，初步摸清了国土空间的"家底"，科学绘制"三区三线"规划底图。基于浙江国土空间开发实际，研究开展了资源环境承载能力评价、国土空间开发适宜性评价、三类空间功能适宜性评价，客观全面地评价反映了全省资源环境本底状况、空间开发的适宜性状态，科学划定全省的生态、农业和城镇三类空间，以及生态保护红线、永久基本农田和大城市开发边界，为塑造安全、有序、可持续的空间格局奠定基础。三是在规划底图基础上，统筹部署主要空间性要素，编制形成省级空间规划文本。按照"先布棋盘、后落棋子"的方式，深化部署三类空间，科学布局重大基础设施、城镇体系（都市区）、重要产业平台、海洋保护与利用和基本公共服务配置等内容，提出省级管控的空间指标。四是结合省级试点工作要求，配套建立一系列空间规划的技术规程。重点围绕统一用地分类标准、空间规划底图[①]编制、坐标系统转换、开发强度测算等技术性环节，研究提出相关技术规程和基本规范。通过技术规程的编制，旨在形成一个能够达成各部门共识最大公约数的成果。比如，《空间规划用地分类标准》，整合了土地利用分类、城市规划用地分类、林地分类、地理国情普查分类以及海洋功能区类别、海域使用分类等多部门的分类标准，其中非建设用地以国土部门的土地利用分类为基础集成，建设用地分类以建设部门的城市规划用地分类为主集成，海域以海域使用分类为主兼顾功能区分类，博采部门众长、兼顾理顺关系。五是加强数据整合录入，搭建空间规划信息管理平台。作为空间规划的基础数据支撑和管理基础，依托浙江省地理空间数据交换与共享平台，要求收集整合省级有关部门规划成果数据，建设省级空间规划数据库系统。研发建设坐标与数据格式转

---

① 空间规划底图，是指陆海域"三区三线"及空间分类管控。陆域"三区三线"是指生态、农业、城镇三类空间，生态保护红线、永久基本农田、城镇开发边界三条控制线；海域"三区三线"是指生态、生物资源利用和建设三类空间，生态保护红线、生物资源保护线和围填海控制线三条控制线。

换、基础评价与空间管控、规划制图表达、查询统计等功能模块，为规划编制提供辅助决策支持。通过上述五项研究工作的部署，较为清晰地梳理了省级空间规划的成果要求，为后续工作的开展指明了方向。

2. 明晰技术路径，开展了有序的规划编制实践

"多规合一"是对规划技术的重大革新。浙江省在前期市县"多规合一"试点探索的基础上，积极开拓试点思路，总结工作经验，为规划怎么编、工作怎么推进、协调怎么开展等内容形成了较为清晰的技术路径。一是明确了规划的关键环节是"统一棋盘"。前些年的"多规合一"探索，做了大量"合"规划的工作，"两规融合""多规衔接"，但这一轮合了，下一轮又产生新的问题，这里面的主要矛盾在于各个部门编制规划的"棋盘不一"。因此，在省级空间规划编制过程中，充分重视"统一棋盘"的工作，就是按主体功能定位划定"三区三线"并实行分区管控，形成发展需求和布局安排相统一的基础底图。二是将主要空间要素作为"各类棋子"做好落实。在"棋盘"统一之后，认真部署研究"落棋子"，也就是各领域需要布局的空间要素，包括交通等基础设施、城乡建设、产业平台、公共服务设施等。在具体落实中，充分吸收采纳现有部门专项规划成果，并做好了提炼完善和展望工作，形成有机的空间总体布局。三是有序开展具体的编制和衔接工作。在省级空间规划编制中，十分强调协调衔接工作。一方面，在内容上做好底图与其他专项规划要素布局的衔接，确保规划成果能够充分对接，达到一定的深度要求。另一方面，在编制形式上按照"上下联动、协同推进"的原则，即在省级规划编制层面，坚持自上而下，提出全省空间开发保护的战略布局，明确各市县基于主体功能定位的三类空间比例和空间管制原则；又通过自下而上，选择部分市县先行开展空间规划编制，科学划定"三区三线"，探索实现全省空间管控"一本规划、一张蓝图"，从而上下协同推进规划编制。

3. 完善工作推进机制，搭建强有力的领导班子

空间规划试点工作，是中央赋予浙江省的一项重大改革任务，既涉及空间资源、规划布局、职能分工的优化调整，又涉及现行法律法

规的立改废释,是一项系统性很强、难度很大的工作,必须跨部门、跨层级推动。浙江省委省政府非常重视这项工作,既将试点工作列入了2016年重点突破的改革项目,又成立了省长任组长,常务副省长任副组长,省发展改革委、省委改革办、省财政厅、省国土资源厅、省环保厅、省建设厅、省交通运输厅、省水利厅、省农业厅、省林业厅、省海洋与渔业局、省海港委、省发展规划研究院、省测绘与地理信息局14个省级单位主要负责同志为成员的试点工作领导小组,领导小组办公室设在省发改委,牵头负责空间规划编制等各项试点任务协调推进。作为牵头单位,省发改委高度重视,按月制订工作计划予以重点推进。在市县和各技术单位都明确要求将之作为"一把手工程"去抓,要求主要领导要"亲力亲为、扑下身子"亲自抓,有效地保障了规划编制、对接等工作的有力推进。在规划编制过程中,省发展改革委牵头适时成立省级空间规划试点工作专家组、省级空间规划编制工作小组,在领导小组及其办公室的统一领导下,分别承担省级空间规划试点的咨询论证和省级空间规划编制的具体工作。其间领导小组办公室组织了多次研究讨论会议,统一思想,加强协作,主动谋划衔接,有力地保证了相关研究和规划编制工作的推进。

4. 强化相关保障,落实了人力和物力支撑

浙江省空间规划编制工作从试点任务部署到成果提交仅有一年不到的时间,总体来看,时间紧、任务重,不仅需要高效、务实的组织领导,也需要高水平、高效率的团队参与和有力的工作保障。在实践中,省级相关职能部门给予这项工作较大的人力、物力、财力方面的保障。在人力上,充分发挥了国土、规划、建设、环保等部门的专业力量,抽调技术骨干,不定期组织讨论、修改等工作,为相关阶段性成果提供宝贵的建议和意见。空间规划的编制团队依靠在省里较具研究和规划经验的专业技术力量开展,也在一定程度上有效地保障了规划科学务实地编制。在物力上,省级财政支出作了必要的经费安排。通过多个环节的通力配合、扎实推进,较好地保障了规划编制的稳扎稳打,保障工作的顺利开展。

## 第四节　经验与启示

浙江省空间规划的实践，不仅是区域发展的战略选择，也是进行空间治理的重要手段。在这一演进历程中，注重厘清规划体系和思路，从思想认识上达成共识、有序推进；注重处理好资源环境与空间规划的关系，引导全省人口分布、经济布局与资源环境承载能力相适应；注重处理好与生态文明建设的关系，从源头扭转城乡生态环境恶化趋势，实现可持续发展。具体而言，主要形成以下几点经验与启示：

### 一　空间布局的顶层设计是区域发展战略的具体体现

空间规划主要由公共部门使用的影响未来活动空间分布的方法，它的目的是创造一个更合理的土地利用和功能关系，平衡保护环境和发展两个需求，以达成社会和经济发展总的目标。纵观浙江省的空间规划探索实践，可以明显看到，随着区域外部环境的深刻变化以及省情的变动，空间规划已经成为浙江进行空间治理的重要手段，也是应对环境变化的战略选择。尤其是伴随经济全球化的发展，生产力布局和经济竞争力不断向地方或区域层面下调，空间规划已经成为促进省级和城市竞争力提升的积极而重要的举措。与此同时，在生态文明的总体要求下，浙江省从发展规划部署省域空间格局，到主体功能区规划优化省域生产力布局，以及最近几年结合"多规合一"所开展的空间规划探索，无不体现了立于区域战略格局调整的广阔视野，也体现了从经济增长优先到生态环境优先的战略理念转变，将生态环境放到了优先位置，使得空间布局的顶层设计首先考虑资源环境承载能力，与整体的时代发展导向相契合。

从浙江与全国乃至世界的关系看，主要城市与广域区域的联动和影响都更为显著，为了更好地实现创新发展和区域协调发展，仍然要充分重视省级政府的空间宏观调控职能。在省级规划中，通过空间布局的顶层设计来优化组织保护与开发的总体格局，部署各等级城市的发展重点，能够更为有效地支撑省级重大战略的部署，推动解决区域协调发展问题。从浙江空间格局的变化也可以看出，规划的脉络在城市化战略空间与绿色生态保护区域中逐步优化，城镇体系与基础设施网络框架也紧跟大区域战略变化发生相应的调整。在一系列规划编制和实施中，妥善安排和引导了杭州、宁波等一级核心城市，以及义乌、温州等特色城市的布局权重和区域影响，培育了沿海战略性资源的成长，激发了绿色生态地区的潜在战略优势。一些空间层面的顶层设计还通过适当集中省内资源支持重点地区的发展，安排一些关系长远发展的重大项目，有效地支撑了浙江海洋强省、生态大省、创新强省等重大战略部署。因此，空间规划已经成为浙江省区域协调管理与战略决策的重要工具，在顶层设计中通过建立应对外部变化不确定性和内部矛盾的总体框架，重点突出区域协调性和整体竞争力的塑造，进一步优化省域生产力布局和资源平衡，成为省级战略部署的有效指挥棒。

## 二 区域功能定位的合理性关乎全域发展的协调性

空间规划是在一定的地域空间范围内，通过对若干相互作用、相互依赖的要素优化配置，强化或调整区域功能的有机系统，因此选择与地区发展相适应的功能定位，是空间规划的核心。浙江省的区域经济是以行政区为地域单元来组织运行的，各市县单元的资源禀赋、历史基础、环境条件等都有差异，有的地方适于快速推进城市化和工业化发展，有的地方适于保护生态发展特色经济，用相同的标准来衡量不同地区的发展成绩是导致区域不协调的重要原因之一。21世纪以来，浙江开展的发展规划对省域空间的部署调整，尤其是"十一五"期间进行的主体功能区规划和实施，是通过区域功能合理定位来促进区域协调发展的战略举措。在规划中，注重依据不同区域的发展潜力和资源环境承载能力，按照协调发展的原则划定具有某种主体功能的规划区域，并配套差别化的区域政策，以此较好地化解了不同区域的资源环境瓶颈制约，有针对性地提高不同地区的经济技术水平，有重点地吸纳资金、技术、产业和人口集聚，成为支撑和引导浙江经济发展与区域协调的重要载体。

客观而言，省域内不同地区的差异化功能定位是最重要的一项区域性特点，合理的定位能够准确地描述地区经济主体在市场基础上的经济联系，是一个区域区别于其他地区的典型特征。一个地区的区域性越强，区域间的相互联动、协同程度才可能更高，区域间的协调性才会更强。编制和实施一系列空间规划，本质上就是科学研判地区的功能特性，通过功能的部署，引导区域产业选择和结构调整，配套区域性基础设施建设和公共服务供给等，来进一步强化地区的功能特性，并借用市场的资源配置手段，使得各地方功能定位和发展特性能够得以充分体现和发挥。

### 三 空间规划必须打破条条块块的行政壁垒

空间规划是一种战略性、宏观性和政策性的规划。从全省层面看，由于空间区域往往涉及多个行政单元，空间要素涵盖多个专项领域，因此规划编制和实施的差异性、多变性比较突出。为了更好地应对这些问题，空间规划必须以全局统筹视角来实现资源要素的总体部署，通过空间发展总纲的模式来协调区域间的问题，尤其是涉及生态环境保护、基础设施和公共服务建设等空间配置，都应以全局利益来考量。这就不仅要求空间规划打破地区间的"行政区经济"以整体视角统筹编制规划，而且要求规划基于科学合理的出发点真正统筹好各个部门的条块壁垒约束。

从浙江的实践看，省内有89个市县（区）级行政单元，地区间的利益诉求和发展基础不尽相同。在管理体制上，各部门各类专项规划的编制事实上关系空间资源配置权的争夺，而且许多的编制要求还受制于条线的法定指导，目前的省市两级规划难以突破创新。结合空间规划的省级试点和"多规合一"的市县级试点工作，浙江探索形成了一整套有关空间规划创新的理论和实践，总结经验来看，打破条条块块的行政壁垒和部门约束是编制形成"一本规划、一张蓝图"的关键。浙江省空间规划覆盖了全省陆域和海域空间，在生态空间、农业空间和城镇空间的划定过程中打破了行政区块的分割，将全省作为一个整体进行空间评价和空间区划，特别是在生态保护红线的划定中注重相邻区域的统筹，避免了以往这厢要求生态保护，那厢却在工业开发的情形，科学地绘制了全省一张空间底图。同时，在主要技术规程、主要空间性要素的配置上以开门编规划的思路，协调整合了各部门的技术要求、部署重点，有机统筹了条块约束，强化了空间的协调功能，实现空间资源与经济要素在省域内的合理配置，为构建科学的空间开发结构、形成有效的空间开发秩序奠定了重要的基础。

**四　理顺规划框架体系是引导空间协调的重要基础**

区域和城乡协调发展离不开合理适用的空间规划指引。当前各类空间性规划的空间重叠、内容交叉、管理矛盾等问题，严重影响了空间协调的有效性，厘清规划关系、推进"多规合一"的客观要求十分突出。浙江省结合国家级试点工作，在空间规划领域开展的实践探索，为厘清规划体系和规划技术标准，优化管理机制提供了重要的经验。

总结来看，一是通过建立一套空间规划体系，组建了有利于区域和城乡空间协调的框架结构。主张建立纵向衔接、横向协调的两级地方空间规划体系。省级层面，探索构建"总体规划＋专项规划"的空间规划体系。市县层面，除必要的城市总体规划等规划外，鼓励探索"总体规划＋详细规划"的空间规划体系。通过建立一套空间规划体系，明晰了纵横脉络关系，从源头上厘清了各类空间性规划设置矛盾的乱象，搭建了指导协调发展的规划框架结构，更好地指引区域和城乡的各类开发和保护行为。二是通过合理界定规划边界和内容，科学安排区域和城乡空间性要素。在理顺一套空间规划体系的基础上，进一步合理界定各类规划的主要类型、内容边界，明确规划重点，并进行必要的"瘦身"改造，形成与空间规划相衔接的规划层级、规划目标、空间布局和深化部署，是促进要素协调发展的重要经验。通过规划边界和内容的清晰化，目的是能够有效地指导和安排好各类要素，引导其各就其位、各司其职，避免用地"一女多嫁"等问题，从而促成各区域性板块之间、各城乡要素之间的互促联动，推动实现协调发展。三是通过创新规划技术方法，来提升协调发展的水平和效率。在规划前期投入了大量精力用于规划技术方法和规划基础调整统一的探索和研究，形成了一些技术规程和研究成果，一方面在研究中充分探讨、厘清思路，另一方面也在摸索中逐步统一认识、达成共识，建立统一的规划期限、坐标体系、用地分类标准、规划期限和数据口径等，为后续"三区三线"的划分和空间规划的顺利编制奠定了重要的基础。注重定性与定量相结合是规划技术革新的重点方向，综合运用国土空间评价、大数据分析、空间预测分析等方法，有利于促进规划既基于现状本底，又符合发展趋势，既有战略定位，又有具体布局，满足规划兼具统领性、基础性和可操作性要求，提高空间部署的科学性、合理性和准确性，也有利于更好地配置要素、提高协调效率。

# 第十章 展望

协调发展是一个动态的过程，不均衡永远都会存在，因此协调发展的实践永无止境。改革开放 40 年以来，浙江的协调发展取得了令人瞩目的成就，积累了宝贵的实践经验，这为浙江在新征程上夺取新的胜利奠定了良好的现实基础。今天，中国特色社会主义已迈入新时代，社会主要矛盾也已经转化为人民日益增长的美好生活需要和不平衡不充分的发展之间的矛盾。站在新起点上的浙江，应在保持好城乡差距全国最小、区域均衡性沿海省市最好的优势基础上，继续走城乡一体化发展和区域协调发展的道路，继续坚持创新发展藏富于民的发展方式，着力解决好新时期浙江协调发展面临的突出问题，探索协同创新发展的路径，努力实现高质量的协调发展，打造高水平均衡发展的现代化浙江，为建设协调发展的中国，提供浙江实践，创造浙江经验。

## 第一节 深刻认识新时代推进协调发展的新背景

### 一 当前浙江协调发展面临的新变化

（一）协调发展进入高水平新阶段

当前，浙江城乡区域协调已经进入了高水平相对均衡的新阶段。2017 年全省 GDP 达到了 5.17 万亿元，排在全国第 4 位，大约相当于目前荷兰的规模。人均 GDP 达到了 12788 美元，排在全国第 5 位，大约相当于目前世界排名第 57 位的匈牙利的水平。按照世界银行最新的收入划分标准，已经步入了高收入经济体的行列。从动态角度来看，浙江经济持续快速增长，人口也呈净流入状态，2016年GDP和人口增速分别超过全国平均水平0.9个和0.3个百分点。如前所述，从区域协调程度来看，浙江的泰尔指数在东部9省市中最小，省域内地区发展最为均衡。城镇和农村居民收入位居各省市前列，全省城乡收入比持续下降，接近于2，部分地市甚至降到了1.8左右，城乡间差距全国最低。这一时期的浙江的协调发展，已经在高水平发展的基础上，进入了较为均衡的新阶段。新阶段面临的特点是，不进则退，再进亦难。高水平阶段协调发展与过去40年以不断减小差距的任务为重点不同，保持差距不扩大，促进城乡更加一体、区域更加融合、阶层不出现大分化将成为主要任务。

（二）协调发展面临高质量新要求

高水平并不代表高质量。党的十九大报告指出，行百里者半九十。中华民族的伟大复兴，绝不是轻轻松松、敲锣打鼓就能实现的。报告还指出，我国社会主要矛盾已经转化为人民日益增长的美好生活需要和不平衡不充分的发展之间的矛盾。发展不平衡不充分，已经成为满足人民日益增长的美好生活需要的主要制约因素。具体到协调发展领域来说，当前发展中不平衡不充分的一些突出问题主要有：发展质量和效益不高，创新能力不够强，实体经济水平有待提高，生态环境保护任重道远；民生领域还有不少短板，低收入人群增收任务艰巨，城乡区域发展和收入分配差距依然较大，群众在就业、教育、医疗、居住、养老等方方面面面临不少难题……这意味着，高水平的协调发展本质是高质量的，必须解决三方面的不协调：一是领域之间的不协调。经济发展与社会建设之间、经济发展与生态文明建设之间，经济发展与民生发展之间以及城市化与信息化建设之间的不协调。二是区域之间的不协调。主要是指沿海与山区地区之间的不协调、城市与农村不协调、发达地区与欠发达地区不协调，甚至城市内部、发达地区内部、一些农村内部也存在不协调不平衡的问题。三是群体发展之间的不协调。不同社会群体在共享发展成果方面有差距，在发展机会的均等性上有待进一步改进，尤其是建立在良性橄榄型社会结构上的财富公平正义分配格局有待形成。

三方面的不协调,都需要通过进一步充分发展来实现。比如城乡差距较大问题,不仅有城市发展不充分的问题,因此要进一步发展新型城市化,以城促乡,进一步带动农村发展,而且还有农村自身需要加快现代化发展,补齐农业农村发展短板的问题。又比如,区域协调的问题,很大层面也是欠发达地区发展不充分的问题。再比如阶层分化的问题的本质也是一部分群体发展不充分的问题。总之,高水平之下的不协调问题,不仅是一个公平性问题,更是一种发展和发展方式问题。这就要求在新的时期,推动城乡区域和不同阶层,实现高质量充分发展,从而使得城市与农村协调,人与自然和谐,发展成果为全体人民共享。

(三) 协调发展出现高流动新变化

改革开放40年来,农村人口向城市转移,欠发达地区人口向沿海地区转移的趋势明显。但随着协调发展的进一步深入,这种人口转移的单一流向的趋势正在发生重大改变。一方面,人口城市化进程与之前相比将明显减速,进入了城市化中后期较慢增长阶段。另一方面,区域之间的从内陆欠发达地区向沿海发达地区,从二、三线城镇向中心城市的转移的步伐也将放缓。尤其是,随着近年来高铁网络的体系化和移动互联网技术的成熟推广应用,使得商品人员流通的速度更快,城乡之间、区域之间的交通成本大大降低,信息鸿沟几乎消除,城乡之间、区域之间呈现出从原有单边流动向双向流动转变的态势。虽然人口向都市区和中心城市集聚的大趋势没有根本改变,但人口在城乡和区域之间的双向流动态势明显。区域内都市区、中心城市、中小城镇和广大农村,越来越像一个紧密联系、彼此协作分工的大有机系统。都市区是系统的"心脏"和"大脑",它吸纳聚集全省乃至全国的人才、资金和资源,升级改造后又视适宜情况将各种要素高频泵向全省。广大的中小城镇和农村地区是系统的躯干,它们为都市区提供人才资源,同时接受都市区的辐射带动,分享都市区带来的经济科技公共服务的福利,并且依托美丽环境和历史文化遗迹为城市提供坚强的生态屏障和可以依靠的心灵港湾。信息化设施和交通网则是连接"心脏""大脑"与"躯干"的"血管"和"神经",保持信息、资金和人才等要素的畅通流动。

从浙江的实际看，区域人口和要素的流向三方面特点突出：一是都市区人口将进一步加密。以杭州、宁波为核心的少量都市区其综合能级和集聚辐射带动能力在未来将进一步提高，在创新、物流、金融等领域发挥的中心功能更大，人口进一步集聚。二是多数中小城镇人口集聚速度将放缓，保持一个相对均衡状态。三是广大的农村地区流入流出净人口将维持不变甚至减少，但人口与农村地区往来日益密切，人从农村前往城市工作学习，又从城市返回乡村休闲创业，这一趋势正在变得越来越明显。人口在城乡间的双向高频流动也使得城乡区域分工日趋紧密明确，变化在增加，对协调发展的思路和路径提出了新的要求。新时代下的协调发展必须要结合新技术条件下人口资源高集散的新特点，让城乡顺应规律各自发挥比较优势充分发展。

（四）协调发展迎来高竞合新机遇

未来全球的竞争，是区域一体化的竞争，是城市群整体的竞争，浙江处在最有潜力的世界级城市群之中，如何背靠大好区位优势，抓住区域重整过程的产业协作、城镇发展、创新外溢等重大机遇，谋划战略布局，至关重要。尤其是，长三角一体化经过十多年的发展，已有了重大进展，进入了打破制度壁垒的实质一体化阶段，处在全面一体化关键时期，从过去更多的竞争一体化走向了竞合一体化，合作大于竞争，主动合作多过被动竞争。这对于浙江而言，机遇大于挑战，需抓住机遇、提前谋划、积极布局、务实行动。

当前浙江区域协调发展面临三个"一体化"发展趋势：一是从大尺度来看，是长三角经济和城市群的一体化发展。二是从中尺度来看，是杭州、宁波、温州和金华—义乌四大都市区内部的一体化趋势。三是从小尺度来看，是都市区内部城乡一体化发展的趋势。事实上，近年来这三大趋势一直以来都在推进，但目前已进入了实质性一体化的阶段，将在交通和其他基础设施一体化、基本公共服务平等共享、生态共同保护、市场规则统一等方面，加速形成都市区引领、城乡融合的区域一体化发展体制机制。

尤其值得关注的是，从国内范围看，当前湾区一体化开发已成为国家区域协调战略的重要举措。中国三大湾区中，环渤海湾区域以京津冀为核心，谋划实施协同发展国家战略，并设立雄安新区，进行大都市区人口疏散和城市功能重组；珠江三角洲区域，2017年粤港澳大湾区被正式写入国务院的年度工作报告和党的十九大报告，粤港澳大湾区也是中国第一个被明确定位为"湾区经济"的地区。粤港澳大湾区、京津冀一体化、长三角一体化等战略在从规划走向现实，竞相通过整合集聚资源、创新发展方式、扩大改革开放以构建引领新时代发展的强力增长极，表明中国区域协调发展正处在以都市区一体化推动的关键时期。当前，环长江口—杭州湾区域正致力于建成世界第一大都市圈，仅以上海、杭州、宁波为三极所覆盖的环杭州湾区域7市就已集聚5500万人口，GDP占全国的7.7%，是中国的金融、科技、贸易、先进制造和新经济的重要中心，正在加快向世界性中心城市群迈进，各项发展指标与粤港澳大湾区都不相上下。近十年来，在全球经济增长缓慢复苏的大背景下，以上海为龙头的环杭州湾区域，在新一轮以科技创新引领的产业和区域竞争中，越来越成为高端科技创新要素和人才集聚的首选之地。杭州湾经济区作为中国互联网经济发源地之一，承接并引领新一轮经济发展转型主阵地的地位大大提升。

总之，环顾国际国内，比照区域内外，当前浙江正处在重塑区域竞争优势，大有可为的战略机遇期，以都市区一体化为核心，大湾区发展引领下的更高水平、更高质量一体化协调发展条件日趋成熟、大有作为。

## 二 当前协调发展亟须解决的突出问题

（一）从整体协调看，都市区一体化面临诸多障碍挑战

当前，向大都市区集聚和城市间特色化分工协同正重塑城市经济生产力新格局。城市间的同质化竞争和区域城乡间不协调一直以来是城市发展中的突出问题。随着高速铁路网络、轨道交通连接和移动互联，商品服务在更大市场范围共享，要素在更大范围配置，区域经济一体化、发展协同化程度前所未有，大中小城市之间更加细化的经济分工关系正加速形成。浙江省近年来实施的都市区、小县大城和特色小镇等战略，有力地推动全省城市产业功能定位合理化，杭、甬、

温、金华—义乌四大都市区经济加密的趋势仍在持续①，都市区经济辐射能级进一步提升，同质化竞争的问题逐步得到解决；以城促乡的发展模式，也使得城乡经济差距不断缩小。全省正逐步形成以四大都市区尤其是杭州宁波两个极核为引领、其他区域性中心城市协同、中小城市特色互补、广大农村绿色化发展的生产力新布局。

从趋势上看，浙江以杭甬两大极核，通过推动都市区一体化为基本路径的发展方向依然明确，但从一体化发展趋势看，尚存在不少问题和挑战。目前杭州湾经济区缺乏科学有效的跨区域规划统领，区域基础设施和公共服务统筹规划以及一体化建管机制存在缺失，城市间、区域间扯皮问题较多。湾区对外综合立体化交通尚未形成，杭州湾杭甬连接主要通道通行能力有限，铁路仅有杭甬客专和萧甬铁路，高速仅有杭甬高速和杭州湾跨海大桥，已不能满足宁波与杭州、上海等主要城市的沟通联系的需求。嘉兴和舟山的临沪优势迄今未能充分发挥，宁波和舟山一体化进展依然滞缓，港口岸线资源优势尚未与腹地经济共同形成连接世界市场的低成本、高效率供应链优势。在杭州湾经济区内部，沿海大通道还没有形成，区域内"断头路"较多。公共交通体系不发达，每百平方千米轨道运营里程分别为纽约湾区和东京湾区的1/3和1/2，每百万人轨道运营里程仅为旧金山湾区的1/3；轨道网络人口密度仅为旧金山湾区的1/5，剔除上海，杭州湾经济区仅为旧金山湾区的1/13，差距巨大；铁路货物周转量仅占综合运输的2.5%，远低于日本和美国等发达国家。湾区内教育、医疗、文化等资源更多地向杭州和宁波集聚，共建共享机制不完善。这些突出问题，都进一步限制了以杭州湾经济区为核心的新一轮区域协调发展的推进。

（二）从城乡协调看，人的城市化问题面临突出的制度矛盾

浙江是城市化进程推进较快的省份，总体走在全国前列。2017年浙江常住人口城市化率达68%，是全国8个城市化率高于60%的省份之一。但是，也必须看到，总体水平的领先，并不意味着城市化质量的领先。从城市化发展阶段看，浙江城市化处于快速发展阶段的

---

① 2015年浙江城镇人口比重（城市化率）为65.8%，比2010年提高4.2个百分点。

后期，即将进入成熟阶段。在这一阶段，从人的城市化推进来看，浙江省人口城市化的"两个背离"现象值得关注。

背离一：常住人口城市化率与户籍人口城市化率背离。

当前浙江常住人口城市化率，虽高于全国平均水平近10个百分点（全国平均为56.10%）。但是，户籍人口城市化率较低，按最新口径也仅为51.2%，与常住人口城市化率差距较大。户籍与常住地不统一的城市化，意味着同一个城市中不同户籍的人口享受的服务和保障存在差异，人的城市化从这个意义上讲尚处在"半拉子"阶段，还未真正破题。

背离二：农业转移人口进城现实与真实意愿的背离。

根据统计，浙江85%以上的就业人口早已从事非农产业，大量农业转移人口生产生活都在城镇。但根据我们近年来的一项对浙江农业转移人口的抽样调查，这些进城工作生活的农业转移人口，却并未或者说还不能将城镇作为他们最后的归宿。浙江省发展规划研究院进行的一项调查研究表明，仅有35.2%的被调查农业转移人口愿意永久迁居城市，37.4%的人表示不愿意把户口迁到城市，有27.3%的人表示无所谓。不愿迁户口主要原因是对农村权益受到侵害的担心，26.3%的人怕户口迁出农村后失去既有权益，23.3%的人认为城市住房不好解决；还有11.0%的人认为户口不迁也可以享受城市的各种公共服务和福利，所以没有必要把户口迁到城市。

这"两个背离"现象，对于浙江而言，有其客观原因。那就是，农村向城市转移的人口中有相当部分是省外流入人口。根据"六普"数据，在浙江居住半年以上的农业转移人口有2399万人，其中省外流入为1135万人，占47.3%。但是，必须看到，即使剔除这部分人口的影响，在浙江本省人口中"两个背离"现象也是存在的。这说明，其中必然存在深刻的制度性原因。人已进了城，却不以城市为最终归宿。究其原因，无非三个：一是进城是暂时性的，本就没意愿永久居住；二是想进城，但农村有其不可割舍的东西；三是进了城，没法落户生存，只能返乡。从调查来看，真正没意愿的农业转移人口，多是年纪较大的农业转移人口，这部分人"安土重迁、叶落归根"的乡土情结较重。新一代农业转移人口更多的是第二个和第三个原因，前一个是"不敢进城"，后一个是"进不了城"。不想进城的意愿与用脚投票常住城里的现实，反映出了农业转移人口内心的"纠结"，而"不敢进城"和"进不了城"的背后，隐藏的是对人和地之间现实制度的约束的无奈，体现的是"地进人难进、人进地难离、要地不要人"的人地尖锐冲突。

一是城市要要素，却不要负担，"要地不要人"的问题较为突出。过去的二三十年中，不少地区城市化更多地体现为土地的城市化，城市框架不断拉伸，规模不断扩大，吸纳人口的能力却没有相应提高。虽然浙江有既聚人又聚业还建城的"小县大城"经验，但各地也依然存在"地进城、人难融"，城市包围农村"城中村"等现象，这很大程度可归因于城市化过程中更多地考虑土地因素，而忽略了"化人"的因素。

二是农民有资产，但是死资产，"人地难分离"的问题较为突出。农房、宅基地、林地、山地以及承包地等都是农民的最重要资产，然而受制于产权不完整、不清晰，农村财产处置的市场化机制缺失，既不能变现带到就业的城镇，又不能轻易改变身份，人和地的依附关系无法解除。这使得广大农民在进城与留村之间出现"两难"选择，阻碍城市化过程自发推进。

三是户籍设门槛，财力有困难，"内外有区别"的问题较为突出。从我国人口管理的历史来看，户籍制度很大程度上是因城市就业和服务保障的财力难以保障而产生的。对于浙江而言，本省人口城市化对于财力保障总体是有能力统筹的。但由于浙江一半以上的农业转移人口是省外流入，这也导致各地对于农业转移人口的态度不同。其中，子女义务教育、公共卫生、就业培训、社会保障和住房保障以及城市基础设施建设等方面的财力负担加大，社会责任也很大，经济效益却相对不大。据测算，浙江各地吸纳农业转移人口的成本，大概因城市规模和发达程度不同，为人均9万—13万/年不等。这就使得不少地区，因为农业转移人口收入水平低，市民化给当地带来的收益远低于支出，导致政府推进农业转移人口市民化的动力不足，特别是面对省外流入人口时，顾虑较多。

上述问题的存在，表面上看是导向问题、意愿问题、财力问题，但实质上都可以归因于人与地的制度性矛盾问题。从经济角度看，盘活闲置土地这一农民最大资产，既能提高农民资本实力，带来现金流和收入流，又能通过人口的集中和土地使用效率提高，为城市和农村发展提供更多的要素支撑。从可持续发展角度来看，人与地的和谐，本质上就是人与自然的和谐，进一步松绑城市化过程中人与地的相互依附关系，有利于实现人口集中生产生活，生态环境休养保护，减少人类活动足迹对生态的破坏，为美丽城乡提供制度保障。

（三）从人群协调看，农村居民和低收入人群增收压力加大

近五年来，浙江省居民人均可支配收入与人均GDP的比值居经济发达省份前茅。2016年，全体居民人均可支配收入与人均GDP的比值为45.4%，老口径（46.1%）比值比2013—2015年分别提高2.8个、1.4个和0.3个百分点，高于全国2.0个百分点。在人均GDP超过1万美元（老口径）的9个省市区中，城镇和农村常住居民人均可支配收入与人均GDP的比值均居第1位；全体居民人均可支配收入与人均GDP的比值仅次于上海（47.8%）居第2位，高于北京（45.7%）、江苏（33.7%）、福建（37.3%）、山东（36.5%）和广东（41.6%）。但是，也必须看到，从群体来看，低收入人群和农村居民增收压力在不断加大。

一方面，城乡差距虽然较小，但农村居民进一步增收压力较大。近三年来，浙江农村居民可支配收入名义增速跑赢GDP增速，且增速呈逐年下滑之势（见表10-1）。将可支配收入进一步细分为四部分来看：工资性收入和财产净收入增速下滑较为明显；经营性收入增速较慢并且波动较大；农村居民可支配收入的增长越来越依赖于转移净收入的增长。由于城市对于农村人口和资源的虹吸效应，农村面临"空心化"问题。农村的精英人才谋求去城市就业打拼，只留下劳动能力不强的人，或者是老年人和儿童。失衡的人口结构使农村社会难以良性自维持，也很难发展产业增收。同时，目前浙江农业专业化、规模化、产业化与现代化要求相比仍显滞后，与制造业相比，农业的集约化和机械装备水平差距较大，农业装备设施相对陈旧。乡镇要素集聚能力弱，自主创新能力不强，商贸流通功能、产业服务功能不强，农产品附加值不高，土地产出率低，经济增长质量和农业综合效益比较低。

表 10 - 1　　　　　　　浙江省农村居民收入分类增长率

| 增长率(%)<br>年份 | GDP | 可支配收入 | 工资性收入 | 经营净收入 | 财产净收入 | 转移净收入 |
| --- | --- | --- | --- | --- | --- | --- |
| 2014 | 7.6 | 10.7 | 13.0 | 6.1 | 18.8 | 8.0 |
| 2015 | 8.0 | 9.0 | 11.2 | 2.4 | 12.0 | 13.5 |
| 2016 | 7.6 | 8.2 | 8.5 | 4.8 | 8.9 | 15.1 |

另一方面，贫富差距有所加大，主要是低收入人群增收压力大。目前国际上通常用基尼系数衡量一个地区的贫富差距，但是由于在我国很难精确获得各收入水平居民在总体居民中所占比例，所以用这个系数衡量中国的贫富差距存在难度。鉴于此，我们使用城镇和农村两类居民中人均可支配收入前20%与后20%的两类人群的收入倍数[①]，衡量贫富差距。计算表明，浙江与7个同等发展阶段的省市相比，城乡居民收入阶层差距较大[②]。浙江城镇居民收入差距达4.66，高于北京和上海；农村居民贫富差距达6.04，不仅高于北京和上海，也高于广东和福建（见表1-6）。

（四）从区域协调看，各地发展差距有扩大的趋势

浙江是全国区域发展最为均衡的省份之一，但各地的发展差距仍有进一步扩大的趋势。三点特征较为突出：一是从人口增长看，各地差距趋于加大。省内明显形成了杭州为第一梯队，宁波、舟山、金华、湖州、嘉兴为第二梯队，绍兴、台州、衢州、丽水、温州为第三梯队的差异格局。其中第一梯队的杭州人口增长非常快；第二梯队紧随其后，第三梯队人口增长缓慢，尤其是对于温州，6年来人口接近零增长。二是从经济总量来看，杭州、舟山、丽水的增速明显领先，而台州增速则较低。三是从人均收入这一均衡发展的核心指标来看，各地的年均增速差别不大，但由于基数不同，各地的经济和收入绝对值相差越来越大。值得指出的是，杭州市的各项指标正在与省内其他地区逐渐拉大差距。（见表10-2）

---

① 由于目前部分省区市尚未公布2016年分组收入数据，这里采用2015年数据进行讨论。
② 由于天津和山东不披露居民收入分组数据，所以我们在剩下的7个省区市中进行比较。

表 10-2　　　　2010—2016 年浙江各设区市年均增长率

| 增长率 | 杭州 | 宁波 | 温州 | 嘉兴 | 湖州 | 绍兴 | 金华 | 衢州 | 舟山 | 台州 | 丽水 |
|---|---|---|---|---|---|---|---|---|---|---|---|
| 人口（‰） | 9.1 | 5.8 | 0.1 | 4.1 | 4.6 | 2.6 | 4.8 | 3.0 | 5.4 | 3.1 | 3.7 |
| GDP（%） | 10.8 | 8.7 | 9.5 | 8.5 | 9.5 | 9.1 | 9.5 | 8.7 | 11.3 | 8.0 | 10.4 |
| 城镇居民收入（%） | 9.6 | 9.5 | 9.8 | 10.0 | 10.0 | 8.9 | 10.9 | 8.8 | 10.7 | 9.6 | 9.3 |
| 农村居民收入（%） | 13.3 | 12.2 | 12.4 | 12.4 | 12.2 | 12.5 | 13.6 | 14.3 | 12.1 | 12.7 | 16.6 |

为进一步更准确度量区域间差距情况，我们计算了区域居民收入倍差[1]。从区域居民收入的绝对倍差看（见表 1-4）[2]，浙江是唯一一个保持在 2 以下的省份。浙江区域居民收入倍差较小的主要原因在于：人均可支配收入最低的两个地区（衢州和丽水），其人均可支配收入远高于其他省份人均可支配收入最低的地区[3]。但是，也必须看到，区域居民收入的绝对倍差是区域居民收入的极大值和极小值之比，仅依据两个地区的收入情况考察区域差距，容易引起结论失真。为此，我们选择江苏、浙江、广东和福建四个数据比较完备的省份，计算了区域居民收入差距的泰尔指数，衡量区域居民收入的相对倍差，以避免个别地区居民收入极高或极低出现收入差距失真，并用人口占比对收入进行加权，避免了个别人口数量偏低的地区对区域收入差距产生不成比例的影响。经过计算，目前浙江泰尔指数在浙苏粤闽四省中仍然最小（见表 1-5）。不过，计算中也发现，由于人才持续流入，杭州与全省其他地区的差距正在持续拉大。这表明高水平发展之下，绝对意义的区域均衡并不存在，浙江进入区域差距相对持平或扩大的阶段。

---

[1] 该指标是指在某个省（区、市）中，人均可支配收入最高和最低的两个设区市（或区）的人均可支配收入之比。目前，在九省区市中浙江的区域差距最小。

[2] 由于上海和天津不披露各区的人均可支配收入，我们在剩下的 7 个省区市之间进行比较。

[3] 2016 年浙江衢州和丽水的人均可支配收入分别为 2.67 万元和 2.68 万元，江苏宿迁、广东河源、福建宁德、内蒙古兴安盟、山东菏泽的人均可支配收入分别为 1.90 万元、1.60 万元、2.10 万元、1.55 万元和 1.57 万元。

## 第二节　准确把握新时代推进协调发展的新思维

### 一　进一步落实"八八战略"明确协调发展新目标

习近平同志在浙江工作期间，高度重视协调发展问题。2003年7月，在浙江省委十一届四次全会上，习近平同志围绕如何加快浙江全面建设小康社会、提前基本实现现代化，提出了进一步发挥"八个方面的优势"，推进"八个方面的举措"的"八八战略"。"八八战略"是基于21世纪将面临的重要战略机遇期宏观背景作出的正确认识和趋势把握，是基于对浙江经济社会发展现实基础的正确认识和把握，是基于对浙江加快全面建设小康社会、提前基本实现现代化战略目标的正确认识和把握。"八八战略"是习近平同志在浙江工作期间亲自谋篇布局的大手笔、亲自开篇破题的大文章，是引领浙江发展的总纲领、总方略。

其中，对于长三角区域的协调发展，他指出，要进一步发挥浙江的区位优势，主动接轨上海、积极参与长江三角洲地区合作与交流，不断提高对内对外开放水平。对于城乡协调发展，他指出，要进一步发挥浙江的城乡协调发展优势，加快推进城乡一体化。继续大力推进城市化战略，进一步增强城市的集聚、辐射和带动功能；把解决"三农"问题作为重中之重，不断提高效益农业发展水平，加快新农村建设；统筹经济社会发展，逐步打破城乡二元结构，不断提高城乡居民的生活水平和质量，努力形成以城带乡、以工促农、城乡一体化发展的格局。对于发达和欠发达地区的协调发展，他指出，要进一步发挥浙江的山海资源优势，大力发展海洋经济，推动欠发达地区跨越式发展，努力使海洋经济和欠发达地区的发展成为浙江经济新的增长点。要依托"山海并利"的自然条件，合理开发利用海洋资源和山区资源，不断拓宽海洋经济发展空间，积极实施"山海协作工程"和"欠发达乡镇奔小康工程"，推动海岛、山区、老区、少数民族地区等欠发达地区加快发展，走出一条具有浙江特色的海洋经济与陆域经济联动发展的路子。

当前，协调发展面临新时代的新背景和发展格局调整的新变化。但浙江发挥独特区位优势，主动接轨上海，进一步明确浙江在长江三角洲经济圈中的位置，积极发挥在该地区经济整合与协调发展中的作用的任务没有改变；浙江继续保持城乡协调发展优势，把城乡一体化作为解决"三农"问题的根本出路，整体推进城乡产业结构战略性调整，整体推进城乡就业结构战略调整，整体推进城乡规划建设与生态环境建设，整体推进发达地区加快发展与欠发达地区跨越式发展，先富带动后富、区域协调发展的思路也没有变。浙江继续发挥山海资源优势，不断促进发达地区加快发展、欠发达地区跨越式发展，缩小地区发展差距，实现区域协调发展的路径没有改变。因此，贯彻落实"八八战略"的决策和部署，既有现实紧迫性，又是一项长期任务，必须咬定目标，一任接着一任、一届接一届地抓下去。

"八八战略"对于协调发展的要求，核心要义归纳起来主要有三点：一是以城带乡、以工促农的城乡一体化是推动协调发展的关键所在，打破城乡二元结构在较长一段时期仍然是浙江未来协调发展的重点任务。在新时期，浙江不仅要继续坚持把城乡一体化作为解决"三农"问题的根本任务，还要把乡村振兴发展摆在突出的战略位置，加快鼓励农民进城，推进农民非农化；加快培育小城镇，建设新农村；加快推动农业产业化，发展农村经济。二是新型城市化引领的区域协调是实现协调发展的战略路径，促进发达地区加快发展、欠发达地区跨越发展，先富带动后富，是统筹区域协调发展的核心。着眼于全省生产力和人口的优化布局，着眼于发达地区在更高层次上加快发展，着眼于以自我发展能力为核心推动欠发达地区实现跨越式发展，是新时期统筹区域协调发展的重要导向。三是以人均收入差距收敛和基本公共服务共享为协调发展主要目标，加快与浙江经济社会发展水平相适应、城乡一体、多层次、全覆盖的社会保障体系建设，是区域协调、城乡协调和经济社会协调的主要目标。这些导向，对于新时期浙江实现高水平高质量的协调发展依然具有重要指导意义。

结合新时代背景和协调发展趋势变化，根据党的十九大和浙江省委十四届一次、二次会议精神，以"八八战略"为总纲，按照浙江

"两个高水平建设"的要求，新时期浙江协调发展的重点仍需要在解决好区域之间、城乡之间、群体之间不平衡不充分发展的突出问题，抓重点、补短板、强弱项，在满足全体人民日益增长的美好生活需要上取得新成效。

结合党的十九大"两步走"基本实现现代化要求，我们认为面向2035年浙江协调发展的总体目标是，在浙江2020年高水平全面建成小康社会的基础上，力争用10—15年的时间，完成基本实现现代化进程。城市化水平更高。实现城乡高度一体化，常住人口城市化水平达到75%以上，户籍人口城市化与常住人口城市化水平缩小到5个百分点以内；收入和基本公共服务差距更小。人民生活更为宽裕，区域间、居民间收入水平差距进一步明显缩小，中等收入群体比重进一步提高，到2035年达到55%以上，超过世界发达国家水平；覆盖全域人口，更高水平的基本公共服务均等化基本实现，全体人民共同富裕迈出坚实步伐。空间一体化格局更趋合理。将杭州、宁波、温州、金华—义乌等一批都市区打造成为具有国际影响力的美丽富强、协同集聚、生态优美、充满活力的国际化名城，到那时，省域空间一体化协同发展机制基本形成，全省基本形成经济充满活力、城乡融合、区域一体、功能互补、创新活力、就业充分、要素流动顺畅、空间集约高效的世界一流开放协作大网络。

## 二 在继承创新中开拓协调发展新路径

要实现以上新目标，在继承中创新，在创新中发展，坚持协调发展的要义，顺应新时代要求，进一步拓宽高水平、高质量、补短板、强优势的协调发展新路径。

（一）以创新引领提升区域协调水平

协调发展问题根本上是一个现代化发展问题。因此，在保证基本公平的前提下，要继续发挥浙江的体制机制优势，保持改革创新动力，坚持"两个毫不动摇"，加快以公有制为主体的多种所有制经济共同发展，推动国有经济不断壮大，推动民营经济不断上规模、上水平，加快促进全省各地经济迈入高质量发展轨道，建立实体经济、科技创新、现代金融和人力资本支撑的现代化产业体系，实现财力有保障、企业有效益、就业有保障、居民有收入，为城乡协调发展提供经济支撑，为区域协调发展提供充实财力保障，为阶层协调发展提供均等的机会，最终实现人的现代化，实现高质量的协调发展。

（二）以大都市区一体化提高协调质量

资源要素的有限性决定了协调发展不是无差别发展。高水平发展之下浙江进入了区域居民收入减小，但区域发展差距相对持平甚至扩大的阶段。因此，要摒弃平均用力的发展策略，加快推动县域经济向都市区经济转型，坚持走新型城市化道路，在更大尺度上全面统筹推动全域协调发展，要结合新时代变化，重点通过大湾区大花园大通道大都市区建设，用好有限资源，以杭甬大都市区为极核，以杭州湾经济区为重点，着力打造参与全球竞争高能级创新平台、开放平台、城市平台，加快人口人才向湾区集中，要素资源向重点区域重点平台集中，创新开放政策向重要枢纽城市和平台叠加集中，打造世界级影响的竞争核心，与其他地区协同分工，以此带动全域参与更高水平开放创新发展，最终实现均衡发展。

（三）以乡村振兴战略补齐协调短板

农业农村农民问题是关系国计民生的根本性问题。没有农业农村的现代化，就没有国家的现代化。农业强不强、农村美不美、农民富不富，决定着亿万农民的获得感和幸福感，决定着我国全面小康社会的成色和社会主义现代化的质量。如期实现第一个百年奋斗目标并向第二个百年奋斗目标迈进，最艰巨最繁重的任务在农村，最广泛最深厚的基础在农村，最大的潜力和后劲也在农村。因此，要把农业农民农村发展不充分问题作为解决城乡不协调的关键问题。落实高质量发展的要求，坚持农业农村优先发展，按照产业兴旺、生态宜居、乡风文明、治理有效、生活富裕的总要求，建立健全城乡融合发展体制机制和政策体系，统筹推进农村经济建设、政治建设、文化建设、社会建设、生态文明建设和党的建设，加快推进乡村治理体系和治理能力现代化，加快推进农业农村现代化，走中国特色社会主义乡村振兴道路，让农业成为有奔头的产业，让农民成为有吸引力的职业，让农村成为安居乐业的美丽家园，努力使浙江成为社会主义新农村建设水平最高的省份之一。

### （四）以要素市场化配置增进协调优势

打破市场资源配置行政化、公共资源过度市场化的发展怪圈，加快城乡要素供给从按等级配置向按市场需求配置转变。明晰市场和政府的边界，以经济规律配置城乡区域要素资源，在发挥市场决定性作用基础上加大政府之手规划统筹和立法保障力度，建立城乡统一的土地市场，探索通过互联网、物联网和大数据新技术更好地规划配置有限资源。要促进新型城镇化与农业现代化同步，建成城乡统一的土地市场，实现"三权到人、权随人走、带权进城"，城市资金、人才和农村土地、劳动力的双向流动基本打通。要充分激活区域主体、城乡居民和民营经济等社会主体的主动性，发挥资源配置的市场决定性作用，更多地通过分享经济以及政府和社会资本合作的新模式，实现城乡一体区域融合的资源共配、设施共建、服务共享，推动要素公平配置，供需有效对接，让全体居民都共享平等的发展机会、公共服务和关键设施。

## 第三节　认真谋划新时代推进协调发展的新举措

### 一　以推进大湾区大花园大通道大都市区建设提高协调发展质量

协调发展是一个螺旋式上升的过程，浙江要想在更高水平上实现协调发展，必须形成功能明确、全域协同、一体化发展的全省域"一盘棋"的发展格局。从发展阶段来看，当前浙江已经从县域经济向都市区经济加快转变，城乡协调、区域协调、陆海协同发展的要求发生重大变化。在更大尺度上谋划协调发展成为必然。浙江省十四届党代会报告提出，要谋划实施"大湾区"建设行动纲要，重点建设杭州湾经济区，支持台州湾区经济发展试验区建设，加强全省重点湾区互联互通，推进沿海大平台深度开发，大力发展湾区经济。浙江省十四届二次全会报告进一步指出，要以大湾区大花园大通道大都市区建设为重点促进区域协调发展。

"四大建设"，对于浙江在更高水平上实现协调发展，是一次重大的空间战略调整，是浙江新时期通过打造高水平一体化增长极参与全球化治理的关键之举，也将为实现高水平高质量协调发展提供原动力。建设大湾区大花园大通道大都市区，是一盘大棋。根据部署，"四大建设"就是要摆进全球竞争格局和全国战略布局之中，放到长三角一体化和建设世界级城市群目标之中去谋划。要立足全省发展，以重大合作项目为载体主动接轨上海、促进长三角率先进行一体化发展，积极参与长江经济带建设，集中有效资源，强化平台带动，注重多元融合，加强区域协同，着力打造现代化世界级大湾区，打造全国领先的绿色发展高地和现代智慧综合交通体系，打造具有世界竞争力的现代化大都市区和城市群。

大湾区是现代化浙江的空间特征。大湾区建设的目标定位是中国现代化建设示范区，核心要素是新经济、新动能、新发展，基本路径是以杭甬都市区一体化发展为抓手，推动杭州湾地区率先实现高质量发展。要对标纽约湾区、旧金山湾区、东京湾区等国际著名湾区，通过打造世界级创新产业集群、现代金融高地、现代科创中心、现代智能交通体系、现代化高品质国际化城市、国际一流优美生态环境等举措，将杭州湾经济区建设成为全国现代化建设的标杆，全球新经济革命的重要策源地，长三角区域创新发展的新引擎。要突出接轨上海，聚焦杭州宁波一体化发展，深化改革开放、强化科技创新，着力构建现代交通体系、现代产业体系、现代城镇体系，加强区域协同、山海协作，做强做大杭州湾，加快建设象山湾、三门湾、台州湾、乐清湾，沿杭衢高铁、衢丽温铁路有序拓展，努力建设全面对接"一带一路"、具有全国乃至国际影响力的大湾区。同时，协同推进宁波、温州两大都市区对接，加快打造浙东南临港产业带，逐步形成覆盖全省沿海地区的大湾区。

大花园是浙江的底色，是自然生态与人文环境的结合体、现代都市与田园乡村的融合体、历史文化与现代文明的交汇体，建设范围是全省。基本要求是生产空间集约高效、生活空间宜居适度、生态空间山清水秀，空间形态是"国家公园+美丽城市+美丽乡村+美丽田园"，目标定位是具有国际影响力的旅游目的地，重点是以绿色产业为基础，以美丽建设为载体，以交通建设为先导，统筹山水林田湖草系统治理，推动绿色发展和全域旅游。要按照全域景区化的目标要求，加快建设美丽乡村、美丽田园、美丽河湖、美丽城市、国家公园，力争到2022年全省有1万个行政村、1000个小城镇、100个县城和城区成为A级景区，把大花园建成现代化浙江的普遍形态。

大通道是全省各主体功能区之间、都市区之间以及都市区与主要功能平台之间的交通要道，包括海港、空港、陆港、信息港。大通道是现代化浙江的发展轴线。要按照主体功能突出、区域协调联动的要求，加快建设杭嘉沪创新大通道、义甬舟开放大通道、浙东南海洋经济大通道、浙西南生态旅游大通道，基本建成省域1小时交通圈、市域1小时交通圈、城区1小时交通圈。大通道建设的核心是智能高效的现代交通网络和物流体系，重点是对现有铁路公路高速水运航空网络的优化，目标是加快建设现代交通示范区和交通强省，加快构建畅通高效的海陆空运输通道网络，构建以义甬舟为主轴的开放通道、支撑大湾区创新发展的湾区通道、引领大花园建设的美丽通道，促进省域联动协同发展。要着力打造山海协作工程升级版，提升产业合作、园区共建水平，增强山区、生态功能区造血功能，着力解决区域发展不平衡问题。

大都市区是现代化浙江的发展极。要进一步集聚高端要素、发展高端产业，强化创新功能，提升国际化水平，加快建设都市区轨道交通体系，抓好嘉善县域科学发展示范点建设，力争到2022年四大都市区经济总量占浙江全省比重达到70%以上，促进县域经济转型升级，形成中心城市与周边县市一体化发展格局。区域协调发展问题实际上就是城市群的健康发展问题。要通过城市群的健康发展来促进区域协调发展，重点是提升核心区首位度和综合能级，加快县域经济向都市区经济转型，增强集聚、辐射和带动能力。大力加强杭州、宁波、温州、金华—义乌四大都市区建设，提高中心城市质量，着眼于全局发展强化市域统筹，促进大中小城市和小城镇协调发展，引导特色小镇健康发展。以新型城市化引领促进城乡一体、区域协同、陆海统筹，形成集约高效可持续的国土空间开发新格局，不断增强发展协调性和整体性。

## 二 以有序加快农业转移人口市民化推进协调发展进程

人的发展机会均等是协调发展的最终落脚点所在。人口城市化进程领先全国是浙江协调发展的关键所在。妥善推进农业转移人口市民化，是推动人口城市化，遏制当前浙江阶层之间收入差距扩大的关键性举措。要继续深入推进新型城市化进程，加快大中小城市网络化建设，增强对农业转移人口的吸引力和承载力，健全城乡发展一体化体制机制，加强户籍制度改革的落地，促进城乡在规划布局、要素配置、产业发展、基础设施、公共服务、生态环境保护等方面相互融合和共同发展，加快实现城乡公共服务均等化、居民收入均衡化、产业发展融合化，高质量有序推动农业转移人口市民化。

加快农业转移人口市民化，在思路上要结合浙江推进城市化的现实基础和农业转移人口的主观意愿，坚持统筹联动、因势利导、分步分类、渐进有序的基本原则，按照人群、领域、空间、时间"四个有序"的基本思路，建立可预期、可操作的市民化时序安排。

所谓人群有序，就是要根据农业转移人口的特点与意愿，优先推进有需求、有能力、条件成熟的人群市民化，省内农业转移人口率先，市民化意愿强的人群率先，工作年限长的中青年人群率先，举家外出人群率先，进而形成示范作用，逐步推动更多的农业转移人口转化为市民。

所谓领域有序，是按照农业转移人口的基础条件和意愿，考虑地域可操作性和财政负担能力，分轻重缓急、先易后难，集中解决紧迫问题，优先完善教育公共服务，逐步推进社会保障衔接，逐步实现城镇基本公共服务常住人口全覆盖。

所谓空间有序，就是按照全省生产力布局和地区承载力，结合农业转移人口的定居地意愿，分区域、有重点地促进人口在不同地区、不同等级城镇间合理布局、协调发展，引导农业转移人口向重点开发区域集聚，引导农业转移人口向中小城市和中心镇集聚。

所谓时间有序，是结合农业转移人口期望落户城镇的时间意愿，以及规划和政策制定实施的主要期限，综合得出大体的市民化时序安排。到2020年，形成完善的市民化体制机制，基本实现符合条件的农业转移人口无障碍市民化，关键性制度改革取得突破性进展，各项城市公共服务基本实现常住人口全覆盖，农业转移人口市民化基本消除制度壁垒，全省城市化率进一步提高、城市化质量显著提升。

有序推进农业转移人口市民化关系中央和地方、城市和农村、农民和市民、迁出地和迁入地等多方主体利益，涉及土地、就业、教育、社会保障、公共服务、住房、财税体制等诸多重要改革事项，一些重大改革事项迫切需要中央顶层设计，一些关乎各主体切身利益的政策制度，也需在国家支持下，因地制宜、创新设计、配套实施。应着力解决"一项根本制度改革、二个关键配套机制、三类统筹推进政策"的顶层制度安排，形成浙江经验，为全国贡献制度经验。一是推进一项根本性制度改革，即农村产权制度改革。针对农业转移人口顾虑迁出地土地权益"进城不落户"的问题，推动城镇户籍准入与土地权利分离，赋予农民更多的财产权利和土地财产处置权。加快土地确权、赋权进程，在优先推进农村宅基地确权认证基础上，建设全国统一、城乡统一的土地流转市场。探索建立农村产权交易市场，探索进城落户农民承包地流转和宅基地退出机制，建立农民工享受城镇住房与农村宅基地退出挂钩的机制，让农民在自愿基础上探索财产转让的多种方式，带着"可变现"资产进城。二是建立两个关键配套机制，即财政转移支付与农业转移人口市民化挂钩的机制、城镇建设用地与吸纳农业转移人口落户数量挂钩机制。三是创新落实三类统筹推进政策，即"全国统筹"的与户籍改革配套同步实施的社保关系跨省续接联动政策、"城乡统筹"的进城落户农民纳入城镇住房保障体系政策、"社会统筹"的各类资本共同参与市政建设和公共服务设施建设运营政策。

## 三 以大力实施乡村振兴战略补齐协调发展短板

补齐农业农民农村现代化的短板是协调发展的应有之义。农村和山区是发展中容易被遗忘的角落，也是全面小康和现代化建设的短板区域。实施乡村振兴战略，是解决人民日益增长的美好生活需要和不平衡不充分的发展之间矛盾的必然要求，是实现"两个一百年"奋斗目标的必然要求，是实现全体人民共同富裕的必然要求。

贯彻落实乡村振兴战略，要坚持农业农村优先发展，按照产业兴旺、生态宜居、乡风文明、治理有效、生活富裕的总要求，建立健全城乡融合发展体制机制和政策体系，推进"三农"全面转型发展，加快推进农业农村现代化，努力使浙江成为社会主义新农村建设水平最高的省份之一。要坚持从实际出发，尊重农民意愿；要坚持农民主体地位，立足自力更生。要坚持工业反哺农业、城市支持农村。要重塑城乡关系，走城乡融合发展之路。坚持以工补农、以城带乡，把公共基础设施建设的重点放在农村，推动农村基础设施建设提档升级，优先发展农村教育事业，促进农村劳动力转移就业和农民增收，加强农村社会保障体系建设，推进健康乡村建设，持续改善农村人居环境，逐步建立健全全民覆盖、普惠共享、城乡一体的基本公共服务体系，让符合条件的农业转移人口在城市落户定居，推动新型工业化、信息化、城镇化、农业现代化同步发展，加快形成工农互促、城乡互补、全面融合、共同繁荣的新型工农城乡关系。

要深化农业供给侧结构性改革，持续推进农业"两区"建设，完善现代农业产业体系、生产体系、经营体系，加快发展高效生态现代农业，促进农村三次产业融合发展，积极运用"互联网+"方式提升农业、发展农村、富裕农民。切实保障粮食安全，推进浙江渔场修复振兴，发展远洋渔业，推动畜牧业转型升级。发挥"三位一体"农民合作经济组织作用，推动农业社会化服务升级和农民合作经济壮大。坚持精准帮扶，整合帮扶资源，创新帮扶方式，拓宽居民劳动收入和财产性收入渠道，增强低收入百姓自我发展能力。深入实施消除集体经济薄弱村行动计划，建立省专项扶贫资金支持集体经济薄弱村发展集体经济，把产业扶贫与壮大农村集体经济结合起来。深化美丽乡村建设，开展农村土地全域整理，加强农田水利和农村饮水等基础设施建设，推进万村景区化，加强古村落保护利用。广泛开展"厕所革命"，深入推进"垃圾革命"。加强农村基层基础工作，健全自治、法治、德治相结合的乡村治理体系，全面消除集体经济薄弱村。培养造就一支懂农业、爱农村、爱农民的"三农"工作队伍。

农村繁荣复兴的关键在于自身能力的形成，要借力借势、保护和发展兼顾，人力资本投资优先，实现常态化可持续投入，加快实现城乡设施服务的互联互通，城乡要素的平等交换，助推农村振兴发展，实现城市快生活与田园慢生活相得益彰，城市先进文明更快向农村辐射。在关注农村地区有效投资的同时，更加重视三个关键领域制度创新：其一，城乡资源配置市场一体化的制度，土地、资金等关键要素投入要制度平等，实现城乡土地市场统一，加快发展普惠金融，建立要素市场化流动机制，扫清城市反哺农村的障碍。深化农村土地制度和集体产权制度改革，完善"三权到人（户），权跟人（户）走"机制。其二，生态补偿制度。要建立跨区域的生态补偿体制机制，加大转移支付力度，落实好大范围统筹发展与保护的主体功能制度。探索开展生产产品价值实现机制试点。其三，人力资本投资制度。降低一切有碍于人力资本向农村流动制度性成本，引导社会资本加大对农村地区吸引人力资源的政策力度。此外，要加大力度支持农村加强信息化应用，着重吸引社会投资投入农村，建设农村，要加大公共的必要投入，完善一方水土养一方人的农村和山区地区的投资软硬环境，鼓励"互联网+"与旅游、农业以及养生养老产业发展结合，实现浙江农村在信息时代的新崛起。

### 四 以覆盖全域人口的基本公共服务保障体系完善协调发展制度

习近平总书记曾说过，从国际经验看，区域之间的发展差距，特别是以人均 GDP 衡量的区域发展差距，是长期存在的，在某个发展阶段甚至还有不断扩大的趋势。但是以人均收入衡量的区域发展差距，是可以逐步缩小的。这个问题从本质上看，实际上是个发展观问题。原来我们过于强调 GDP，过去强调缩小区域直接人均 GDP 的差距，现在看来，这种观点是片面性的。必须明确，让百姓过上富裕安康幸福的生活，不断提高人民群众的生活水平和质量，是我们发展的根本目的。让不同区域的城乡居民享受基本同等的生活水平和质量，是我们统筹区域城乡和阶层协调发展的出发点和落脚点。

要把建立覆盖全省人口基本公共服务保障体系作为协调发展的制度支撑，为全省人口创造一个发展机会均等的发展条件。要继续坚持教育优先，把公平和优质的要求贯穿教育事业发展全过程、各领域，全面推进教育现代化。加快城乡义务教育优质均衡发展。优化全省高等教育布局，积极引进国内外高水平大学来浙合作，让浙江人民在家门口读上世界一流的大学。要加强增收、就业和社会保障。千方百计促进城乡居民增收，适时适度调整最低工资标准，健全职工工资水平决定和正常增长机制。要坚持在经济增长的同时实现居民收入同步增长、在劳动生产率提高的同时实现劳动报酬同步提高，促进收入分配更合理、更有序。加大力继续支持淳安等26县加快发展，同步实现"两个高水平"。要打好低收入百姓增收攻坚战。深入实施低收入农户、低收入产业工人收入倍增计划，确保低收入百姓收入增长快于城乡居民收入平均增幅。着力解决因病致贫、因学致贫、因灾致贫等突出问题，加快完善医保体制、助学机制和灾害救助体系。积极帮助低收入群众增收，把扶贫与扶志、扶智结合起来，与就业帮扶结合起来，与发展农村家庭经营结合起来，与下山脱贫结合起来，促进低收入人群收入较快增长。按照兜底线、织密网、建机制的要求，全面建成覆盖全民、城乡统筹、权责清晰、保障适度、可持续的多层次社会保障体系。全面实施全民参保计划，建立"多缴多得、长缴多得"的养老保险体系，积极推进各级各类社会保障制度整合，健全大病保险制度和医疗救助制度，健全城乡统筹和区域转接机制，有序推进全民医保。健全社会救助体系，完善城乡最低生活保障制度。支持发展红十字和慈善事业，健全残疾人社会保障和服务体系。进一步深化医药卫生体制改革，完善"双下沉、两提升"长效机制，提高基层医疗服务能力。

## 五 以省级空间规划为统领优化协调发展格局

开展省级空间规划试点，有利于理顺规划关系，精简规划数量，健全统一、相互衔接、分级管理的空间规划体系；有利于系统解决各类空间性规划存在的突出问题，提升空间规划编制质量和实施效率，落实主体功能区战略，促进区域城乡、生产生活生态协调发展。作为省级空间规划试点地区的浙江，要以省级空间规划为统领，做好资源环境承载能力和国土空间开发适宜性评价，摸清省域空间的基本家底。坚持国家利益、公共利益优先，把国家经济安全、粮食安全、生态安全、环境安全等放在优先位置，确保省级空间规划落实国家重大战略部署和指标约束。重点围绕"编制一本省级空间规划、研究一套技术规程、研发一个空间规划管理平台、提出一系列改革建议"四个"一"的目标，扎实开展浙江省级空间规划试点工作。要立足服务大局，突出浙江实际，大胆改革创新，积极探索，努力形成可操作、能监管、可复制、能推广的改革成果。建立空间规划体系，确立省级空间规划的统领性、战略性和约束性地位，明确规划形成的空间底图的基础性作用。协调国土部门和住建部门相关规划试点工作的重点，进一步明确可以共建共享的任务要求和规划成果，更好地指导省级和地方推进"多规合一"工作。

## 六　以信息化和设施网络化改善协调发展条件

当今中国，一场信息革命正在孕育发生，对区域协调发展产生重要影响。应积极把握信息革命趋势，注重利用科技和产业创新革命的物质、技术成果加快推进区域协调发展。

要抢抓新一轮科技和产业革命的历史机遇，充分发挥浙江信息经济、"互联网+"的先发优势，以数据整合和共享为切入口，大力发展互联网、物联网、大数据、人工智能等产业，打造数字浙江、云上浙江、网络强省，力争成为全国领跑者。要实施"宽带浙江"战略，加快建设高速、移动、安全、泛在的新一代信息基础设施，超前布局下一代互联网，建设好高网速、低价格的全省宽带网络，惠及全省所有地区的人口。有效利用互联网、大数据、云计算、物联网等新一代信息技术，强化全国及各区域交通物流等基础设施网络的建设和完善，加快推进以高铁、轨道交通为代表的交通体系朝快速化、网络化方向发展，由"以点带面""以线带面"传统发展模式迈向"以网带面"的新型发展模式，更高效地促进要素在不同区域间的流动。推进基础设施服务网络化、同城化，将全省基础设施和服务作为一个大网络来建设完善，重点抓好交通网、水利网、生态网、公共服务网、创新体系和资本支撑网的建设，最终实现无论在城还是乡，在发达地区还是欠发达地区，都可达到权利保障有力、服务基本平等、资源获得便捷、创新成本较低、人口流动自由。让全省域的人口都能享受到数据共享带来的便利和机会。

要统筹全域发展的物质资源、信息资源和智力资源利用，搭建智慧政府和公共服务平台，推动物联网、云计算、大数据等新一代信息技术创新应用，实现与城市经济社会发展深度融合，建设服务便利、有效监督、实时管理，集政务、交通、民生服务、消费、生产、公众参与等于一体的智慧化省域管理模式。通过互联网与大数据、云计算、物联网等新一代信息技术的广泛应用，将创新链、要素链、产业链、价值链等连接成为跨区域和城际联动发展的纽带，进一步强化不同区域经济、技术联系，为区域协调发展提供强有力的技术支撑。要打破界限、打破封闭、打破利益的藩篱，促进全社会、跨部门、跨行业、跨地区的信息共享和业务协同，强化信息资源社会化开发利用，推广智慧化信息应用和新型信息服务，实现多元化的社会治理，促进城市规划管理信息化、基础设施智能化、公共服务便捷化，让每个区域和局部都能自我管理、自我服务、自我发展。要善于用信息化应用解决城乡居民和不同区域居民的民生福利问题。要以食品安全、能源和环境治理、医疗卫生、教育等领域为突破口，建立完善食品药品、消费品安全、检验检疫等领域具有溯源追查、社会监督等功能的市场监管信息服务体系；构建环境智能监测体系和污染物排放、能源消耗在线防控体系；完善社会化、网络化、网格化的城乡公共安全保障体系；通过卫生云平台，推进实施全省统一的在线预约、分级诊疗制。

# 参考文献

## 规划政策类

《浙江省国民经济和社会发展第七个五年计划》（1986—1990 年）
《浙江省国民经济和社会发展十年规划和第八个五年计划》（1991—2000 年）
《浙江省国民经济和社会发展"九五"计划和 2010 年远景目标纲要》（1996—2000 年）
《浙江省国民经济和社会发展第十个五年计划纲要》（2001—2005 年）
《浙江省国民经济和社会发展第十一个五年规划纲要》（2006—2010 年）
《浙江省国民经济和社会发展第十二个五年规划纲要》（2011—2015 年）
《浙江省国民经济和社会发展第十三个五年规划纲要》（2016—2020 年）
《中共浙江省委、浙江省人民政府 关于推动民营经济新飞跃的若干意见》（浙委〔2004〕4 号）
《浙江省人民政府办公厅关于加快块状经济向现代产业集群转型升级的指导意见》（浙政办发〔2009〕72 号）
《浙江省城市化发展纲要》（浙委〔1999〕41 号）
《关于加快推进中心镇培育工程的若干意见》（浙政发〔2007〕13 号）
《关于进一步加快中心镇发展和改革的若干意见》（浙委办〔2010〕

115号）

《关于深入实施"千村示范、万村整治"工程的意见》（浙委办〔2008〕18号）

《关于深化"千村示范、万村整治"工程全面推进美丽乡村建设的若干意见》（浙委办〔2012〕130号）

《浙江省深入推进新型城市化纲要》（浙委〔2012〕96号）

《关于实施"山海协作工程"，帮助省内欠发达地区加快发展的意见》（浙政办发〔2002〕14号）

《浙江省人民政府办公厅关于全面实施"山海协作工程"的若干意见》（浙政办发〔2003〕54号）

《浙江省人民政府办公厅　关于进一步深化山海协作工程的实施意见》（浙政办发〔2015〕132号）

《中共浙江省委　浙江省人民政府关于深入实施山海协作工程促进区域协调发展的若干意见》（浙委发〔2018〕3号）

《关于主动接轨上海积极参与长江三角洲地区合作与交流的若干意见》（浙委〔2003〕6号）

浙江省发改委：《嘉兴市创建浙江省全面接轨上海示范区实施方案》，2017年5月

《中共嘉兴市委办公室　嘉兴市人民政府办公室关于印发〈嘉兴市创建浙江省全面接轨上海示范区行动计划（2017—2020年）〉的通知》（嘉委办发〔2017〕43号）

《浙江省人民政府关于印发义甬舟开放大通道建设规划的通知》（浙政发〔2016〕45号）

《浙江省人民政府关于印发浙江省环杭州湾产业带发展规划的通知》（浙政发〔2003〕48号）

《浙江省人民政府关于印发温台沿海产业带发展规划的通知》（浙政发〔2004〕55号）

《浙江省人民政府关于印发金衢丽地区生产力布局与产业带发展规划的通知》（浙政发〔2004〕56号）

《浙江省人民政府关于印发浙江省主体功能区规划的通知》（浙政发〔2013〕43号）

《关于在开化县开展重点生态功能区示范区建设试点的通知》（浙政办〔2014〕7号）

《关于在淳安县开展重点生态功能区示范区建设试点的通知》（浙政办〔2014〕19号）

## 研究成果类

黄勇：《谋篇布局三十年：浙江区域经济研究》，中央文献出版社2012年版。

黄勇、潘毅刚、郎金焕：《三个维度看浙江》，《政策瞭望》2018年第4期。

史晋川：《制度变迁与经济发展："浙江模式"研究》，《浙江社会科学》2005年第5期。

史晋川、郎金焕：《中国的民营经济与区域经济发展》，《山东大学学报》（哲学社会科学版）2018年第1期。

卓勇良：《浙江城市化：风起九里松》，《浙江经济》2013年第2期。

黄勇、郭占恒等：《浙江区域特色经济发展研究》，《浙江经济》1998年第5期。

黄勇：《浙江"块状经济"现象分析》，《中国工业经济》1999年第5期。

王缉慈等：《创新的空间——企业集群与区域发展》，北京大学出版社2001年版。

新望：《解读浙江"块状经济"》，《中国改革》2003年第8期。

中共浙江省委党史研究室：《浙江民营经济发展回眸》，中共党史出版社2014年版。

黄勇：《走浙江特色的城市化道路》，《浙江经济日报》1998年3月13日。

黄勇、宋炳坚：《城市化：浙江跨世纪发展的战略选择》，《浙江经济日报》1998年8月21日。

刘亭、金新仁：《城市化：我国跨世纪发展的战略选择》，《浙江经济》1998年第11期。

刘福坦：《城市化的三字经要倒过来念》，浙江省发展计划委员会《城市化：新世纪的大抉择——探索有浙江特色的城市化道路》，浙江人民出版社 2000 年版。

黄勇、周世锋、王琳、潘毅刚：《浙江有序推进农业转移人口市民化的思路与对策》，《全球化》2015 年第 12 期。

黄勇、周世锋、张旭亮、王琳：《浙江农业转移人口市民化的现状和意愿调查》，《浙江社会科学》2014 年第 11 期。

马永伟：《农村集体资产产权制度改革：温州的实践》，《福建论坛》（人文社会科学版）2013 年第 6 期。

黄延信、余葵、师高康、王刚、黎阳、胡顺平、王安琪：《对农村集体产权制度改革若干问题的思考》，《农业经济问题》2014 年第 4 期。

王德福：《理想与限度：德清农村产权改革》，《决策》2015 年第 5 期。

郑伟雄、何汀源：《德清县健全农村产权交易体系的做法与思考》，《新农村》2016 年第 11 期。

施端银、张玲萍、徐炯：《温州农村土地产权制度改革的探索与思考》，《浙江农业科学》2017 年第 12 期。

贾丽娟、汪学军：《"长三角"地区县域经济发展经验及启示》，《农业经济问题》2007 年第 6 期。

沙虎居：《对浙江"省管县"体制和强县扩权的解析》，《科学决策》2009 年第 4 期。

黄勇、董波、陈文杰：《"县域经济"向"都市区经济"转型的意义与构想》，《浙江经济》2013 年第 11 期。

黄勇：《实施都市区战略的意义、着力点和工作抓手》，《浙江经济》2017 年第 11 期。

陈翊、冯云廷、俞杨安：《浙江省县域经济格局的空间演化分析》，《地域研究与开发》2017 年第 3 期。

陆立军：《小县大城：欠发达地区跨越发展的成功经验》，《浙江经济》2009 年第 20 期。

廉军伟：《云和县"小县大城"的战略思考》，《环球市场信息导报》

2015年第21期。

王建友、周一新：《对小岛移民政策的分析与思考——以舟山"小岛迁，大岛建"政策为例》，《浙江海洋学院学报》（人文科学版）2015年第5期。

浙江省人民政府经济协作办公室：《山呼海应新跨越：浙江省山海协作工程纪实》，浙江人民出版社2005年版。

吴坚：《浙江演绎新"山海经"》，《今日浙江》2008年第2期。

于莉娟：《山海协作的浙江经验》，《小康》2009年第7期。

陆立军：《三大国家战略背景下如何深化山海协作工程》，《今日浙江》2012年第6期。

马跃明：《青山与蓝海的交响——浙江开展山海协作工程10周年综述》，《今日浙江》2012年第6期。

王立军：《浙江扶持欠发达地区发展的政策演进与路径选择》，《发展》2013年第11期。

浙江省发改委：《山海协作工程推进情况专题汇报》，内部报告，2018年。

张荣飞、韦宇洁：《发挥山海资源优势 推动欠发达地区跨越式发展——"八八战略"实施15周年系列分析之七》，《浙江统计》2018年6月发布。

盛世豪：《长三角一体化中的政府与企业定位》，《浙江经济》2003年第6期。

黄勇、傅金龙、朱磊、周世锋：《洋山港和杭州湾大桥建设对环杭州湾地区发展的影响》，《浙江经济》2004年第20期。

浙江省接轨办、浙江省发改委：《"接轨上海，融入长三角"呈现新格局——浙江省接轨上海、参与长三角合作与交流的新进展》，《浙江经济》2006年第24期。

傅金龙、周世锋、秦诗立：《从战略层面看长三角港口协调发展》，《浙江经济》2008年第16期。

陈建军：《长三角一体化：浙江的战略目标和任务》，《浙江经济》2010年第13期。

浙江省人民政府咨询委员会：《深化浙沪合作的三大重点问题研究报

告》，内部研究报告，2014年。

浙江省发展规划研究院课题组：《主动推进浙沪协同发展是个大战略》，内部研究报告，2015年。

管廷莲、吴淑君：《浙江城乡基本公共服务均等化问题探讨》，《浙江社会科学》2010年第2期。

何子英：《走向城乡一体的社会政策体系建设》，《经济社会体制比较》2012年第4期。

蒯正明：《推进城乡基本公共服务均等化问题研究：以浙江为例》，上海社会科学院出版社2014年版。

杨建华：《浙江蓝皮书2016年浙江发展报告》（社会卷），浙江人民出版社2016年版。

周夏杰：《开放型经济下浙江产业转型升级的内在关联与外生冲击》，硕士学位论文，浙江大学，2011年。

王春晖：《产业集聚、要素积累与地区产业升级：区域开放视角的机理与实证》，硕士学位论文，浙江大学，2015年。

赵瑜、李波：《倾力打造浙江1小时空中交通圈》，《中国民航报》2016年5月9日。

富庆熙：《杭温铁路开工 浙江1小时交通圈呼之欲出》，《中国经济导报》2017年3月25日。

郭占恒：《统筹区域发展的战略谋局和生动实践》，《浙江经济》2017年第20期。

周土林、钱志祥、陈建新：《沿海经济发达地区城乡经济协调发展刍议》，《浙江经济》1989年第2期。

黄勇、马德富等：《浙江三大经济区域发展构想》，《经济地理》1994年第5期。

黄勇主编：《浙西南开发论》，浙江人民出版社1995年版。

朱家良：《浙江经济区划和布局框架再探讨》，《浙江经济》2000年第10期。

朱家良：《浙江产业地域分工和布局导向》，《浙江经济》1994年第9期。

浙江大学天则民营经济研究中心课题组：《浙江省发展战略的演变及

其评价》,《浙江社会科学》2003 年第 4 期。

马凯:《构筑协调、和谐、可持续的家园——全国主体功能区规划的总体考虑》,《中国产业》2007 年第 5 期。

杨伟民:《推进形成主体功能区优化国土开发格局》,《经济纵横》2008 年第 5 期。

傅金龙、沈锋:《海洋功能区划与主体功能区划的关系探讨》,《海洋开发与管理》2008 年第 8 期。

沈锋:《基于国土空间综合评价的浙江省空间开发格局判断》,《中国工程咨询》2010 年第 8 期。

黄勇、周世锋、王琳、倪毅、罗成书等:《用主体功能区规划统领各类空间性规划——推进"多规合一"可供选择的解决方案》,《发展规划研究》2016 年第 10 期。

黄勇、周世锋、王琳、罗成书、倪毅:《"多规合一"的基本理念与技术方法探索》,《规划师》2016 年第 3 期。

潘毅刚:《超越增长:浙江经济转型发展的观察与思考》,中国市场出版社 2017 年版。

# 后　　记

　　2018年是中国改革开放40周年。40年来，浙江在促进协调发展方面取得了令人瞩目的成就，实现了经济高速增长中的协调均衡发展。2017年，全省居民人均可支配收入42046元，居全国省区第1位。城镇常住居民人均可支配收入连续17年居全国第3位、省区第1位；农村常住居民人均可支配收入2014年首次超过北京，列上海之后居全国第2位，连续33年居省区第1位。尤其是近十几年来，浙江坚定不移走新型城市化道路，推进城乡区域一体化发展，取得了显著成效。城市化率从2006年的56.5%上升到2017年的68%，区域间人均收入水平相对均衡，始终保持在全国人均一万美元以上发展水平省市区的前三位。今天，浙江区域协调、收入均衡、城市发达、农村繁荣、城乡融合的良好发展格局基本形成。在改革开放40周年之际，做好浙江实践和浙江经验的回顾总结，对于浙江推进"两个高水平建设"意义重大，对于中国决胜全面建成小康社会、开启全面建设社会主义现代化国家新征程，也具有启示性作用。

　　本书是浙江省社科规划2017年重大课题、浙江省"文化研究工程"重大项目。由十二届浙江省政协常委、经济委主任，浙江省发展规划研究院原院长黄勇主持和统筹全书编写工作。书稿编撰主要以浙江省发展规划研究院的研究人员为主完成，参与本书各章节起草的人员有：浙江省发展规划研究院综合处潘毅刚处长、郎金焕博士、郑晓峰博士，社会处董波处长、俞莹副处长，产业处何垒副处长、张楠硕士，区域处沈锋副处长、王琳高级工程师、柯敏工程师，研究所廉军伟副研究员、张娜高级经济师、于蕾硕士，以及浙江省委政研室张伟明博士、浙江大学朱西湖博士，浙江大学李杨博士也在部分章节起草中作出贡献。潘毅刚、郑晓峰等还协助黄勇承担了全书框架设计、组织实施和统稿定稿等相关工作。

各章起草具体分工如下:

第一章　总论（郎金焕）

第二章　民营经济:协调发展的内生基础（何垒　张楠）

第三章　新型城市化:引领城乡一体化的主引擎（柯敏　张伟明　朱西湖　王琳）

第四章　空间组织:从"县域经济"到"都市区经济"（郑晓峰　廉军伟）

第五章　山海协作:发达与欠发达地区的双赢工程（于蕾）

第六章　省际合作:接轨大上海　融入长三角（张娜）

第七章　基本公共服务:力推城乡均等化（董波　俞莹）

第八章　交通建设:优化区域开放开发的先导（廉军伟）

第九章　空间规划:探索区域协调发展的"顶层设计"（王琳　沈锋　郑晓峰）

第十章　展望（潘毅刚　李杨）

本书形成过程中,浙江省社科联党组书记盛世豪教授、邵清副主席、浙江省委党校陆立军教授、浙江大学史晋川教授、姚先国教授,浙江省政府咨询委委员蓝蔚青研究员等专家,为本书的策划和审核做出了大量指导性的工作。在此表示衷心感谢。

本书的完成,离不开浙江省发展规划研究院的大力支持,为该书的起草配备了强有力的研究力量和必要的工作便利。在此,对院领导和有关处室表示诚挚的感谢,也对所有在繁忙工作之余全身心投入精力的同事们致以由衷的敬意。

最后,感谢中国社会科学出版社为本书编辑出版发行所做的大量具体细致工作。

由于时间仓促、水平所限,本书难免存在疏漏和不足之处,敬请广大读者批评指正。

黄　勇

2018年9月